쥐락펴락 주택임대차 분쟁

쥐락펴락

주택임대차분쟁

변호사
윤홍배

육법사

들머리

우선 이 책 제목부터 이야기하자.

만 8년만이다. 첫 책 '쥐락펴락 아파트소송'을 펴낸 지 말이다. 이번 책 '쥐락펴락 주택임대차분쟁'에서도 책 제목 이야기로 글문을 연다. 주택임대차를 둘러싸고 생기는 법적 다툼을 '주택임대차분쟁'이라 이름 붙였다. '소송'이 분쟁 해결을 위해 법원에 판결을 구하는 사후적인 법절차를 말한다면, '분쟁'이란 소송을 포함한 일련의 법적 다툼을 망라한 것을 뜻한다. '쥐락펴락'이란 수식어에는 주택임대차분쟁을 주도하였으면 하는 바람을 담았다. 의식주는 사람살이(人生)의 기본이다. 이 중 삶의 터전으로 그 '안정성'이 중요한 것이 '주거'이니, '임대차'에 터 잡은 주거가 불안정하다면 그 삶은 고될 수밖에 없다. 집을 세貰 준 사람과 세 든 사람의 관계 곧 '주택임대차'의 법률관계는 누구나 쉽게 알 수 있어야 한다.

다음으로 이 책 특징 세 가지다.

첫째, 나름의 '고유한 체계'를 가지고 있다. 종래의 교과서적인 구성, 그러니까 주택임대차를 규율하는 민법과 주택임대차보호법을 그 법조문 순서대로 해설하는 방식을 따르지 않았다. 그저 '주택임대차계약의 시간적 순서'에 따랐다. 곧 주택임대차와 관련하여 「계약 체결 시 → 입주 시 → 계약 기간 중 → 경매 진행 시 → 계약 만료 시」 순으로, 해당 시기에 문제되는 분쟁유형으로 무엇이 있고, 그 예방법과 해법으로는 무엇이 있는지 살펴봤다. 위 두 법을 비롯하여 주택임대차와 접촉면이 있는 민사집행법, 민사소송법, 형법, 상가건물임대차보호법, 채무자 회생 및 파산에 관한 법률, 신탁법, 헌법에까지 그 시야를 넓히려 했다. '분쟁'은 지금now 여기here에서 발생하고 있는 중요한 문제case를 선별하려 했다. 이렇게 시간 순으로 구성하는 것이 임대차의 '계속적 법률관계'라는 법적 성격에도 부합한다.

둘째, 우리네 주택임대차의 현실now here과 법제도legal system를 접맥接脈시켜 분쟁의 골간骨幹을 스케치하고자 했다. 첫 단추부터 신경 써야 했다. 분쟁당사자를 가리킬 때, 세 준 사람은 '집주인'으로 세 든 사람은 '임차인'으로 호칭했다. 만약 현실에만 방점을 찍었다면 '집주인 – 세입자', 법제도에만 방점을 찍었다면 '임대인 – 임차인'과 같이 호응呼應하는 용어를 썼을 것이다. 법제도와 현실 사이에 드러나는 '괴리'나 부동산 제도와 금융 제도의 '연관'에 대해서도 다소나마 의견을 피력했다. '사례'를 소개하거나 'Q&A'를 모아둔 여타의 책과 차별되는 지점일 것이다. 현실 파악을 위해 신문기사, 정부민원포털 · 대법원 인터넷사이트, TV방송, 은행권의 근질권설정계약서 양식 등을 참조했다.

셋째, 필자만의 독특한 '법리설명'을 시도하는 데에 주저하지 않았다. 이 책 처음과 끝을 관통하는 쟁점인 '대항요건과 대항력'의 문제를 예로 들면, 필자는 주택임대차보호법 제3조 제1항이 규정한 요건(주택의 인도와 주민등록)을 '적극적 대항요건'이란 이름으로 한정지었다. 반면 경매절차와 관련하여 임차인이 적극적 대항요건을 구비한 다음날보다 선순위로 설정된 근저당권 등이 없어야 하는 것을 '소극적 대항요건'이라 이름을 붙이며 부각시켰다. 부지불식간에 닥쳐올지 모르는 이른바 '역전세(깡통전세)' 위기에 철저히 대비하기 위함이다. 2020. 7. 31. 개정된 주택임대차보호법의 핵심인 '계약갱신청구권'에 대해서도 나름의 법리적인 의견을 밝혔다.

끝으로 이 책 밑바탕 이야기다.

기실 이 책은 필자가 '임대차소송의 주요쟁점'이란 주제로 2012년부터 50회 이상 해온 강의의 연장선상에 있다. 그간 구술 강의를 하면서 체득한 임대차의 법제도와 현실에 관한 이야기를 이 책의 기저基底로 삼았다. 여타 법률서적에서 찾기 어려운 글투가 더러 보이는 것도 이 때문일 것이다. 책 읽기 역시 저자와 독자 사이의 대화이니만큼 필자의 입말이 문장 속에 잘 스며들었길 바란다.

이참에 초고를 꼼꼼히 봐준 나의 친구 하원상 공인중개사와 법률사무소 큰숲을 튼실히 키워온 양혜란 실장에게 고마움을 전한다. 졸고를 만 5년이나 기다려주신 육법사 백 욱 대표님에게 감사인사를 드린다. 아울러 팔순 되시는 아버지와 편찮으신 어머니 두 분이 해로偕老 하시길 빈다.

2021. 01.

윤홍배

차 례

제 3 장 계약 기간 중

제 4 장 경매 진행 시

제 5 장 계약 만료 시 1

제 6 장 계약 만료 시 2

부 록

1

쥐락펴락
주택임대차분쟁

계약 체결 시

1. 주택임대차의 뜻
2. 주택임대차의 성립 ①
3. 주택임대차의 성립 ②
4. 임차할 주택이 '공유물' 인 경우
5. 임차할 주택에 '근저당권' 이 있는 경우 ①
6. 임차할 주택에 '근저당권' 이 있는 경우 ②
7. 임차할 주택에 '근저당권' 이 있는 경우 ③
8. 기타 유의사항

제 1 장

계약 체결 시

1. 주택임대차의 뜻

세상 사람은 세 부류로 나눌 수 있다. 세 준 사람과 세 든 사람, 그리고 자기 집에서 사는 사람. 주택임대차는 이 중 세 준 사람과 세 든 사람 사이의 관계를 다룬다. 곧 주택임대차란, 당사자 일방(임대인, 집주인, 세 준 사람; 앞으로 '집주인'으로 주로 칭하되, '임대차 관계'를 부각시키거나 '임차인' 용어와 호응呼應이 필요한 경우, 법조문 · 판결문을 인용하는 경우에는 '임대인'이라 함)이 상대방(임차인, 세입자, 세 든 사람 ; 앞으로 '임차인'으로 통일함)에게 그 목적물인 주택을 사용 · 수익(곧 거주)하게 하고 상대방이 그 대가로 차임(돈)을 지급할 것을 약정하는 계약을 말한다. 곧 집주인과 임차인[1]이 임대차목적물과 그 사용 · 수익의 대가를 정하는 계약을 말한다.

민법 규정

우선 법조문부터 살펴보자. 민법 제618조는 '임대차의 의의'라는 제목으로 「임대차는 당사자 일방이 상대방에게 목적물을 사용, 수익하게 할 것을 약정하고 상대방이 이에 대하여 차임을 지급할 것을 약정함으로써 그 효력이 생긴다」고 정하였다.

'임대차'의 뜻

---

1) 부동산 거래실무에서 쓰이는 '집주인'은 '세입자'와 호응하고 법률용어인 '임차인'은 '임대인'과 호응하는데도 이 책에서는 '집주인 – 임차인'이란 용어를 주로 쓸 것이다. 이와 같이 필자가 호응관계에 있지 아니한 용어를 과감히 선택한 것은, 「① 비법률가 입장에서는 '임대인 – 임차인'이란 용어가 여전히 친숙하지 아니한 점('대貸'와 '차借'의 의미 구별이 쉽지 않다), ② 최근(2020. 7. 29.) '임차인'이란 용어가 모 국회의원이 국회본회의에서 "저는 임차인입니다"하고 말문을 뗀 5분 발언으로 '세입자' 못지않게 알려진 점, ③ 이 책이 지향하는 바가 현실(에 방점을 뒀다면 '집주인 – 세입자')과 법제도(에 방점을 뒀다면 '임대인 – 임차인')를 접맥接脈시켜 우리 사회에서 발생하고 있는 주택임대차분쟁을 스케치하려는 점」을 감안해서다.

비법률가로서 법률용어의 뜻을 정확히 파악하기란 쉽지 않다. 대개의 법률용어가 (일본식)한자로 구성되어 그럴 것이다. 이참에 '임대차賃貸借'라는 세 글자 법률용어부터 뜯어보자. 먼저 '임賃'은 통상 '임금', '노임', '운임'에 쓰이는 것처럼 '돈'으로 보면 된다. 다음으로 '대貸'는 '빌려주다'는 뜻으로 '대출금貸出金'이란 용어에서, 마지막으로 '차借'는 '빌려오다'는 뜻으로 '차용금借用金'이나 '차용증借用證'이란 용어에서, 그 쓰임새를 알 수 있다.

정리하면 빌려주고(貸) 빌려오는(借) 대가로 돈(賃)을 지급하기로 약정하는 것이 바로 '임대차'이다. 임대인 입장에서는 빌려주는 대가로 받는 돈이니 '임대료'라고, 임차인 입장에서는 빌려오는 대가로 주는 돈이니 '임차료'나 '차임'라고 부르면 정확한 용어사용이라 하겠다. 중립적인 입장에서 '임료'라는 용어도 곧잘 쓴다.

전세 · 반전세 · 월세

그런데 실제 부동산중개사 사무소에 가보면 주택이든 상가든 그 중개대상을 표시할 때 '임대차' 중개물건이 있다고 알리지 않는다. 그럼 어떻게? 바로 '전세(보증금 얼마)', '반전세(보증금 얼마에 월세 얼마)', '월세(월세 얼마)' 물건이 있다고 알린다. 부동산 거래일반에서 쓰이는 '전세傳貰', '반半전세', '월세月貰'라는 표현은 임차인이 주택을 빌려와 쓰는 대가로 건네는 '돈'의 지급 형태를 반영하여 이름 붙인 것이다(반면 '임대차'라는 법률용어는 임대인이 빌려주는 '임대목적물'을 강조한 데서 비롯한다).

곧 보증금만 있으면 '전세[2]' 계약, 보증금에 별도 월세가 붙으면 '반전세' 계약, 보증금이 없거나 월세만 있으면(통상 보증금 액수가 적고 월세가 큰 비중을 차지해도) '월세' 계약(예전에는 '사글세'라고도 불렸다)이라 한다. 이때 '세貰'란 '세내다' 곧 '돈을 주고 남의 것을 빌리다'는 뜻이다(Daum 한자사전). 우리가 통상 '전세'라고 일컫는 것은 계약 체결 시 뭉칫돈으로 '보증금'을 한꺼번에 주고 향후 여기서 발생하는 이자 상당액을 주거의 대가로 충당하는 경우를 말한다.

---

2) 기실 부동산 거래실무에서 '전세'란 집주인이 임차인에게 집을 빌려주는 '임대차계약'이면서('집주인'의 관점) 동시에 임차인이 집주인에게 돈을 빌려주는 사금융私金融의 성격을 띤 '금전소비대차계약'이다('임차인'의 관점). 우리네 전세 제도는 집을 살 때 은행권 대출을 이용하지 않고서 모자라는 목돈을 마련하는 사다리 역할을 해왔다(이른바 '전세 레버리지'). 최근 들어 전세 낀 매수 중 '실거주' 목적이 아닌 '투자(투기)' 목적인 경우를 속칭 '갭투자(투기)'라고 일컫는다. 흔히들 전세 낀 매수를 긍정적으로 말할 때는 '전세 레버리지', 반대로 부정적으로 말할 때는 '갭투자(투기)'라고 칭한다. 부채가 많고 현금흐름이 끊긴 집주인이라도 매매가와 전세가 차이의 갭gap만큼의 자금만 있다면, 다수의 임차인한테서, 그것도 '무이자'로 별도의 '신용조사 절차'도 없이 대출이 가능하다. 가령 8억 보증금의 전세 낀 10억짜리 아파트를 2억을 투자하여 매수했다고 하자. 집값이 오르면 2억을 낸 집주인이 상승분의 수익을 차지하고, 집값이 떨어지면(이른바 '깡통전세' 또는 '역전세') 8억을 부담한 임차인이 그 하락분의 손실을 책임지도록 하여 불합리한 구조인데도, 투기성이 강한 갭투자(투기)를 방지할 방안은 부족하다(일각에서는 은행대출금과 전세보증금을 합한 '부채총액'에 대한 규제책이 필요하다고 주장한다). 이렇듯 부동산 제도는 공적(은행권 대출)·사적(전세 레버리지 혹은 갭투자·갭투기) 금융 제도와 긴밀하게 맞물려 돌아가는데, 두 제도를 연동聯動시키는 연결고리는 바로 '금리'이다.

임차인 · 임대인의 주된 관심사

주택임대차에서 '임차인'의 주된 관심사는 크게 두 가지로 간추릴 수 있다. 첫째 임차기간 만료 시까지[3] 임차주택에서 별일 없이 주거할 수 있을 것(임차기간 동안 임차목적물인 주택을 안심하게 사용 · 수익할 수 있는 임차인의 권리를 '임차권'이라 하자)과, 둘째 임차기간이 끝나면 거액의 보증금을 안전하게 회수할 수 있을 것이 그것이다. 실제로 이 두 가지는 서로 일정한 관련을 맺고 있는데, 첫째 문제는 대개 임차권의 '대항력' 유무로써 정하여진다(단순하게 표현한다면, 계약기간 중에 임대인 아닌 낯선 제3자가 "나가라"고 하는데 대해 임차인이 "못나간다"하고 버틸 수 있는지의 문제이다). 둘째 문제는 기실 보증금이야말로 임차인이 끌어다 쓸 수 있는 현금자산의 최대치이기 때문이다. 요즘처럼 아파트 전세가가 아파트 매매가의 7, 80%에 육박하는 시대에 임차인이 은행에서 전세자금대출까지 받아 거액의 보증금을 지급하는 때에는 더욱 그렇다.

반면 '임대인' 입장에서는, 첫째 임차인 측이 계약기간 중에 집을 깨끗하게 쓰고 계약 만료 시 무탈하게 집을 비워줄 것과, 둘째 반

---

3) 임차인의 주도主導로 기존 임대차계약을 2년 더 연장시킬 수 있는 권리가 바로 2020. 7. 31. 개정된 주택임대차보호법(줄여서 '새 주택임대차법') 제6조의3에 신설된 임차인의 '계약갱신청구권'이다. 이 책 '제6장 7. 계약갱신청구권 ①' 이하 부분에서 상세하게 살펴보자.

전세나 월세 형태의 주택임대차의 경우 임료가 다달이 제때에 들어오는지가 주된 관심사일 것이다. 기실 임대인이 계약기간 중 계속하여 보유·실현하는 권리는 임료지급청구권(차임채권, 이하 '차임채권'으로 통일함)이 전부다.

2.

주택임대차의 성립 ①

주택임대차는 당사자가 합의하면 성립하는데, 이때 주된 합의사항은 임대차목적물의 특정과 임료에 관한 사항이다(민법 제618조). 이하에서는 주택임대차 계약 체결 시 유의사항을 살펴보자.

'임대인'에 관한 사항

먼저 '임대인'부터 살펴보자. 임대인이 법리적으로 임대차목적물인 주택의 '소유권'이나 여타 처분권을 가지고 있어야 하는 것은 아니다. 곧 소유권이 없는 자라도 타인이 소유한 주택을 자기 이름으로(곧 자기가 '임대인'이 되어) 얼마든지 임대할 수 있다. 임대차는 임대인이 소유하고 있는 주택을 파는 따위의 '처분행위'가 아니라 주택을 사용·수익하도록 해주는 선에서 그치는 '의무부담행위'라는 점에서 그렇다.

하지만 위와 같은 내용은 그야말로 순전히 '법리적'인 측면에서 통용될 수 있는 말이다. 실제 임대차 계약 체결 시 임차인으로서는 임대인이 '소유자'와 일치할 것을 요한다. 그래야 장래 발생할지 모를 불측不測의 손해를 미리 방지할 수 있다. 만약 임대인이 소유자가 아닐 경우 임차주택이 경매로 넘어가도 임차인은 자신의 임대인에 대한 보증금채권을 가지고 경매절차에 관여할 수 없다. 앞으로 이 책에서 '임대인'이란, 세 준 집(임대한 주택)의 법적인 '소유자'임을 당연한 전제로 삼는다. 「임차주택의 양수인(그 밖에 임대할 권리를 승계한 자를 포함한다)은 임대인의 지위를 승계한 것으로 본다」하고 규정한 주택임대차법 제3조 제4항을 감안하면 더욱 그렇다.

여기서 말하는 '임대인'이 되려면, 임대차계약을 문서로 작성하는 거래 관행에 비추어 '임대차계약서' 하단에 나오는 당사자란에 '임대인'으로 기재되고 서명이나 날인 또한 있어야 한다(이런 당사자를 '임대 명의인名義人'이라 지칭하기도 한다). 임차인이 계약 체결 과정에서 임대인의 인적 사항을 파악하려면, 「① '본인'인지는 '주민등록증'을 통해, ② '소유자'인지는 '부동산등기부등본'(문서의 실제 명칭은 '등기사항전부증명서'이나 앞으로 '부동산등기부등본'이라 칭함)과 '등기권리증(등기필증)'을 통해, ③ 임대인의 적법한 '대리인'인지는 임대인 명의의 '위임장[4]'을 통해」, 각 확인하여야 한다.

'임차인'에 관한 사항

다음으로 주택임대차계약의 또 다른 당사자인 '임차인'에 대해 살펴보자. 임대인과 마찬가지로 임차인도 '계약 명의인'일 것을 요한다. 곧 '임대차계약서' 하단 당사자란에 '임차인'으로 기재되고 서명이나 날인을 한 '임차 명의인名義人'이 바로 임차인[5]이다. 임차인이 주택에 실제로 거주할 것을 요하거나 보증금이나 차임을 실제로 출연出捐할 것을 요하지 아니한다. 대법원도 「구 임대주택법(2005. 7. 13. 법률 제7598호로 개정되기 전의 것) 제15조 제1항에서 규정하는 '임차인'이란 어디까지나 그 법률이 정한 요건과 절차에 따라 임대주택에 관하여 임대사업자와 임대차계약을 체결한 당사자 본인으로서의 임차인을 의미하고, 이와 달리 당사자 일방의 계약 목적, 경제적 부담이나 실제 거주 사실 등을 고려한 '실질적 의미의 임차인'까지 포

4) 임차인 입장에서는 위임장의 날인과 일치하는 '인감증명서'도 교부받는 것이 안심된다. 위임장에는 위임하는 임대인의 이름과 연락처, 그 대리인의 이름과 연락처, 위임의 범위(무슨 목적물에 대한 임대차계약 체결의 대리권) 등이 구체적으로 기재될 것을 요한다. 나아가 실제 임대인의 대리인과 임차인이 만나는 자리에서 임대인과 직접 전화 통화하여 임대차계약(법률행위)의 대리권을 수여했는지 확인하는 것도 필요하다.

5) 임대차계약의 당사자가 누구인지 확정하는 문제에서, 특히 '임차인'이 누구인지가 문제되는 경우가 잦다. 임차인 측과 관련하여, 계약체결 행위자가 계약서상 명의자와 다르거나 거액의 보증금을 송금한 이가 계약서상 명의자와 다른 경우가 빈번하기 때문이다.

함한다고 변경, 확장 해석하는 것은 법률 해석의 원칙과 기준에 어긋나는 것으로서 받아들일 수 없다」하고 비슷한 취지로 판시한 바 있다(대판 2006다81035).

임대인이 '소유자'인줄로 알았는데 아닌 경우

타인 소유의 목적물을 임대하였다는 사실 자체만으로 임대차계약을 취소하긴 어렵다. 하지만 임차인이 계약 체결 과정에서 임차목적물이 반드시 임대인 소유일 것을 요구하여 계약 내용으로 삼은 경우라면, '착오'를 이유로 취소할 수 있다(민법 제109조). 대법원도 「타인소유의 부동산을 임대한 것이 임대차계약을 해지할 사유는 될 수 없고, 목적물이 반드시 임대인의 소유일 것을 특히 계약의 내용으로 삼은 경우라야 착오를 이유로 임차인이 임대차계약을 취소할 수 있다」하고 판시하였다(대판 74다2069). 나아가 소유권 유무에 관하여 임대인이 적극적으로 속인 경우에는 '사기'를 이유로 취소할 수 있다(민법 제110조).

대법원은 타인 소유의 목적물을 임대하였다는 사실만으로 임대인의 채무가 '이행불능'으로 되는지에 대해, 「계약의 이행불능 여부는 사회통념에 의해 판정한다. 임대차계약상 임대인의 의무는 목적물을 사용·수익하게 할 의무이지 목적물에 대한 소유권이 있음을 성립요건으로 하지 아니한다. 임대인이 소유권을 상실하였다는 이유만으로 그 의무가 불능하게 된 것이라 단정할 수 없다」고 보아 이행불능이 될 수 없다고 판시하였다(대판 93다37977). 기실 이 쟁점은 구체적인 사례의 내용 여하에 따라 얼마든지 결론이 달라질 수 있는 문제이다.

3. 주택임대차의 성립 ②

이어서 최근 집주인의 '임대 권한' 유무와 관련하여 문제되고 있는 '신탁부동산'의 경우와 부동산 거래실무에서 문제되고 있는 이른바 '가계약금'의 경우도 살펴보자.

'신탁부동산'의 경우

'부동산(담보)신탁'이란, 부동산은 보유하고 있지만 경험이나 자금이 부족하여 관리・운용에 어려움을 겪는 소유자(위탁자)가 자신의 소유권을 신탁회사(수탁자) 앞으로 이전하고 부동산신탁회사는 고객이 맡긴 신탁부동산을 효과적으로 관리・운용하여 신탁재산에서 생기는 수익을 지급하는 제도[6]를 말한다. 실제 신탁부동산의 부동산

6) 신탁법 제2조는 '신탁'에 관해 「이 법에서 "신탁"이란 신탁을 설정하는

등기부등본의 소유권에 관한 사항을 다룬 '갑구' 란을 살펴보면, "등기목적 : 소유권이전", "등기원인 : 신탁", "권리자 및 기타사항 : 수탁자 ○○신탁회사"로 등재된 것을 알 수 있다.

위와 같은 신탁등기가 되면 신탁회사 앞으로 소유권이 넘어간다. 한때 소유자로 등재된 위탁자는 이제는 단순히 신탁계약상의 권리와 의무밖에 없다. 임차인은 신탁부동산의 위탁자와 사이에서 임대차계약을 체결할 때 반드시 사전에 신탁회사(수탁자)의 동의를 받아두어야[7] 안심이 된다. 신탁회사의 동의가 없다면 신탁회사의 퇴거 요구

자(이하 "위탁자"라 한다)와 신탁을 인수하는 자(이하 "수탁자"라 한다) 간의 신임관계에 기하여 위탁자가 수탁자에게 특정의 재산(영업이나 저작재산권의 일부를 포함한다)을 이전하거나 담보권의 설정 또는 그 밖의 처분을 하고 수탁자로 하여금 일정한 자(이하 "수익자"라 한다)의 이익 또는 특정의 목적을 위하여 그 재산의 관리, 처분, 운용, 개발, 그 밖에 신탁 목적의 달성을 위하여 필요한 행위를 하게 하는 법률관계를 말한다」 하고 정의하였다.

7) 한편 이른바 '명의신탁'이 된 주택의 경우라면 어떨까? 주택의 명의신탁자와 임대차계약을 체결한 임차인을 상대로 명의수탁자가 자신이 소유자임을 내세워 주택의 명도를 구할 수 있을까? 이에 대해 대법원은 임차인 보호의 관점에서 「주택임대차보호법이 적용되는 임대차는 반드시 임차인과 주택의 소유자인 임대인 사이에 임대차계약이 체결된 경우에 한정된다고 할 수는 없고, 주택의 소유자는 아니지만 주택에 관하여 적법하게 임대차계약을 체결할 수 있는 권한(적법한 임대 권한)을 가진 명의신탁자 사이에 임대차계약이 체결된 경우도 포함된다고 할 것이고, 이 경우 임차인은 등기부상 주택의 소유자인 명의수탁자에 대한 관계에서도 적법한 임대차임을 주장할 수 있는 반면 명의수탁자는 임차인에 대하여 그 소유자임을 내세워 명도를 구할 수 없다」 하고 판시한 바 있

에 임차인은 꼼짝없이 응해야 하는 불상사가 생길 수 있다. 이와 관련하여 법원도 「신탁회사가 임대차계약의 당사자도 아니고 임대인인 위탁자의 보증금반환채무를 인수한 사실도 없으므로, 신탁회사는 임차인에게 보증금을 반환할 의무를 부담하지 아니한다」하고 판시한 바 있다(대전지판 2019나101272, 117482).

신탁부동산의 임대 권한은 '신탁원부'를 살펴봐야 자세히 알 수 있는데, 신탁원부는 신탁등기 옆에 기재된 신탁원부 번호를 확인하여 전국의 어느 법원등기소에서나 발급[8]받을 수 있다. 근래 실제 불거진 사건에서는 신탁회사로 소유권을 넘긴 위탁자가 임대차계약을 체결하면서 "이 집은 안전하게 신탁된 물건이라 오히려 안심하게 보증금 돌려받을 수 있다"고 설명했다고 한다(KBS1 2019. 9. 5.자 방영 '제보자들' 참조).

한편 주택에 관한 부동산담보신탁계약을 체결한 위탁자가 수탁자의 동의 없이 임대차계약을 체결하였으나 그 후 수탁자로부터 소유권을 회복한 경우는 어떨까? 이 경우에는 임차인 보호를 위해 임

다(대판 98다49753). '신탁등기'로 소유권이 넘어간 경우는 '명의신탁'으로 소유권이 넘어간 경우와 달리 신탁부동산의 위탁자에게 '적법한 임대권한'을 인정하기가 어려울 것이다.

8) 기실 비법률가인 임차인이 법원등기소에 신탁원부를 발급받아 이 같은 사실을 확인하기란 어렵다. 공인중개사는 담보신탁의 대상인 임대차목적물의 소유권에 관하여 중개대상물 확인설명서에 '신탁원부'을 첨부하여 그 법적 의미와 효력을 상세하게 설명하여야 할 것이다.

차인에게 대항력을 인정하여도 무방할 것이다. 대법원도 「주택에 관한 부동산담보신탁계약을 체결한 경우 임대 권한은 특별한 약정이 없는 한 수탁자에게 있는 것이 일반적이지만, 위탁자가 수탁자의 동의 없이 임대차계약을 체결한 후 수탁자로부터 소유권을 회복한 때에는 임대차계약에 대하여 주택임대차보호법 제3조 제1항이 적용될 수 있음이 분명하다」하고 판시하였다(대판 2018다44879, 44886).

'가계약금'의 경우

요즘과 같은 부동산 전·월세가격 급등기에는 집주인과 임차인이 만나 정식으로 임대차계약을 체결하기 전에 대개는 공인중개사의 연락을 받고 임차인이 될 사람이 임대인이 될 사람의 은행계좌로 향후 정해질 임차보증금의 계약금 중 일부를 이른바 '가假계약금'이란 명목으로 보내는 경우가 있다. 이런 경우 「'본계약'은 아니지만 법적 구속력이 있는 이른바 '가계약'은 성립한 것이므로 위와 같이 교부된 가계약금을 민법 제565조[9] 소정의 해약금解約金으로 보아, 임대인이 되기로 한 사람이 가계약의 해제를 원할 경우 임차인이 될 사람이 실제로 교부한 가계약금의 배액倍額 또는 약정 계약금의 배액[10]을 받

---

9) 민법 제565조(해약금)

① 매매의 당사자 일방이 계약당시에 금전 기타 물건을 계약금, 보증금등의 명목으로 상대방에게 교부한 때에는 당사자간에 다른 약정이 없는 한 당사자의 일방이 이행에 착수할 때까지 교부자는 이를 포기하고 수령자는 그 배액을 상환하여 매매계약을 해제할 수 있다.

② 제551조의 규정은 전항의 경우에 이를 적용하지 아니한다.

을 수 있다」고 하는 주장도 있다.

하지만 소송실무에서는 당초 교부된 이른바 가계약금의 법적 성격을 '해약금'으로 보지 않고 단순히 임대차계약 교섭 과정을 증거한다는 의미밖에 없는 증거금證據金으로 보아 이른바 '가계약'이라 불리는 것에도 계약 체결에 준하는 법적 구속력을 인정하지 않는 경우가 적지 않음에 유의하자. 개별 사례마다 구체적인 사실관계가 다르겠지만, 적어도 이른바 가계약금에 따른 배액의 배상을 구하려면, 「① 이른바 본계약의 주된 내용에 대한 양측의 의사합치가 있은 사실, ② 가계약금 명목의 돈을 주고받기 전에 그 돈의 법적 성격을 '위약금'으로 정한 사실」을 증명할 수 있어야 한다.

최근(2020. 4. 22.) 법원도 아파트 매매계약 체결 전 매수하려는

---

10) 대법원은 매도인이 '계약금 일부만 지급된 경우 지급받은 금원의 배액을 상환하고 매매계약을 해제할 수 있다'고 주장한 사례에서, 「'실제 교부받은 계약금'의 배액만을 상환하여 매매계약을 해제할 수 있다면 이는 당사자가 일정한 금액을 계약금으로 정한 의사에 반하게 될 뿐 아니라, 교부받은 금원이 소액일 경우에는 사실상 계약을 자유로이 해제할 수 있어 계약의 구속력이 약화되는 결과가 되어 부당하기 때문에, 계약금 일부만 지급된 경우 수령자가 매매계약을 해제할 수 있다고 하더라도 해약금의 기준이 되는 금원은 '실제 교부받은 계약금'이 아니라 '약정 계약금'이라고 봄이 타당하므로, 매도인이 계약금의 일부로서 지급받은 금원의 배액을 상환하는 것으로는 매매계약을 해제할 수 없다」고 판시하였는바(대판 2014다231378), 이 사례는 기히 지급된 '계약금 일부'의 법적 성격을 '해약금'으로 본 경우이다.

사람이 '가계약금'이란 명목으로 교부한 돈이 문제된 사안에서, 「원고(매수하려는 사람)가 피고(매도하려는 사람)에게 지급한 돈은 장차 체결될 매매계약의 교섭에 관한 일종의 '증거금'으로서 성공적으로 매매계약이 체결될 경우 계약금의 일부의 지급에 갈음하는 것일 뿐이므로, 위 돈의 지급을 통하여 원고와 피고 사이에 매매계약의 본계약 체결 이전에 당사자들에게 상당한 정도의 구속력을 부여하는 별개의 계약으로서 '가계약'이 명시적으로 체결되었다고 보기는 어렵고, 달리 이를 인정할 만한 증거가 없다. 나아가 설령 원고와 피고가 매매계약에 선행하는 별개의 계약으로서 가계약을 체결하였다고 하더라도, 쌍방 간에 가계약을 위반한 경우에 본계약의 계약금 상당액을 위약금으로 지급한다는 내용의 약정이 당연히 성립한다고 볼 수 없을 뿐만 아니라, 달리 그와 같은 약정의 존재를 인정할 만한 증거도 없다.」하고 같은 취지로 판시하였다(서울중앙지판 2019나60426).

4. 임차할 주택이 '공유물'인 경우

임차인은 임대차계약 체결에 앞서 반드시 임차할 주택의 '부동산등기부등본'을 떼어봐야 한다(임대차계약 체결 이후 이사하는 입주

入住 당일에도 발급받아 그 사이 소유권이전이나 근저당권설정 등이 있는지도 꼼꼼히 살펴봐야 한다). 건물을 표시하는 '표제부'로 임차할 주택의 건축 현황을 파악한 후 소유권에 관한 사항을 다룬 '갑구' 란을 살펴보니, 임대인이 될 사람의 '단독소유'가 아니라 여러 사람이 자신의 지분을 공동으로 소유 곧 공유共有하는 경우라고 하자. 이런 경우 임차인은 계약을 어떻게 체결해야 안심할 수 있을까?

'공유물'임대행위의 법적 성격과 그 요건

먼저 민법 제265조(공유물의 관리, 보존)는 「공유물의 관리에 관한 사항은 공유자의 지분의 과반수로써 결정한다. 그러나 보존행위는 각자가 할 수 있다.」고 정하고 있다. 공유물인 주택을 임대하는 행위는 법적으로 '관리행위'에 해당하므로, 임차인은 '과반수' 지분을 가진 사람과 임대차계약을 체결하여야만, 계약에 관여하지 아니한 나머지 공유자에게도 그 임대차계약에 따른 법적 효력을 적법 · 유효하게 주장할 수 있다.

이와 관련하여 대법원은 「과반수 지분 공유자는 다른 공유자와 사이에 미리 공유물의 관리방법에 관한 협의가 없더라도 공유물의 관리에 관한 사항을 단독으로 결정할 수 있다. 이에 따라 과반수 지분 공유자로부터 다시 그 특정 부분의 사용 · 수익을 허락받은 제3자의 점유는 '다수 지분권자의 공유물관리권'에 터 잡은 적법한 점유이므로, 그 제3자는 소수 지분권자에 대하여도 그 점유권원이 있다.」하고 판시한 바 있다(대판 2002다9738).

부부가 1/2씩 지분을 공유하는 경우

대개 부동산을 공유하게 되는 계기는 '상속'을 원인으로 하거나 '투자'나 '절세'를 목적으로 하기 위함이다. 근래 들어 부부가 1/2씩 지분을 공유하는 경우가 늘고 있다. 이같이 부부가 1/2씩 지분을 공유한 주택을 임차할 때 유의사항을 살펴보자. 우선 '1/2 지분'은 '과過반수'가 아니라 딱 '반수半數' 지분이다. 이에 따라 부부 중 일방만 '임대인'이 되어 계약을 체결하는 경우, 임차인은 나머지 일방한테는 임대차의 효력을 주장할 수 없다(물론 계약을 체결한 부부 일방에게는 임대차의 효력을 주장할 수 있다). 부동산 임대차계약의 체결은 부부 중 일방의 일상가사日常家事에 관한 대리권의 범위에도 포함되지 않는다.

그렇다면 나머지 일방한테도 임대차의 효력을 미치게 하려면 어떻게 해야 할까? 두 가지 방법이 있다. 첫 번째는 임대차계약서상 '임대인' 란에 순번으로 "임대인 1. 남편", "임대인 2. 부인"을 기재하고 두 사람으로 하여금 서명·날인하게 하여 '부부 공동명의'로 임대차계약을 체결하는 방법(이른바 '공동임대[11]'의 경우이다)이다. 두 번

---

11) 대법원은 공동임대인이 부담하는 보증금 반환채무의 법적 성격에 관하여, 「건물의 공유자가 공동으로 건물을 임대하고 보증금을 수령한 경우, 특별한 사정이 없는 한 그 임대는 각자 공유지분을 임대한 것이 아니고 임대목적물을 다수의 당사자로서 공동으로 임대한 것이고

째는 임대차계약서상 '임대인' 란에는 부부 중 한 사람만 기재하여 '단독임대인'으로 삼되, '특약' 란에다 "공유자 ○○○도 임대차계약을 확인하고 이에 동의한다"라고 기재하고 서명·날인케 하는 방법이다.

만약 부부 일방하고만 계약을 체결하고 나머지 일방이 전혀 관여하지 않은 경우, 임차인은 어떠한 불측의 손해를 입을 수 있을까? 뒤에서 살펴볼 '보증금'의 법적 성격과 직결되는 문제인데, 우선 임차인이 집주인에게 건넨 보증금은 법적으로 누구 돈일까? 임차인 왈曰, "당연히 내 돈이지, 무슨 말씀입니까?"하고 바로 반문反問을 던질 수 있겠다. 하지만 임차인이 집주인에게 보증금을 건넨 바로 그 순간부터 그 돈은 집주인의 소유이다. 가령 A라는 사람이 B은행에 예금하였다고 치자. 이때 A가 예금한 돈은 A가 아닌 B은행 소유이다. A는 B은행에게 예금된 돈을 자유롭게 입·출금하는 등의 권한이 부여된 '예금채권자'의 지위에 있을 뿐, 그 돈의 '소유자'가 아니다(만약 그 돈이 A 소유라면, 예금보험공사에서 5천만 원까지 예금을 보호할 이유도 없다). 추가로 임차인 왈曰, "그렇다면 저는 제가 집주인에 건넨 보증금에 대해 어떠한 지위에 있는 사람인가요?"하고 질문을 이을 수 있겠다. 이에 대해서는 "임차인은 장래 임대차 종료 시 임차목적물을 반환함과 동시에 일정 조건하에 보증금을 달라고 요구할 수 있는

그 보증금 반환채무는 성질상 불가분채무에 해당된다고 보아야 할 것이다」하고 판시한 바 있다(대판 98다43137).

'보증금반환채권자'의 지위에 있는 사람입니다"하고 답할 수 있겠다.

그렇다면 부부 일방(집주인)만이 임대차계약을 체결하고 또한 보증금 전액을 받은 경우, 만에 하나 임대차기간 중 집주인 부부가 이혼하게 되면 어찌될까? '집주인'인 부부 일방의 소유에 속하는 보증금은 당연히 '재산분할'의 대상이 되어 나머지 일방은 분할비율에 비례한 보증금을 받을 수 있는데[12], 이때 임차인은 이같이 나머지 일방에 분할된 보증금에 대해 아무런 권리 주장을 하지 못 한다. 임차인은 자신과 계약을 체결한 임대인 '일방'한테만 보증금을 구할 수 있을 뿐이다.

---

12) 이와 관련하여 이혼 시 '재산분할'과 관련하여 부부 일방이 혼인 중 제3자에 대하여 부담한 보증금 반환채무가 이른바 청산의 대상이 되는지가 문제된다. 대법원은 「부부 일방이 혼인 중 제3자에 대하여 채무를 부담한 경우에 그 채무 중에서 공동재산의 형성에 수반하여 부담하게 된 채무는 청산의 대상이 되는 것인데, 부동산에 대한 임대차보증금반환채무는 특별한 사정이 없는 한 혼인 중 재산의 형성에 수반한 채무로서 청산의 대상이 되는 것이다」하고 판시하였다(대판 96므1397). 이 같은 판시는 재산분할에서 이른바 '부부별산제'를 기본으로 하여 부부 각자의 채무는 각자가 부담하는 원칙에 대한 예외이되, 이 같은 부부 사이의 청산이 임차인과 같은 제3자에 대한 대외관계에는 영향을 미치지 아니함에 유의하자.

5.
임차할 주택에 '근저당권'이 있는 경우 ①

임대차계약 체결에 앞서 임차할 주택의 '부동산등기부등본'을 떼어 보니, '갑구' 란은 깨끗하여 집주인 이름으로 '소유권보존등기'만 되어 있거나 집주인 앞으로의 '소유권이전등기'만 되어 있는데, '을구' 란에는 '근저당권'이 설정된 경우가 있다. 이런 경우 임차인으로서는 각별한 주의를 요한다.

'근저당권'이 설정된 경우

부동산 매매거래에서 매수인은 매수대금 전액을 가지고 있지 아니한 경우, 대개 「① '부동산담보대출'을 받거나, ② 특히 주택의 경우 매도인이 세 놓은 주택을 매입하여 차후 임차인에게 돌려줘야 할 보증금만큼 매수대금에서 공제하거나」 하여, 본인의 '자금난'을 해소한다(후자의 경우는 부동산등기부등본에 나타나지도 아니하나, 매수인은 전입세대 열람을 신청하여 매도인 이외의 전입자가 있는지를 확인하여 임차인 거주 여부를 추정할 수 있다).

전자의 경우는 '을구' 란에 "등기목적 : 근저당권설정", "접수(일자)", "등기원인(일자)", "권리자 및 기타사항 : 채권최고액 ○○○

원, 채무자 ○○○, 근저당권자 주식회사 ○○은행 ○○지점" 순으로 기재되어 있어 근저당권의 설정 내역을 자세히 파악할 수 있다. 임차할 주택에 '근저당권'이 설정된 경우는 자기 자본만으로 매수대금을 조달하기 어려운 상황에서 흔히 볼 수 있다. 이참에 '대항력'의 문제를 개관하여 보자.

'대항'의 뜻

먼저 '대항對抗'이란 용어부터 살펴보자. 상'대對'방에게 '항抗'거하다, 버티어 내다는 뜻이다. 고로 대항력對抗力의 문제에서는 임차인의 임차권을 뒤흔드는 특정한 상대방이 있다. 한편 임차인은 임대인을 상대로 해서는 임대차계약상 '임차권'을 주장하면 되므로 별도로 '대항' 따위의 문제가 발생하지 않는다.

반면 대항력과 그 요건과 효과 면에서 자주 혼동되는 우선변제優先辨濟의 문제는 경낙('경매 낙찰'의 줄임말) 이후 낙찰대금을 법원이 배당할 때 "임차인이 임대인의 다른 채권자들보다 우선적으로 배당받을 수 있겠는가" 하는 것이므로, 우선변제권 문제에서는 특정한 상대방을 전제로 하지 않는다.

'대항요건' 구비와 '대항력' 행사

우리네 법률시스템을 단순화하여 표현할라치면, '요건 – 효과' 시스템이라 할 수 있다. 곧 i) '일정요건'을 구비하여야('법률요건' 충족), ii) '일정효과'를 발생시키는('법률효과' 발생) 구조이다. 이 구조를 '대항'의 문제에 대입하면, 「임차인은 i) 법률요건으로서 '대항요건'을 구비하여야, ii) 법률효과로서 '대항력'을 행사할 수 있다」하고 정리할 수 있다.

임대차에서 '대항'의 문제는 어려울 수밖에 없다. 실제로 대항의 문제는 경매나 공매(이하 '경매'로 통일함)로 집주인이 바뀐 경우에 발생하는데, 이때에는 경매의 고유한 법리로 이른바 '소제掃除주의' 적용의 대상이냐 '인수引受주의' 적용의 대상이냐 하는 문제가 발생한다. 그런데 '대항요건'을 규정한 현행 주택임대차보호법(이하 판결문을 인용할 때 외에는 '주택임대차법'으로 약칭함)만으로는 경매의 고유한 법리를 반영하지 못하여 '대항요건'의 반쪽을 다루지 못하고 있다. 곧 주택임대차법 제3조(대항력 등) 제1항은 「임대차는 그 등기가 없는 경우에도 임차인이 주택의 인도[13]와 주민등록[14]을 마친 때에는 그 다음 날부터 제3자에 대하여 효력이 생긴다. 이 경우 전입신고를 한 때에 주민등록이 된 것으로 본다.」라고 규정되었기에, 임차인이 '임차권등기'를 하지 않더라도 '주택의 인도'와 '전입신고'를 하기만

13) '주택의 인도'란, 주택에 대한 사실상의 지배력支配力을 이전하는 것을 말한다.

14) '주민등록'은 거래의 안전을 위해 임차권의 존재를 제3자가 명백히 인식할 수 있도록 하는 공시公示방법이다.

하면(대항요건 구비), 마치 그 다음 날부터 제3자에 대하여 어느 경우에나 대항할 수 있는 효력이 생긴다(대항력 발생)는 뜻으로 받아들여질 수 있다.

적극적 대항요건과 소극적 대항요건

위 주택임대차법 제3조 제1항에서 규정한 대항요건 곧 '주택임대차법상 대항요건'을 '적극적(있어야 하는) 대항요건'이라고 칭한다면, 경매절차를 통해 임차주택의 소유자가 변동된 때[15]에는 반드시 '소극적(없어야 할) 대항요건'이라 칭할 만한 별도의 요건을 구비하여야 비로소 그 법률효과로서 대항력을 행사할 수 있다. 이 '소극적 대항요건'은 경매 고유의 법리에 기인한 것이라 법률에 명확히 기재하

---

15) 이와 같이 필자가 '경매' 절차를 통해 임차주택의 소유권이 변동된 경우에 한정하여 경매의 고유한 법리와 맞물려 필요한 '소극적 요건'을 대항력 행사의 별도 요건으로 드는 것은, '경매' 절차의 낙찰자가 선순위 근저당권 설정 이후에 적극적 대항요건(주택임대차법상 대항요건)을 구비한 임차인을 상대로 건물 명도를 청구하는 경우가 바로 소송실무상 대항력의 문제로 가장 빈번하게 생기는 사례이기 때문이다(적극적 대항요건을 구비한 임차인을 '주택임대차법상 임차인'이라 칭하기도 한다). 이렇듯 '적극적 · 소극적 대항요건'이라는 틀을 지어야 임차인이 '주택임대차법상 대항요건'을 구비하였는데도 경매의 고유한 법리와 맞물려 실제로는 대항력을 행사할 수 없다고 하는 불의타不意打를 막을 수 있다(임차인은 부동산 거래실무상 매매 등을 통해서가 아니라 경매 절차를 통해 집주인이 바뀌는 경우에는 장래 누가 낙찰을 받아 새 집주인이 되는지 알 방법도 없다). 이하부터 소극적 대항요건은 '경매'로 임차주택의 소유권이 변동되는 경우에 한하여 필요한 요건임을 전제로 하자.

기가 어렵다. 때문에 대항요건 전반을 이해하는 데 어려움이 있다.

우선은 이 소극적 대항요건을 "임차인의 적극적 대항요건(곧 입주 및 전입신고) 구비 다음 날보다 선순위로 설정된 근저당권이 없어야 한다"로 정의하자. 기실 주택임대차법도 제3조의5(경매에 의한 임차권의 소멸)에서 「임차권은 임차주택에 대하여 '민사집행법'에 따른 경매가 행하여진 경우에는 그 임차주택의 경락에 따라 소멸한다. 다만, 보증금이 모두 변제되지 아니한, 대항력이 있는 임차권은 그러하지 아니하다.」하고 '소극적 대항요건'을 염두에 두고 규정하기는 하였다.

그동안 대항력 행사의 문제는 십중팔구 '경매'로 집주인이 바뀐 경우에 불거졌기에 경매에 한정하여 필요한 소극적 대항요건의 충족이 중요하였다. 앞으로 이 책 곳곳에서 '대항요건'과 '대항력'의 문제를 다룰 텐데, 여기서 바로 그 주된 내용을 이야기하자면, 「이미 '근저당권'이 설정된 집을 임차인이 임차하여 살던 중 그 임차주택이 '경매'로 넘어가 소유자가 변동된 때에는, 임차인은 새 집주인(낙찰자)에게 대항력을 행사하지 못 한다」는 것이다.

반면 '매매'로 소유자가 변동되는 경우 새 집주인이 될 매수인은 매수대금에서 공제할 보증금 액수를 파악하기 위해 임대차계약서 원본을 육안으로 보거나 임차인한테서 직접 확인 받기도 하였다. 그동안 매도인이 보증금 액수를 고의로 적게 말하여 기망하는 경우가 아니고서는, 임차인 입장에서 크게 우려할 만한 상황은 생기지 않았다.

하지만 새 주택임대차법 제6조의3(본조 신설)에서 임차인의 '계약갱신청구권'이 도입되었기에 향후 '매매'를 원인으로 임차주택의 집주인이 바뀌는 경우 큰 파장이 예상된다. 곧 임차인이 자신의 임차권을 실거주 목적의 새 집주인(매수인)에게도 대항할 수 있는지 문제된다. 특히 계약갱신청구권 행사와 연동되어 종전의 임차기간이 만료된 후에도 임차인이 2년 더 살 수 있는지 문제된다. 가령 새 집주인이 "내 집에 실거주를 하려 하니 이젠 나가주십사"하는 요청에 대해 임차인이 "계약갱신을 요구하여 2년 더 살고 나갈렵니다"하고 대응할 때, 법은 과연 누구의 손을 들어줄지 하는 문제이다.

6.
임차할 주택에 '근저당권'이 있는 경우 ②

여기서 잠깐, 한 차례 임차인이 돼본 사람은 '대항력을 행사할 수 있다'는 말을 들어봤을 것이다. 그런데 막상 이 말이 어떤 상황에서 어떤 효과가 있는 뜻으로 하는 말인지 그 정확한 파악이 어려웠을 것이다.

대항력 행사의 뜻

우선 '임차인이 대항력을 행사한다' 또는 '임차인이 대항할 수 있다'는 말이 나올 법한 상황부터 살펴보자. 경낙으로 새 집주인이 된 제3자가 경낙된 집에 거주 중인 임차인더러 "이제 여기는 내 집이니, 내 집에서 나가달라!"하고 요구했다고 하자. 이에 대해 임차인이 "못 나간다. 기존 임차기간도 남아있고 내 보증금을 다 받기 전에는 나갈 수 없다."하고 주장하는 것이 바로 법적으로 '대항력을 행사한다', '대항한다' 하고 표현되는 것이다.

대항력 행사의 소송형태 및 구체적 효력

이 같은 상황은 실제 소송실무에서는 새 집주인이 원고가 되어 '건물명도[16] 청구의 소'를 제기하였을 때 피고가 된 임차인이 자신의 적법한 점유권원占有權原으로서 임차권을 제3자(임대차계약을 체결한 당사자가 아니라는 의미에서 '제3자'이다)인 새 집주인에게 항변抗辯하여 자신의 주장을 관철시킬 수 있겠는가 하는 문제로 직결된다. 이

16) 통상적으로 건물'명도明渡'란 건물의 점유자가 건물에 있는 동산 따위를 깨끗이 치우고(明) 건물을 넘기는(渡) 것을 말한다면, 건물'인도引渡'란 건물의 점유자가 현재 상태 그대로 건물을 넘기는 것을 말한다. 소송·경매실무에서 양자의 차이는 크지 않다. 현행 민사집행법에서는 '인도'라는 용어만 사용하나 부동산 거래실무에서 '건물명도'란 용어가 여전히 관행적으로 많이 쓰이는 점을 감안하여, 이하에서는 두 용어를 혼용하되 '건물명도'를 주로 쓰기로 한다.

같은 건물명도 청구소송에서 임차인이 대항요건을 구비하였다면, 곧 앞서 살펴본 적극적 대항요건과 소극적 대항요건을 모두 구비하고 있다면 적법하게 대항력을 행사할 수 있으므로 피고 임차인은 승소할 수 있을 것이다.

이 같은 '대항력 행사'로 인해 임차인은 「① 새 집주인과 사이에서 다시 임대차계약을 체결할 필요가 없고, ② 종전의 임대차기간이 끝날 때까지 계속하여 거주할 수 있으며, ③ 그 기간이 만료한 후에는 새 집주인한테서 보증금 전액을 반환받을 수 있다」는 내용으로 법적인 효력을 누릴 수 있다(다만 임차인은 대항력 행사를 하는 동안 적극적 대항요건을 계속 유지하고 있어야 한다).

'소극적 대항요건'이 필요한 배경

만약 앞서 살펴본 "임차인의 적극적 대항요건 구비 다음 날보다 선순위로 설정된 근저당권이 없어야 한다"는 소극적 대항요건이 없어도 무방하다면, 어떤 일이 생기게 될까? 예를 들어, 임대인 A 소유의 시가 10억 원짜리 서울 소재 아파트에 임차인 B가 2019. 9. 1. 보증금 5억 원에 임대차계약을 체결하고 2019. 9. 30. 이사와 전입신고를 마쳤다. 그런데 B가 계약을 체결하기 전인 2015. 9. 1. A는 甲은행한테서 아파트를 담보로 3억 원을 대출받았기에 같은 날 근저당권(채권최고액 3억 9천만 원)이 설정된 상태다. 이 같은 주택담보대출을 부동산등기부등본으로 확인한 B는 시세(보증금 8억)보다 3억 원 가량 싼 보증금 5억 원에 임차하였다. 그런데 실제 임차기간 중인 2020. 9. 1. 이 아파트가 경매에 넘어가 법원 감정평가금액이 8억 원으로 나왔다고 하자(아울러 경매개시 당시 A의 실제 채무원리금이 3억 6천만 원이라 하자).

만약 이른바 '적극적 대항요건'만 구비해도 임차인이 대항력을 행사할 수 있다면, 이 아파트 경매에 참여하는 사람 곧 입찰자는 법원감정가를 기준하여 자신이 염두에 두고 있는 가격에서 장래 대항력 행사로 임차인에게 반환해 줄 의무가 있는 보증금 5억 원을 반드시 빼야 할 것이다. 그리하여 이 아파트가 실제 3억 원(= 법원 감정가 8억 원 - 보증금 5억 원)에 낙찰되었다고 하면, 선순위 근저당권자인 甲은행으로서는 자신의 대출 당시(2015. 9. 1.)에는 없던 후순위 임차권의 존재(2019. 9. 3. 적극적 대항요건 구비)로 인하여 대출 당시 회수에 문제가 없었다고 판단한 자신의 대출원리금(3억 6천만 원)을 전액 회수할 수는 없게 된다. 이 같은 선순위 담보대출권자의 불의타 예방을 위해서라도 '소극적 대항요건'은 필요하다.

법이 정한 '대항력 발생일'을 악용하는 경우

기실 주택임대차법은 그 제3조 제1항에서 '임차인이 주택의 인도와 주민등록을 마친 그 다음 날부터 대항력이 생긴다'고 규정하여, 법을 악용惡用하는 집주인의 행위를 막을 수 없게끔 되어있어 법제도적 공백空白을 두고 있다. 예를 들어 위 사례에서 A가 담보대출을 받은 날이 2015. 9. 1.이 아니라 B가 이사하고 전입신고를 마친 2019. 9. 30.이라고 하자. 이 경우 대항력이 발생하는 때는 위 법 규정에 의해 적극적 대항요건을 구비한 당일(2019. 9. 30.)이 아니라 그 다음 날(2019. 10. 1.)이므로 결국 '소극적 대항요건'을 결여한 것으로 보아, B는 동법에 따른 대항력을 향후 새 집주인이 될 낙찰자(낙찰인, 경락인, 매수인 ; 이하 법조문이나 판결문을 인용하는 외에는 '낙찰자'로 통일함)에게 주장할 수 없게 된다.

이참에 은행 입장이 되어보자. 은행은 해당 주택의 전입세대를 열람해본 결과 전입세대가 없다고 보아 대출을 실행하고 당일(2019. 9. 30.) 근저당권설정등기신청서도 접수시켰는데 같은 날 B가 전입신고를 통해 대항력을 취득하게 된다면, 은행으로서는 뜻밖의 손해를 입을 수밖에 없다. 이와 같이 같은 날 근저당권이 설정되고 또 적극적 대항요건이 구비될 때 근저당권자와 임차인 중 누구를 선순위로 판단할 것인지가 매우 불분명하기 때문에 주택임대차법은 대항력이 발생하는 날을 전입신고 다음 날로 정한 것이다(여기에서도 우리네 부동산 제도와 금융 제도가 긴밀하게 연동되어 있음을 알 수 있다).

임차인 입장에서는 사전예방 차원에서 임대차계약 체결 시 "집주인은 임차인이 이사하여 전입신고를 마칠 때까지 선순위로 근저당권 등을 설정할 수 없다"하고 특약을 둘 필요가 있다. 만에 하나까지도 대비하려 한다면, "보증금 잔금은 이사한 날 저녁 8시에 송금한다"하고 특약을 둘 수 있겠다(대법원 인터넷등기소 홈페이지에서 '등기신청사건 처리현황'을 조회할 수 있는데, 대체로 오후 7시경이면 그날 있었던 부동산등기신청 현황 일체를 파악할 수 있다). 만약 집주인 A가 이 같은 담보대출사실을 미리 B에게 고지하지 아니하고 임대차계약을 체결하였다면, 임차인 B는 민사적으로는 중요한 부분의 착오나 기망을 이유로 계약을 취소할 수 있다. 형사적으로는 설명의무 불이행에 따른 묵시적 기망으로 인한 사기죄 성립을 이유로 고소도 할 수 있다.

'사기죄'로 인정한 사례

최근(2020. 4. 23.) 법원은 집주인이 임차인을 기망한 사례에서 피고인인 집주인에게 '징역 2년'을 선고하였다(울산지판 2019가단4314). 그 판결이유 중 '범죄사실'을 살펴보면, 그 구체적인 사례 내용을 알 수 있다. 곧 「피고인은 2016. 3. 26.경 울산 동구 U부동산 내에서 피고인이 분양받은 M타운 ○○호에 관하여 전세로 임차하기를 원하는 피해자(세입자)에게 "아파트에 담보가 없어 세입자가 등기부상 1순위 되는 것에는 아무런 문제가 없다"라고 거짓말하였다. 그러나 사실 피고인은 2013.경 M타운 ○○호를 분양받았으나 그 잔금을 지급하지 못해 2015. 12. 24. 농협은행주식회사에서 210,000,000원을 대출받고 같은 날 채권최고액 252,000,000원으로 하는 근저당권설정계약을 체결하여 잔금을 지급하면서 <u>피고인 명의로의 소유권이전등기와 동시</u>

에 위 아파트에 대해 근저당권설정등기 경료가 예정된 상황이어서 피해자에게 등기부상 1순위를 보장할 수 없었다. 그럼에도 불구하고 피고인은 위와 같은 사실을 피해자에게 고지하지 않는 방법으로 피해자를 기망하여 이에 속은 피해자와 2016. 3. 26. 위 아파트에 대하여 전세계약을 체결하고, 같은 날 계약금 명목으로 2,300만 원, 2016. 5. 10.경 잔금 명목으로 207,000,000원을 전세 보증금 명목으로 피고인 명의 ○○계좌로 송금받았다. 이로써 피고인은 피해자를 기망하여 재물을 교부받았다.」하고 판시하였다(울산지판 2019가단4314; '밑줄'은 필자가 그은 것이고, 이하 같음).

7. 임차할 주택에 '근저당권'이 있는 경우 ③

그렇다면 임대차 거래실무에서 흔하게 만나게 되는 '근저당권이 설정된 주택'을 임차할 때 임차인이 유의할 사항으로는 무엇이 있을까? 첫 번째로 '대항력 행사'가 가능하도록 하는 방법과, 두 번째로 향후 '대항력 불행사'로 인한 피해를 최소화할 수 있는 방법을 살펴보자.

'대항력 행사'가 가능하도록 하는 방법

첫 번째로 임차할 주택에 이미 근저당권이 설정된 경우, 임차인은 "보증금으로 담보대출원리금을 변제하고 근저당권을 말소한다"는 특약을 임대차계약서에 두도록 하자. 물론 이 같은 방법은 몇 가지 조건이 맞아떨어져야 가능할 텐데, 보증금으로 담보대출금 전액 변제가 가능해야 하고 또한 이미 설정된 근저당권을 더 이상 유용流用할 필요가 없어야 비로소 집주인과 사이에서 합의에 이를 수 있을 것이다.

이 같은 내용으로 특약이 가능하다면, 임차인은 이삿날에 보증금을 집주인이 담보대출을 일으킨 은행계좌로 입금하고 같은 날 '근저당권 말소등기' 신청까지 마치도록 하자.[17] 그리하여 선순위 근저당권이 말소되면 결국 임차인의 임차권은 '소극적 대항요건'도 구비하게 되어 추후 낙찰자를 상대로 대항력을 행사할 수 있게 된다. 이렇게만 된다면 '선순위' 임차인이 되므로 안심해도 좋다.

이 같은 절차에서 반드시 근저당권 말소까지 마쳐야 하는 것은

---

17) 임차인 입장에서 보다 안심하게 일을 처리한다면, 임차인은 보증금 잔금지급일에 집주인한테서 미리 받아둔 '상환위임장'(집주인의 인감도장 날인 및 인감증명서 첨부)을 가지고 집주인의 담보대출은행에 가서 직접 보증금으로 집주인의 대출금 전액을 상환하는 방법도 고려할 수 있겠다.

바로 '근저당권'의 법적 성격 때문이다. 보통의 '저당권'은 피담보채무가 모두 변제되면 이른바 담보물권의 부종성附從性에 기해 별도의 말소등기가 없어도 그 저당권등기는 무효가 되는 데 반해, '근根저당권'은 피담보채무가 모두 변제되어도 별도의 말소등기가 있지 아니하는 한 그 근저당권등기의 유효상태가 유지되어 나중에 추가적인 담보대출 건에 유용될 수 있기 때문이다.

'대항력 불행사'로 인한 피해를 최소화할 수 있는 방법

두 번째로 선순위로 설정된 근저당권을 말소할 수 없는 상태에서 해당 주택을 임차하는 경우, 임차인이 임대차계약서에 특약을 두어 향후 발생할 수 있는 피해를 최소화할 수 있는 방법도 살펴보자.

(1) 먼저 임차인이 지급할 보증금만으로 담보대출원리금을 전액 변제하기 어려운 경우라면, "일단 보증금으로 대출금을 갚고 해당 근저당권의 채권최고액을 줄이는 내용으로 근저당권변경(감액)등기를 한다"하고 정하자.

근저당권으로 담보되는 채권은 현재 또는 장래에 발생할 채권으로 일정한 금액을 한도로 설정되는데, 이를 '채권최고액'이라고 한다. 일반채권에 비해 우선변제권이 있는 금액의 한도로 표시하는 채권최고액은 실제 채권보다 20~30% 높게 설정된다(서울 소재 아파트의 경우 실제 대출금의 130% 정도로 책정한다). 이는 대출받은 사람이 이자를 연체하거나 채무액을 변제하지 못할 경우에 대비해 은행(근저당권자)에서 높게 설정하는 것으로, 은행은 채무자의 실제 채무원리금이 채권최고액을 초과해도 경매절차에서 채권최고액을 상한上限으로 우선변제를 받는다.

(2) 하지만 집주인이 주도권을 가지는 대개의 임대차 거래실무에서는 근저당권변경(감액)등기를 하기가 쉽지 않을 것이다. 이런 경우 특약사항으로 "집주인은 보증금으로 기존에 있는 담보대출금을 변제한다. 나아가 임대차기간 중에 추가로 담보대출을 받지 아니하고 만약 이를 어길 시 위약금으로 ○○원을 배상한다."하고 정하자. 근저당권의 법적 성격인 이른바 '부종성 완화' 곧 근저당권이 일반 저당권화 되어 피담보채권이 확정되기 전에는 그 채권이 일시 소멸하더라도 근저당권은 소멸하지 않는 특성을 감안할 때, 기존 담보대출금 변제만으로는 임차인 보호에 충분치 아니하다. 이와 같이 피해를 줄이기 위해서 임차인은 집주인 말만 믿고 보증금 잔금(중도금 없이 보증금의 90%를 잔금으로 책정하는 경우가 많다)을 집주인에게 바로 건네기보다는 잔금 지급을 보류한 채 집주인과 직접 동행하면서 잔금이 피담보채무의 변제에 실제로 쓰이는지 일일이 확인할 필요가 있다.

이와 관련하여 대법원은 「부동산 중개업자는 중개 대상 물건에 근저당권이 설정된 경우 그 채권최고액을 조사・확인하여 의뢰인에게 설명하면 족하고, 실제 피담보채무액까지 조사하고 확인하여 설명할 의무까지 있다고 할 수는 없다」하고 판시한 바 있다(대판 98다30667). 이와 같이 세밀한 확인 절차와 별도 특약의 설정은 무척이나 번거롭고 수고스럽지만 결국은 임차인 본인이 짊어야 할 몫의 일이다.

(3) 마지막으로 이도저도 다 어려운 경우의 임차인의 경우다(아마도 이러한 경우가 태반일 것이다). 이때 임차인이 될 사람은 장래 적극적 대항요건을 구비하였더라도 '대항력'을 행사할 수 없는 점을 명확히 인식하고 계약을 체결하자.

곧 향후 생길지 모를 경매로 집주인이 바뀔 경우 새 집주인의 건물명도 청구에 응하여야 하는데, 구체적으로 「① 종전 임차기간이 남은 때라도 나가야 하고, ② 임차보증금을 예전 집주인에게서 다 못 받아도 나가야 하며, ③ 임차보증금을 새 집주인한테서는 한 푼도 받아낼 수 없다」는 사정을 숙지하여야 한다. 이 같은 사정에 처한 임차인으로서는 임차할 주택의 시가를 감안하여 예상되는 감정가를 기준하여 자신보다 선순위로 설정된 근저당권의 채권최고액과 여타 경매절차비용 등을 뺀 금액보다 충분하게 낮은 금액으로 보증금 액수를 정할 것을 요한다.

8.

기타 유의사항

그 밖의 경우에 임차인이 유의해야 할 사항을 살펴보자.

임차할 주택이 '미등기'인 경우

임차할 주택이 '미등기' 건물인 경우도 제법 있다. 집주인이 빌라를 신축하여 '임시 사용승인'을 받은 상태에서 임대한 경우나 대단지 신축(재건축) 아파트에서 사용승인을 받았지만 입주일 이후 집합건물 등기부등본이 작성될 때까지 상당한 시간이 걸린 경우가 그렇다.

먼저 전자의 경우에는 '건축물관리대장'상 건물소유자로 확인된 사람이나 '건축신고서'상 건축주로 확인된 사람과 사이에서 임대차계약을 체결할 것을 권한다(물론 이들로부터 '임대 권한'을 위임받은 사람도 가능하다). 다음으로 후자의 경우에는 '등기필증'도 없는 상태이므로 집주인이 가지고 있는 '분양계약서'(재건축 아파트의 문서 명칭은 "○○아파트 공급계약서 – 조합원용")를 살펴보아, 집주인이 수분양자(재건축조합의 조합원)에 해당하는지 반드시 확인하여야 한다.

'공인중개사'가 중개하는 경우

임차인은 대개 일명 '부동산'이라 불리는 공인중개사를 통해 임대차계약을 체결하는데, 공인중개사의 '중개仲介행위'와 관련하여 몇 가지 살펴볼 점이 있다.

공인중개사는 중개행위라는 '사실행위'를 할 수 있다. 곧 매매의 경우라면 매도인과 매수인을 만나도록 주선周旋하는 행위, 임대차의 경우라면 임대인과 임차인을 만나도록 주선하는, 사실적인 중개행위만을 할 수 있다.

반면 공인중개사에게는 '법률행위' 곧 법적인 권리나 의무를 발생·변경·소멸하게 하는 행위를 대리할 권한이 없음에 유의하자. 임대차계약상 임대인이나 임차인이 하는 임대차계약 체결행위(법률행위)를 대리할 권한이 없다. 따라서 공인중개사가 임대인이나 임차인 일방을 대리하여 임대차계약을 체결하려고 할 때에는 그 상대방은 해당 당사자가 공인중개사 앞으로 임대 권한이나 임차 권한을 부여한 사실이 있는지를 반드시 위임장 및 이에 첨부된 위임인의 인감증명서 등을 통해 확인하자.

임대차계약에 포함된 '중개수수료' 약정의 문제

최근 부동산 시세 급등으로 임하여 이에 연동된 '중개수수료'가 부당히 고액이라는 점이 심심찮게 지적되고 있다. 이와 관련하여 실제 임대차계약서 조항에 슬그머니 '중개수수료'에 관한 약정이 끼어

든 경우가 자주 있다(원래는 임대차계약서에 별첨하는 '중개대상물 확인 · 설명서'에 기재할 사항이다). 필자가 실제로 목격한 사례를 예로 들면, "중개업자는 임대인과 임차인이 본 계약을 불이행함으로 인한 책임을 지지 않는다. 또한 중개수수료는 본 계약과 동시에 계약당사자 쌍방이 각각 지불하며, 중개업자의 고의나 과실 없이 본 계약이 무효, 취소 또는 해제되어도 중개수수료는 지급한다. 공동중개인 경우에 임대인과 임차인은 자신이 의뢰한 중개업자에게 각각 중개수수료를 지급한다(중개수수료는 거래가액의 ○%[18]로 한다)."는 식으로 말이다.

하지만 이 같은 '중개수수료' 약정은 매매나 임대차의 중개를 맡기는 사람과 이를 맡은 중개업자 사이에 체결할 '중개계약'의 내용일 뿐, 임대인과 임차인이 당사자가 되는 '임대차계약'에서 내용으로 삼을 사항이 아니다. 임대차계약서 하단 '임대인 · 임차인' 란 다음에 오는 임대차계약 내용을 확인하는 '중개업자' 란이 있음을 기화로, 별도 '중개계약'의 내용으로 삼을 법한 '중개수수료' 약정을 버젓이 임

18) 중개수수료는 '시 · 도별 중개보수 요율표'에서 그 '상한요율'과 '한도액'이 정해져 있다(크게 매매 · 교환의 경우와 그 외 임대차 등의 경우로 양분된다). 가령 서울특별시 기준 거래금액 6억 원 이상의 임대차의 상한요율 및 한도액은 「상한요율 1천분의 8 이내에서 개업공인중개사가 중개의뢰인과 협의하여 결정하기로」 되어 있다. 그런데 부동산 중개실무에서는 종종 중개의뢰인으로 하여금 법에서 정한 중개수수료의 '상한上限요율'을 마치 중개수수료의 '법정法定요율'인 듯 오인하게끔 설명하는 경우가 발생하여 문제가 되고 있다.

대차계약서에 넣어두는 거래관행(?)은 시정될 필요가 있다. 중개수수료를 받아내는 데 필요한 사전 방편이라는 공인중개사의 볼멘소리도 있지만, 멋모르는 일반인 입장에서는 나중에 불의타로 여길 수밖에 없으니 말이다.

참고로 법원은 공인중개사가 선순위임차인이 '보증금이 있는 임차인'인데도 '월세만 있는 임차인'이라고 소개하여 이를 믿고 보증금을 내고 입주한 후순위임차인이 배당절차에서 배당순위가 뒤로 밀림으로써 손해가 생겼다면, 공인중개사에게 그 배상책임이 있다고 인정하였다. 이 같은 경우에 공인중개사와 공인중개사협회가 공인중개사의 업무 및 부동산 거래신고에 관한 법률 제30조에 따라 손해배상책임을 진다고 보았다(대판 2011다63857).

매매목적물 조사 · 확인의무의 강화

새 주택임대차법이 도입한 계약갱신청구권의 여파로 향후 부동산 매매중개실무에서는 공인중개사의 보다 강화된 '매매목적물 조사 · 확인의무'가 예상된다. 특히 임차주택의 매매계약 체결 단계에서 매매목적물의 '법률관계'에 관한 사항을 정확히 조사하고 확인하여야 한다. 구체적으로 「① 임차인이 계약갱신청구권을 이미 1회 행사한 주택인지 아닌지, ② 최초 임대차라면 임차인에게 계약갱신청구권이 생기는 기간(최초 임대차기간 만료 6개월 전부터 2개월 전까지)인지 아니면 그 이전 · 이후인지」를 정확히 파악하여야 한다.

나아가 실거주 목적의 주택 매수의 중개를 의뢰받은 공인중개사는 그 중개의뢰인으로부터 이른바 '법률 리스크'를 줄이기 위해, 「① "매매계약서 특약 란에 임차인의 퇴거 동의 의사를 적고 임차인의 서명이나 날인을 받아 달라"고 하거나, ② "임차인한테서 주택임대차법에 의거하여 생긴 계약갱신청구권을 행사하지 않겠다는 각서를 받아 달라"고 하는 따위로」, 예전에 없던 요청을 받는 경우도 생길 것이다.

입주 시

1. 임차한 주택의 권리관계 확인
2. '적극적 대항요건' 의 구비 ①
3. '적극적 대항요건' 의 구비 ②
4. '적극적 대항요건' 의 구비 ③
5. '우선변제요건' 의 구비

제 2 장

입주 시

1. 임차한 주택의 권리관계 확인

임차인은 임대차계약 체결 시는 물론이고 보증금 잔금을 지급하고 실제 이사하는 시점에도, 부동산등기부등본을 확인하여 그 사이 임차한 주택(줄여서 '임차주택')의 권리관계에 변동이 있는지 확인할 필요가 있다. 임차인이 주택의 인도를 받기 전에 압류가 되거나 근저당권 등이 설정된 경우라면, 임차인으로서는 경매로 인한 배당절차에서 이러한 압류권자나 근저당권자보다 우선순위를 확보하지 못하게 됨은 물론이고 낙찰자에게 대항력도 행사할 수 없게 되어, 종당에는 임차보증금을 돌려받지 못하는 낭패를 볼 수도 있기 때문이다.

'갑구'란의 경우

기실 임차인으로서는 임대차계약을 체결할 때부터 실제 입주 시까지 소유권에 관한 사항을 다룬 '갑구' 란에는 '가압류', '가처분'이나 국세 · 지방세 따위의 세금 체납을 원인으로 하는 '압류'가 없을 것을 요한다. 임차목적물에 '가압류'가 집행되면 채무자(집주인)에게는 가압류된 목적물을 처분해서는 안 되는 '처분금지효'가 생기고, 처분금지 '가처분'의 경우에도 주택의 임차권은 적극적 대항요건과 확정일자를 갖추면 저당권에 준하게 되므로, 이 같은 임차권의 설정도 금지 대상이 되는 처분행위로 평가받을 수 있기 때문이다.

한편 임대차계약 체결 과정에서 '조세채권'은 거의 감안되지 않는 게 거래현실이다. 하지만 조세채권은 이른바 '조세채권우선의 원칙'에 따라 전혀 공시가 되지 않는데도 실제 배당에서는 보증금채권보다 선순위가 될 수 있으므로 주의를 요한다. 곧 조세채권은 해당 경매 물건에 대한 압류 여부를 불문하고 조세채권이 발생한 '법정기일[19]'(신고일 또는 납세고지서 발송일)이 임대차계약에서의 적극적

---

19) 국세 · 지방세 등 조세채권은 이에 관하여 부동산등기부등본에 압류등기가 되어 있어도 그 '압류등기의 접수일자'가 아니라 '법정기일'로 우

대항요건과 임대차계약서상 확정일자를 최종적으로 모두 구비한 날짜보다 앞서게 되면, 배당순위에서 임차보증금채권보다 앞서게 된다. 더군다나 조세채권 중에서 경매가 진행 중인 당해 부동산 자체에 대해 부과되는 재산세 등은 '당해세'라고 하여 그 법정기일 이전에 설정된 저당권이나 확정일자 있는 보증금채권보다도 우선한다. 결국 임차인으로서는 공시되지 아니한 조세채권 등[20]으로 인하여 불측의 손해를 입을 우려를 떨치기 어렵다(게다가 부동산 거래관행에 비추어 임차인이 집주인한테서 '국세·지방세 완납증명서'나 '체납사실 증명원'을 받아두거나[21], 집주인의 동의를 얻어 '미납국세 열람신청제도'를 활용하기가 요즘처럼 집주인 우위의 시장에서는 쉽지 않다).

임대인이 '소유자' 지위를 유지할 것이 요구됨은 물론이다. 만약 임대차계약 체결 이후 실제 입주 사이에 집주인이 매매·증여 등으

선 배당 순위가 정해짐에 유의하자.

20) 그밖에 '임금채권'의 문제도 있다. 곧 집주인이 고용주이고 직원에게 체불滯拂한 임금이 있다면 그 중 3개월 간의 임금, 3년 간의 퇴직금에 해당하는 금액은 배당절차에서 최우선순위로 보호받는다. 이렇듯 '임금체불'이라는 변수도 있는데, 임차인으로서는 사실상 집주인의 임금체불 여부를 확인할 방법이 없다.

21) 만약 집주인이 이들 자료를 공개하지 아니하려 한다면 임대차계약 체결을 과감히 포기하는 것도 고려할 만하다. 임대차계약 체결 시 체납사실이 없더라도 임대차 종료로 보증금 반환할 때까지 사이에 체납사실이 생길 수도 있다. 임대차계약 체결 시 「집주인의 체납사실 확인 시 임차인은 계약을 해지할 수 있다」 하는 '특약'도 둘 만 하다.

로 변경이 되었다면, 임차인으로서는 기존 임대차계약이 임대인 측 사정으로 '이행불능'이 되었다고 주장할 수 있다.

'을구'란의 경우

'을구' 란에서 가장 문제되는 이슈는 '선순위(임차인의 적극적 대항요건의 구비 다음 날보다 우선이라는 의미) 근저당권자'가 있는지 여부이다. 이 쟁점에 대해서는 앞에서 자세히 살펴본 바 있다.

민법상 '전세권'과 주택임대차법상 '임차권'의 비교

차제에 주택임대차법상 대항요건과 확정일자를 구비한 '임차권'을 민법상 규정된 '전세권'과 견주어 살펴보자. 민법상 '전세권'이란 전세금을 지급하고 타인의 부동산을 점유하여 그 부동산의 용도에 좇아 사용・수익하며, 그 부동산 전부에 대하여 후순위권리자 기타 채권자보다 전세금의 우선변제를 받을 권리를 말한다(민법 제303조 제1항). 이하에서 '전세권', '전세권자'라 칭하는 것은 부동산등기부등본 '을구' 란에 '전세권설정등기'가 된 경우만을 말한다. 민법상 '전세권'과 주택임대차법상 대항요건과 확정일자를 구비한 '임차권'을 비교하여 살펴보자.

(1) 첫 번째로 전세권등기와 주택임대차법상 대항력을 구비한 임차권은 얼마든지 병존할 수 있다. 그 실익에 대해 설명해보자. 아

파트나 오피스텔과 같은 '집합건물'에 설정된 전세권은 건물과 대지 전체 매각대금에서 그 전세권설정등기일을 기준으로 우선변제를 받는다(이 경우 전세권은 저당권으로 보고 대지지분은 저당물의 종물로 보아 저당권 효력이 종물에까지 미치는 것과 같은 법리가 적용된다). 하지만 '단독주택'에 설정된 전세권은 대지를 포함하지 않고 주택만 전세권등기를 한 경우이므로, 대지 매각대금에서는 우선변제를 받을 수 없고 건물 매각대금에서만 우선변제를 받을 수 있다. 전세권자가 사전에 임차인으로서 주택임대차법상 대항요건을 갖추었다면, 전세권등기일에 임대차계약서상 확정일자를 받은 것과 동일한 효력이 발생하여, 토지와 건물 매각대금 전부에 대하여 주택임대차법상 후순위 권리자보다 우선변제를 받을 수 있다(대판 2001다51725). 따라서 주택에 한정하여 전세권이 설정된 경우에는 주택임대차법상 대항요건도 함께 갖춰두어야 보증금의 손실을 막을 수 있다.

(2) 두 번째로 전세권은 배당요구를 하면 배당받고 소멸된다. 이때 미배당금이 잔존해도 전세권은 전부가 소멸되므로, 전세권자는 예상배당표를 작성하여 전액 배당되는 경우에 한하여 배당요구를 하여야 한다. 반면 주택임대차법상 임차권은 그 대항력을 행사할 수 있는 경우 미배당금을 낙찰자로 하여금 인수하도록 하였기에(주택임대차보호법 제3조의5 단서 ; 「다만, 보증금이 모두 변제되지 아니한, 대항력이 있는 임차권은 그러하지 아니하다」), 이 점에서 전세권보다 확실히 유리하다.

이상을 정리하면, 적어도 주택의 경우에는 전세권을 설정하는 것보다 주택임대차법상 대항요건을 구비하고 나아가 그 확정일자를 확보하는 것이 임차인 보호 면에서 더 유리하다. 근저당권 등 '말소기준권리[22]'보다 앞서 주택에 입주하고 주민등록을 한 임차인은 배당절차에서 자기 보증금 전액을 배당받지 못하면 낙찰자에게 나머지 보증금을 받을 수 있지만, 근저당권 등 말소기준권리보다 앞서는 선순위 전세권은 배당절차에서 자기 전세금 전액을 배당받지 못할 때 낙찰자에게 이를 인수시킬 수 없기 때문이다. 결국 선순위 임차인은 어떻게든 보증금 전액을 받아낼 수 있는 데 반해, 선순위 전세권자는 자기 전세금 전액을 받아내지 못하는 경우가 생길 수 있다.

---

22) 경매실무에서 '말소기준권리'란 부동산경매에서 부동산이 낙찰될 경우, 그 부동산에 존재하던 권리가 소멸하는가, 그렇지 않으면 그대로 남아 낙찰자에게 인수되는가를 가늠하는 기준이 되는 권리를 말한다. 예를 들어 근저당권이 설정되어 있는 부동산에 임차인이 들어온 경우, 그 부동산이 경매에 붙여진다면 임차인의 적극적 대항요건 구비일이 근저당권 설정일보다 나중이 되기 때문에 부동산의 낙찰자는 임차인을 쫓아낼 수 있다. 이때 임차인의 권리는 소멸되는데, 그것을 판단하는 '말소기준권리'는 근저당권이다.

2. '적극적 대항요건'의 구비 ①

앞서 살펴본 바와 같이 대항력을 발생하게 하는 요건으로 두 가지 곧 '적극적 대항요건'과 '소극적 대항요건'을 염두에 둔다면, '대항력'이란 「임차인이 자신이 임차한 목적물을 사용·수익할 수 있는 권리(곧 '임차권')를 자신과 계약관계가 없는 후순위 제3자에게도 관철시킬 수 있는 힘」이라고, 그 개념을 정의할 수 있겠다. 주택임대차보호법 제3조가 정한 '적극적 대항요건' 곧 주택의 인도(점유의 확보)와 주민등록(전입신고)을 마칠 것 중 '주택의 인도'는 실제 이사하여 입주하는 것을 말하므로 별반 문제가 생기지 아니한다. 이하에서는 '주민등록'에 관해 중점적으로 살펴보자.

주민등록

적극적 대항요건 중 주민등록은 '거래의 안전'을 위해 임차권의 존재를 제3자에게 공시하려고 마련한 것으로, 부동산등기부등본상 '임차권' 등기에 준한다. 주민등록이 임대차를 공시하는 효력을 갖기 때문에 근저당권설정등기나 압류·가압류등기(앞에서도 언급한 것과 같이 이 같은 등기상 권리를 경매실무에서는 '말소기준권리'라 칭함) 후에 적극적 대항요건을 갖춘 후순위의 주택임차권은 경매 고유의 법리에 따라 이른바 '소제주의'에 의하여 소멸되고, 말소기준권리가 생기기 이전에 적극적 대항요건을 갖춘 선순위 주택임차권은 이른바 '인수주의'에 의하여 낙찰자가 이를 인수하게 된다. 이 같은 적극적 대항요건은 그 대항력 발생 시에만 구비하면 되는 게 아니라, 계속 존속하고 있어야 한다.

재차 강조하지만 임차주택에 대한 주민등록 전입일자와 근저당권 설정일자가 동일한 경우, 대항력은 그 다음 날('제4장 2. 대항력 행사 ①' 부분에서 후술하는 바와 같이 대법원은 새벽 '0시부터'의 시간 개념으로 파악함)부터 발생하므로 결국 근저당권자보다 하루가 늦게 되어 임차인은 대항력을 취득하지 못하게 된다. 대항력이 효과를 발휘하는 경우는 임차인이 대항력을 취득하는 시점 이전에 해당 부동산에 근저당권 등 어떠한 '말소기준권리'도 존재하지 않아야 한다. 곧 '소극적 대항요건'을 구비한 경우라야 한다.

공시방법으로서의 유효성 판단

공시방법인 주민등록의 유효성 판단은 원칙적으로 임차인이 전입신고를 한 당시의 부동산등기부등본상 토지 지번地番이나 건물 호수號數를 기준으로 한다. 하지만 주민등록이 나중에 부동산등기부등본상의 주택 현황과 일치하지 않는다면, 원칙적으로 더 이상 유효한 공시방법이라 할 수 없다(대판 2001다63216).

우선 유효성 판단 기준부터 알아보자. 간단하다. '등기부상 표시'대로 전입신고를 하면 된다. 외부 공시자료로서의 전입신고를 거래안전을 보호하기 위해 엄격히 해석하여야 한다는 것이 법원의 원칙적인 입장이다. 전입신고 내용이 당해 임차목적물에 대한 임대차 존재 여부를 판단할 때 이해관계인들 내심의 의사와는 무관하게 객관적으로 해석되어야 한다(대판 2003다10940). 법원은 이같이 엄격한 태도를 견지하면서 임차인을 보호할 만한 구체적인 정황이 있는 경우에는 거래 안전 보호라는 목적에서 일보 후퇴하여 임차인을 보호하려는 방향으로 선회하여 판시하기도 한다. 이하에서는 구체적인 사례를 살펴보자.

만약 '등기부상 표시'와 달리 '현관문에 부착된 호수 표시'대로 임대차계약서에 표시하고 그와 같이 주민등록표에 기재된 경우에는 해당 전입신고는 공시방법으로서의 유효성이 부정된다(대판 95다55474). 특히 '다세대주택'의 경우에 이 같은 문제가 생긴다. 근래 신축되는 다세대주택은 1층을 이른바 필로티pilotis 구조로 지어 주차장으로 활용하고 있는데, 이런 구조의 다세대주택을 살펴보면 2층부터 올라가는 공동주택의 현관문에 "201호, 202호"로 문패가 붙여 있다. 그런데 그 집합건물 등기부등본의 '표제부' 란에는 "101호, 102호"로 그 호수가 특정되어 문패의 호수와 등기부상의 호수가 서로 다른 경우가 제법 있다. 이런 경우 임차인으로서는 반드시 등기부상 표시대로 전입신고를 마쳐야 공시방법으로 유효하다는 것이다. 왜냐하면 일반 공중公衆의 입장에서는 등기부상 표시된 대로 해당 전유세대의 호수를 파악하면 그 뿐, 공동주택의 현관문에 실제 호수 표시가 어찌되었는지를 알아낼 방법이 없기 때문이다(다세대주택을 직접 방문해보라고 요구할 수는 없지 않은가?).

반면 부동산등기부등본 상 건물 표제부에 '에이(A)동'이라고 기재되어 있는 연립주택의 임차임이 전입신고를 하면서 실제 건물 외벽에 표기된 바와 같이 주소지를 '가동'으로 신고한 경우, 사회통념상 '가동, 나동', '에이동, 비동'은 표시순서에 따라 각각 같은 건물을 의미하는 것이라고 인식되므로, 임차인의 주민등록은 임대차의 공시방법으로 유효하다고 본 사례가 있다(대판 2002다59351).

한편 이른바 '다가구주택'은 단독주택이므로('집합건물 등기부등본'이 아니라 '토지 등기부등본'과 '건물 등기부등본'으로 공시된다) 전입신고를 할 때 건물이 자리잡은 해당 토지 지번만 정확히 기재하면 된다. 곧 편의상 단독주택 건물에 붙여진 호수를 기재하지 않거나 잘못 기재하였더라도, 대항력 판단에는 아무런 영향을 미치지 않는다.

3.

'적극적 대항요건' 의 구비 ②

'주민등록(전입신고[23])'을 중심으로 '적극적 대항요건'을 좀 더 살펴보자.

주민등록의 공시 정도

먼저 '주민등록'이 대항력의 요건을 충족할 수 있는 공시방법으로 인정받기 위한 정도를 살펴보자. 이에 관해 대법원은, 「주택임대차보호법 제3조 제1항에서 주택의 인도와 더불어 대항력의 요건으로 규정하고 있는 주민등록은 거래의 안전을 위하여 임차권의 존재를 제3자가 명백히 인식할 수 있게 하는 공시방법으로 마련된 것이다. 주민등록이 어떤 임대차를 공시하는 효력이 있는지는 주민등록으로 제3자가 임차권의 존재를 인식할 수 있는지에 따라 결정된다. 주민등록이 대항력의 요건을 충족할 수 있는 공시방법이 되려면, 단순히 형

---

23) 하나의 세대에 속하는 자의 전원 또는 그 일부가 거주지를 이동한 때에는 신고의무자가 새로운 거주지에 전입한 날부터 14일 이내에 주소지변경 및 등록을 위한 전입사실을 새로운 거주지 관할기관에게 신고하여야 한다(주민등록법 제10조, 제11조). 전입신고는 '정부24' 홈페이지(https://www.gov.kr/portal/main)에서 온라인으로도 가능하다.

식적으로 주민등록이 되어 있는 것만으로 부족하고 주민등록에 따라 표상되는 점유관계가 임차권을 매개로 하는 점유임을 제3자가 인식할 수 있는 정도는 되어야 한다.」하고 판시하였다(대판 2018다44879, 44886).

주민등록의 '효력발생시기'

다음으로 주민등록은 신고申告 시와 수리受理 시 둘 중 언제 효력이 발생할까? 이에 관해 대법원은 '수리 시' 그 효력이 발생한다고 본다. 곧 「주민등록은 단순히 주민의 거주관계를 파악하고 인구의 동태를 명확히 하는 것 외에도 주민등록에 따라 공법관계상의 여러 가지 법률상 효과가 나타나게 되는 것으로서, 주민등록의 신고는 행정청에 도달하기만 하면 신고로서의 효력이 발생하는 것이 아니라 행정청이 수리한 경우에 비로소 신고의 효력이 발생한다. 따라서 주민등록 신고서를 행정청에 제출하였다가 행정청이 이를 수리하기 전에 신고서의 내용을 수정하여 위와 같이 수정된 전입신고서가 수리되었다면 수정된 사항에 따라서 주민등록 신고가 이루어진 것으로 보는 것이 타당하다.」하고 판시[24]하였다(대판 2006다17850).

---

24) 나아가 대법원은 임차인이 정확한 지번과 동, 호수로 주민등록 전입신고서를 작성하고 제출하였는데 담당공무원이 착오로 수정을 요구하여 잘못된 지번으로 수정하고 동, 호수 기재를 삭제한 주민등록 전입신고서를 다시 작성하고 제출하여 그대로 주민등록이 된 사례에서, 「그 주민등록은 임대차의 공시방법으로서 유효하지 않다. 이것이 담당공무원의 요구에 기인한 것이라 하더라도 마찬가지이다. 원심의 판단에는 임

전입신고가 무단으로 말소된 경우

전입신고가 말소되면 적극적 대항요건 중 하나인 주민등록을 마치지 못한 것이 되어 대항력이 발생하지 아니한다. 그런데 전입신고가 임차인 의사에 기하지 않고 무단으로 말소되었으나 임차인이 주민등록법상 정해진 이의신청 방법으로 주민등록을 재등록한 경우가 있다고 하자. 이런 경우 임차인의 주민등록은 최초 전입신고 때부터 마쳐진 것이 되므로, 과거 한때 적극적 대항요건의 불비不備로 소멸된 대항력은 최초 주민등록을 등록한 때로 소급하여 되살아나게 된다.

전입신고가 직권으로 말소된 경우

이 경우에도 임차인이 주민등록이 직권 말소된 후 주민등록법 소정의 이의절차에 따라 그 말소된 주민등록을 회복시키거나 재등록을 함으로써 임차인에게 주민등록을 유지할 의사가 있었다는 것이 명백히 드러난 경우에는 소급하여 그 대항력이 유지된다고 볼 것이다. 다만 대법원은 「그 직권 말소가 주민등록법 소정의 이의절차에 의하여 회복된 것이 아닌 경우에는 직권 말소 후 재등록이 이루어지기 이전에 주민등록이 없는 것으로 믿고 임차주택에 관하여 새로운

차인의 우선변제권 구비요건으로서의 주민등록에 관한 법리('수리 시' 효력발생)를 오해하여 판결에 영향을 미친 위법이 있다.」하고 판시하였다(대판 2006다17850). 공무원의 안내를 믿고 따른 임차인으로서는 억울했을 것이다.

이해관계를 맺은 선의의 제3자에 대하여 임차인은 대항력 유지를 주장할 수 없다고 봄이 상당하다」고 판시한 바 있다(대판 2002다20957).

타인 명의의 전입신고를 유효한 전입신고로 보는 경우

한편 임차인이 아닌 타인 명의로 전입신고를 하였는데도 대항력 취득을 위한 유효한 전입신고로 보는 경우로 두 가지 있다. 첫 번째로 임차인이 집주인의 동의를 얻어 적법하게 임차권 양도계약이나 전대차계약을 체결한 경우로, 해당 임차권 양수인이나 전차인의 주민등록(주택 점유도 마찬가지다)만으로도 임차인은 대항요건을 갖춘 것으로 본다. 두 번째로 경매실무에서 이른바 세대합가世代合家라 불리는 경우로, 임대차계약상 임차인은 '세대주'인데 세대주가 아닌 세대 구성원 1인의 전입신고만으로도 대항력 취득을 인정해 준다.

'재외국민'도 보호받는지

대법원은 근래(2019. 4. 11.) '재외국민'도 비록 명시적인 법률 규정은 없지만 주택임대차법상 보호받는 임차인이라고 보았다. 곧 「구 재외동포법에 출입국관리법 제88조의2 제2항과 같이 재외국민의 국내 거소신고와 거소이전신고가 주민등록과 전입신고를 갈음한다는 명문의 규정은 없지만, 출입국관리법 제88조의2 제2항을 유추적용하여 재외국민이 구 재외동포법 제6조에 따라 마친 국내거소신고와 거소이전신고도 외국국적동포의 그것과 마찬가지로 주민등록과 전입신고를 갈음한다고 보아야 한다. 따라서 재외국민의 국내거소신고는 주택임대차법 제3조 제1항에서 주택임대차의 대항요건으로 정하는 주민등록과 같은 법적 효과가 인정되어야 하고, 이 경우 거소이전신고를 한 때에 전입신고가 된 것으로 보아야 한다.」하고 판시하였다(대판 2015다254507).

4. '적극적 대항요건'의 구비 ③

'적극적 대항요건'과 관련한 기타사항을 살펴보자.

대항력의 발생요건이자 존속요건임

임차인은 이미 발생한 대항력을 유지하기 위해 해당 '주민등록'을 계속 존속시키고 있어야 한다(점유의 확보도 마찬가지다). 이때의 전입신고는 반드시 '세대주' 본인의 그것일 것을 요하지 않는다(세대주 아닌 '세대구성원'의 전입신고도 유효하다).

만약 임차인이 대항력 취득 후 가족과 함께 일시 다른 곳으로 주민등록을 이전했다가 다시 전입한 경우에, 원래의 대항력은 완전히 소멸할까, 아니면 소급하여 회복이 될까? 대법원은 이 경우 원래의 대항력이 소멸하고 다시 전입한다고 하여 대항력이 소급하여 회복하지 않는다고 본다. 곧 「주택의 임차인이 그 주택의 소재지로 전입신고를 마치고 그 주택에 입주함으로써 일단 임차권의 대항력을 취득한 후 어떤 이유에서든지 그 가족과 함께 일시적이나마 다른 곳으로 주민등록을 이전하였다면 이는 전체적으로나 종국적으로 주민등록의 이탈이라고 볼 수 있으므로 그 대항력은 그 전출 당시 이미 대항요건의 상실로 소멸되는 것이고, 그 후 그 임차인이 얼마 있지 않아 다시 원래의 주소지로 주민등록을 재전입하였다 하더라도 이로써 소멸되었던 대항력이 당초에 소급하여 회복되는 것이 아니라 그 재전입한 때부터 그와는 동일성이 없는 새로운 대항력이 재차 발생하는 것이기 때문이다」라고 판시하였다(대판 97다43468).

한편 대법원은 주택임대차법상 대항력을 갖춘 주택임차인이 임대인의 동의를 얻어 적법하게 임차권을 양도하거나 전대한 경우, 비록 위 임차권의 양도나 전대에 의해 임차권의 공시방법인 점유와 주민등록이 변경되었다 하더라도(달리 말해 원래의 임차인의 점유와 주민등록에서 임차권 양수인이나 전차인의 점유와 주민등록으로 변경이 되었더라도), 원래의 임차인이 갖는 임차권의 대항력은 소멸되지 않고 그 동일성을 유지한 채로 존속한다고 보았다(대판 87다카2509).

대항력 발생을 위해 보증금 '전액'지급이 필요한지

임차인이 임대차계약에서 정한 보증금 중 계약금만 지급하고 주택을 인도받아 점유하고 있는 경우, 곧 보증금 잔금은 지급하지 아니하고 있는 경우에 대항력이 발생한다고 볼 수 있을까? 이에 대해 대법원은 보증금을 완납完納하는 것은 대항요건이 아니라고 보았다. 곧 「새로운 이해관계인이 생기기 전까지 임차인이 임대인에게 그 보증금을 전부 지급하여야만 하는 것은 아니다. 임차인이 임차주택을 인도받아 전입신고를 마친 시점이 근저당권자가 근저당권을 설정한 날보다 이전인 이상, 임차인은 근저당권자에게도 대항할 수 있다.」하고 판시하였다(대판 2000다61855).

집주인과 임차인이 합의하여 임차인이 보증금 잔금을 지급하기 전에 임차주택에 입주하여 전입신고를 하여 대항력이 발생한 경우라면, 그 후 근저당권이 설정되고 난 후에 지급된 보증금 잔금에 대해서도 대항력이 발생한다고 볼 것이다. 대법원도 「임차인이 임대인에게 임차보증금의 일부만을 지급하고 주택임대차보호법 제3조 제1항에서 정한 대항요건과 임대차계약증서상의 확정일자를 갖춘 다음 나머지 보증금을 나중에 지급하였다고 하더라도 특별한 사정이 없는 한 대항요건과 확정일자를 갖춘 때를 기준으로 임차보증금 전액에 대해서 후순위권리자나 그 밖의 채권자보다 우선하여 변제를 받을 권리를 갖는다고 보아야 한다」하고 판시하였다(대판 2017다212194).

임차주택이 공유물인 경우

앞서 임차할 주택이 공유물인 경우 임차인은 임대차계약 체결 시부터 유의해야 한다고 강조했다. 곧 임대차계약의 체결행위는 '관리행위'에 해당하여 민법상 지분비율 과반수 동의가 있어야 그 계약의 효력이 전체 지분에 미친다고 하였다. 마찬가지로 주택임대차법상 대항력과 우선변제권이 발생하려면, 이 역시도 과반수 지분권자의 동의가 있어야 가능하다.

만약 과반수 미만 지분권자의 동의로만 임대차계약이 체결되었다면, 주택임대차법상 대항력과 우선변제권은 전혀 발생하지 않고, 민법상 (일반)임대차로 계약당사자에게만 계약 효력이 미칠 뿐이다. 과반수 지분권자로부터 동의를 얻어 임대차계약을 체결하였더라도, 그 동의한 지분권자의 지분에 (가)압류나 근저당 등 처분금지의 효력이 있는 등기가 있는 경우에는 또 다시 주의를 요한다. 곧 이 같은 처분금지 효력이 있는 등기의 채권자에 의하여 경매가 진행되는 경우, 처음부터 이 지분권자의 동의는 이들 채권자에게 대항할 수 없어 동의가 없는 것으로 처리되기 때문에 그렇다(이른바 압류·가압류의 '개별상대효'가 문제되는 경우이다). 결국 나머지 동의한 지분권자의 지분만으로 과반수가 되지 아니하면, 대항력과 우선변제권을 모두 상실한다고 볼 것이다.

5.

'우선변제요건'의 구비

주택임차인은 앞서 살펴본 적극적 대항요건 곧 주택의 인도와 전입신고에 더하여 임대차계약서상에 '확정일자'를 갖춘 경우에는, 후순위 권리자나 일반 채권자보다 우선하여 매각대금으로부터 자신의 보증금을 변제받을 수 있다. 곧 구비하여야 할 '우선변제요건'으로는 적극적 대항요건과 확정일자가 있다(임차인이 적극적 대항요건을 갖추지 않으면, 비록 확정일자를 갖추었더라도 우선변제권은 인정되지 않는다).

우선변제권 성립

앞서 대항력에 근거한 보증금반환권리는 '낙찰자'한테 주장하는 상대방 있는 권리인 반면 우선변제권에 근거한 보증금반환권리는 특정한 상대방이 없는 권리로 경매절차 중 배당절차에서 주장하는 낙찰자와는 무관한 권리라고 설명한 바 있다.

우선변제권 행사와 관련하여 주택임대차법 제3조의2(보증금의 회수) 제2항은 「제3조 제1항 · 제2항 또는 제3항의 대항요건과 임대차계약증서상의 확정일자를 갖춘 임차인은 '민사집행법'에 따른 경매 또는 '국세징수법'에 따른 공매를 할 때에 임차주택(대지를 포함한다)의 환가대금에서 후순위권리자나 그 밖의 채권자보다 우선하여 보증금을 변제받을 권리가 있다」고 규정하고 있다.

'확정일자'의 법적 성격과 그 취지

사문서에 공무원이 직무상 일정한 사항을 기입해 넣는 경우가 있다. 이런 경우 '공사公私병존竝存문서'가 되는데, 확정일자를 갖춘 임대차계약서가 이에 해당한다. 곧 확정일자를 갖춘 임대차계약서에서 확정일자 부분은 '공문서'가 된다. 확정일자를 요구하는 것은 임대인과 임차인이 이른바 '허위배당'을 노리고 서로 '짬짜미'를 하여 다른 이해관계인의 권리에 영향을 미치게 하려는 것을 차단하기 위함으로, 공시와는 무관하다.

'확정일자' 구비 시기

우선변제권의 성립요건으로 '확정일자'를 갖추어야 하는 시기에 대해서는 별도의 제한이 없다. 임차인은 갓 체결된 임대차계약서 원본을 가지고 주민자치센터(동사무소)를 방문하여 계약체결일에도 확정일자[25]를 받을 수 있다. 다만 현실적으로 우선변제권을 행사하여

25) 확정일자도 '대법원 인터넷등기소' 홈페이지(http://www.iros.go.kr)에서 회원 가입 후 온라인으로 받을 수 있다.

배당을 요구하려면 확정일자를 갖춘 임대차계약서가 필요하므로, 적어도 첫 경매기일 이전 배당요구 종기일(곧 최초 경매기일 이전으로 법원이 정한 기일)까지는 확정일자를 갖추어야 한다.

주민등록법에 따라 실제로 이사하여 점유를 확보한 후에 비로소 할 수 있는 '전입신고'의 경우와 다르다. 또한 후술할 소액임차인의 '최우선변제권'이 생기려면, 경매개시결정 기입등기 전에 반드시 적극적 대항요건을 갖추어야 하는 것과도 차이가 있다.

'선순위' 판단기준

누가 선순위인지는 임차인이 적극적 대항요건과 확정일자를 최종적으로 모두 부여받은 때를 기준으로 판단한다. 우선변제권 행사에 따른 선순위 여부는 '확정일자'를 기준으로 판단한다는 항간에 나도는 말은, 그릇된 정보이다.

우선변제권 행사에 따른 선순위 판단은 크게 세 가지 경우로 나누어 볼 수 있다. 첫 번째로 적극적 대항요건을 먼저, 확정일자를 나중에 구비한 경우다. 이때는 확정일자 구비일이 선순위 판단시점이다. 두 번째로 확정일자를 먼저, 적극적 대항요건을 나중에 구비한 경우다. 이때는 대항력 발생시점인 적극적 대항요건 구비일의 다음날이 선순위 판단시점이 된다. 세 번째로 적극적 대항요건과 확정일자를 같은 날 구비한 경우다. 이때에도 대항력이 발생하는 때인 적극적 대항요건 구비일의 다음 날이 선순위 판단시점이 된다. 결국 '확정일자'를 기준으로 우선변제의 선순위를 판단한다는 말은, 경우의 수를 감안할 때 3분의 1의 경우에만 타당하다.

이른바 '최우선변제권'

이상의 '우선변제권'과 구별하여 볼 것이 '최우선변제권'이다. '소액보증금의 우선변제'라고도 일컫는데, 이에 관해 주택임대차법 제8조(보증금 중 일정액의 보호) 제1항은 「임차인은 보증금 중 일정액을 다른 담보물권자보다 우선하여 변제받을 권리가 있다. 이 경우 임차인은 주택에 대한 경매신청의 등기 전에 제3조 제1항의 요건을 갖추어야[26] 한다.」고 규정하고 있다.

주택에 대한 경매신청등기 전에 적극적 대항요건을 갖춘 임차인은 다른 담보물권자보다 우선하여 소액보증금 회수를 보장해 주자

26) 임차인이 최우선변제권을 얻기 위해서는 「① 보증금이 법이 정한 일정액 이하 소액일 것, ② 경매개시결정 등기 전에 대항요건을 갖출 것, ③ 배당요구 종기까지 배당요구를 하였을 것, ④ 배당요구 종기까지 대항요건을 유지할 것」, 이 네 가지 요건을 모두 충족해야 한다. 그래야 배당절차에서 보증금 중 일정 금액을 최우선 순위로 배당받을 수 있다. 이들 요건 중 마지막 '④ 배당요구 종기까지 대항요건을 유지해야 하는 것'은 대항력, 우선변제권, 최우선변제권 모두에 적용되는 '공통요건'이다.

는 것이다. 최우선변제를 보장받을 수 있는 금액[27]은 '지역'과 '담보물권 설정일'에 따라 각기 다른 점에 유의하자. 이때 소액임차인이 적극적 대항요건을 구비할 시기를 제한한 것은 이른바 '가장假裝임차인'의 급조急造를 미연에 방지하자는 취지에서다.

---

27) 소액최우선변제금은 민사집행법 제246조 제1항 제6호에 따라 압류하지도 못한다.

민사집행법 제246조(압류금지채권)

① 다음 각호의 채권은 압류하지 못한다.

6. 「주택임대차보호법」 제8조, 같은 법 시행령의 규정에 따라 우선변제를 받을 수 있는 금액

3

계약 기간 중

제 3 장

계약 기간 중

취락펴락

주택임대차분쟁

1. 임대인이 지는 의무

이제부터 본격적으로 임대차기간 중에 발생하는 문제들을 살펴보자. 임대인이 지는 의무부터 살펴보는데, 임대인은 「① 임차인이 주택을 사용·수익 곧 거주할 수 있도록 우선 임대목적물을 인도할 의무(이른바 '목적물인도의무'), ② 임대기간 중 임대목적물의 사용·수익에 필요한 상태를 유지하여야 할 적극적인 의무(이른바 '수선의무'), ③ 임차인이 목적물을 통상의 용도에 적합한 상태로 보존하기 위해 지출된 비용을 상환할 의무(이른바 '필요비 상환의무')」를 임차인에게 진다. 이하에서는 곧잘 문제되는 '수선의무'를 중심으로 살펴보자.

수선의무? 수리의무!

민법 제623조는 「임대인은 목적물을 임차인에게 인도하고 계약존속 중 그 사용, 수익에 필요한 상태를 유지하게 할 의무를 부담한다」고 규정하고 있는데, 여기 '계약존속 중 그 사용, 수익에 필요한 상태를 유지하게 할 의무'가 바로 이른바 수선修繕의무이다. 소송실무에서도 '수선의무'라는 용어를 많이 쓰지만, '집수선'보다는 '집수리'라는 말이 어울린다는 점에서 수리修理의무라고 칭하는 것이 좋겠다(반면 수선은 '구두수선', '옷수선'이란 말에 어울린다). 일반인의 언어감각도 그렇다(이하에서 판결문을 직접 인용하는 경우를 빼고는 '수리의무'라고 한다).

임차물의 수리와 맞물려 임차인에게는 '통지의무'도 있다. 이에 관해 민법 제634조(임차인의 통지의무)는 「임차물의 수리를 요하거나 임차물에 대하여 권리를 주장하는 자가 있는 때에는 임차인은 지체없이 임대인에게 이를 통지하여야 한다. 그러나 임대인이 이미 이를 안 때에는 그러하지 아니하다.」하고 규정하고 있다. 예를 들어 신축 아파트에 입주한 임차인은 해당 아파트 입주자대표회의가 전체 아파트의 전유세대와 공용부분에 발생한 하자를 조사하여 작성한 '하자 체크 리스트'의 내용을 집주인에게 알릴 따위의 의무가 있다.

집주인을 임차주택으로 불러서 직접 수리행위를 하도록 '수리의무'를 발동케 하는 경우가 생각보다 흔하지 않다. 법원은 '수리의 필요성'이 있는지는 수리하지 않으면 계약에서 정한 목적에 좇아 목적물을 제대로 사용・수익할 수 없는지에 따라 판단한다. 수리하지 않으면 임차인이 임대차계약에서 정한 목적에 따라 사용・수익할 수 없는 상태로 될 정도의 것일 때 비로소 집주인은 그 수리의무를 부담하는 것으로 본다(대판 98두18053). 임차인 입장에서 '집주인은 임차인이 거주하는 데 불편함을 초래하는 다소 시시콜콜한 하자 부분에 대해서도 죄다 수리해 줘야 하는 것 아닌가?'하고 생각할 수 있는 것과는 거리가 멀다.

수리의무 면제 특약

집주인의 수리의무를 정한 민법 제623조가 '강행규정'이 아니므로(민법 제652조), 얼마든지 임대차계약에서 위 수리의무를 특약에 의하여 면제하거나 임차인이 부담하는 것으로 정할 수 있다. 하지만 이 같은 특약에 의한 수리의무 면제는 '소규모' 수리에 한정된다고 봐야 한다(대판 94다34692, 34708). '수리'라는 말 자체가 임차목적물의 사용・수익에서 자연스레 마모磨耗된 부분을 메꾸는 것을 뜻하니 말이다.

따라서 면제 특약이 있다손 치더라도 '대파손'의 수리나 건물의 주요 구성부분의 수리나 기본적인 설비부분의 교체 따위와 같은 '대규모'의 수리는 면제 범위에 포함되지 아니하고, 여전히 집주인의 부담으로 봐야 한다. 산사태나 태풍피해로 인해 거래관념상 '수리불능'에 해당하는 정도의 '대파손'인 상태라면, 면제 특약의 효력이 미치지 않는다고 봐야 한다(나아가 민법 제627조 취지에 비추어 임대차는 종료된다고 볼 것이다).

수리의무 불이행 시

집주인이 수리의무를 이행하지 않을 경우, 임차인으로서는 크게 「① 손해배상의 청구(수리의무 불이행과 상당인과관계 있는 '확대손해'의 배상까지도), ② 목적물의 사용·수익이 부분적으로 지장이 있는 한도 내에서 차임지급의 거절(민법 제627조 제1항), ③ 임대차계약의 해지(민법 제627조 제2항)」라는 세 가지 방안을 강구할 수 있다.

(1) 먼저 '손해배상 청구'와 관련하여, '정신적' 손해배상도 가능할까? 이에 관해 대법원은 「일반적으로 임대차계약에서 임대인의 채무불이행으로 인하여 임차인이 임차목적을 달할 수 없게 되어 손해가 발생한 경우, 이로 인하여 임차인이 받은 정신적 고통은 그 재산적 손해에 대한 배상이 이루어짐으로써 회복된다고 보아야 할 것이므로, 임차인이 재산적 손해배상만으로는 회복될 수 없는 정신적 고통을 입었다는 특별한 사정이 있고, 임대인이 이 같은 사정을 알았거나 알 수 있었을 경우에 한하여 정신적 고통에 대한 위자료를 인정

할 수 있다」하고 판시한 바 있다(대판 93다19115).

(2) 다음으로 '차임지급 거절'에 관해 살펴보자. 임대차에서 임대인의 수리의무(민법 제623조)와 임차인의 차임지급의무는 이른바 동시이행同時履行의 관계에 있다. 임대차계약에서 목적물을 사용·수익케 할 임대인의 의무와 임차인의 차임지급의무는 상호 대응관계에 있기 때문이다. 두 가지 경우의 수로 나눠보자. 첫 번째로 임대인이 목적물에 대한 수리의무를 불이행하여 임차인이 목적물을 전혀 사용할 수 없을 경우에는, 임차인은 차임전부의 지급을 거절할 수 있다. 두 번째로 수리의무 불이행으로 인하여 부분적으로 지장이 있는 상태에서 그 사용·수익이 가능할 경우에는, 그 지장이 있는 한도 내에서만 차임일부의 지급을 거절할 수 있을 뿐 그 전부 지급을 거절할 수는 없으므로, 그 한도를 넘는 차임지급 거절은 임차인의 채무불이행이 된다(대판 96다44778, 44785).

필요비 상환의무

임차인이 임차물의 보존에 관한 필요비를 지출한 때에는 임대인에 대하여 그 상환을 청구할 수 있으므로(민법 제626조 제1항), 이에 상응하여 집주인에게는 '필요비 상환의무'가 있다. 이때 '필요비'란 목적물을 통상의 용도에 적합한 상태로 보존하기 위하여 지출된 비용을 말한다.

앞서 살펴본 '수리의무' 등을 감안할 때, 「① '형광등'과 같은 '소모(부)품'의 교체 따위는 당연히 임차인 부담으로, ② 누가해도 상관없는 '방 문고리'의 교체 따위는 임차인이 손수 고친 후 이에 든 비용을 필요비 상환으로 청구하기로, ③ '전기배선'의 이상으로 정전이 생긴 경우에는 집주인이 직접 와서 수리하기로, ④ '대파손'에 따른 보수공사나 '대규모'의 보수공사는 설령 면제 특약이 있더라도 집주인이 맡기로」와 같이 정리할 수 있겠다.

2. 임차인이 지는 의무 ①

임차기간 중 임차인은 크게 「① 임대차계약 종료로 목적물을 반환할 때까지 목적물을 보존하고 관리할 의무('목적물보관의무'), ② 임차목적물을 사용·수익하는 대가로 차임을 지급할 의무('차임지급의무')」를 부담한다. '목적물보관의무'부터 살펴보자.

임차인의 '선관주의의무'

임차인은 계약 종료로 목적물을 반환할 때까지 '선량한 관리자의 주의'로써 임차물을 보존하여야 한다(민법 제374조). 임차인이 그 주의를 게을리하여 임대차 종료 시 부담하는 '목적물반환의무'(민법 제654조, 제615조)가 이행불능이 된 경우, 임차인이 그 이행불능으로 인한 손해배상책임을 면하려면, 이행불능이 임차인의 귀책사유로 생긴 것이 아님을 증명할 책임이 있다.

'채무불이행'에서 귀책사유 존부에 대한 증명책임은 원칙적으로 채무자가 지는데, '불법행위'에서 피해자(채권자)가 가해자(채무자)의 고의·과실의 증명책임을 지는 것과 정반대다. 가령 임차건물이 그 건물로부터 발생한 화재로 소실되었는데 그 화재 발생원인이 불명인 경우 임차인이 임차물반환의무의 이행불능으로 인한 책임을 면하려면, 임차인이 적극적으로 임차건물의 보존에 관하여 '선량한 관리자의 주의의무'를 다하였음을 증명하여야 한다.

이에 관해 대법원도 임대차 종료 후 임차인의 목적물반환의무와 임대인의 보증금반환의무가 동시이행 관계에 있으므로, 임차인은 임차목적물을 반환할 때까지는 선량한 관리자의 주의로 이를 보존할 의무가 있다고 보았다. 이러한 주의의무를 위반하여 목적물이 멸실·훼손된 경우에 그에 대한 손해를 배상할 채무가 발생하고, 목적물이 멸실·훼손된 경우에 임차인이 그 책임을 면하려면 임차건물의 보존에 관하여 선량한 관리자의 주의의무를 다하였음을 입증하여야 한다(대판 91다22605, 22612).

사례 1. 임차인의 입증책임을 적극 완화한 경우

임차건물이 전기배선의 이상으로 인한 화재로 일부 소훼되어 임차목적물반환의무가 일부 이행불능이 되었으나 발화부위인 전기배선이 건물구조의 일부를 이룬 경우에, 임차인은 손해배상책임을 부담할까?

이에 대해 대법원은, 「임차인은 그 손해배상책임을 지지 않는다. 임차건물이 전기배선의 이상으로 인한 화재로 일부 소훼되어 임차인의 임차목적물반환의무가 일부 이행불능이 되었으나 발화부위인 전기배선이 건물구조의 일부를 이루고 있어 임차인이 전기배선의 이상을 미리 알았거나 알 수 있었다고 보기 어렵고, 오히려 그 하자를 수리·유지할 책임은 임대인에게 있으므로 임차목적물반환의무의 이행불능은 임대인으로서의 수선의무를 다하지 못한 결과이기 때문이다. 정리하면, 이 화재가 임차인이 임차목적물의 보존에 관한 선량한 관리자의 주의의무를 다하지 아니한 결과가 아니기 때문이다」하고 판시한 바 있다(대판 99다64384).

사례 2. 임차인의 지배·관리 영역 내에 있는지

임차건물이 건물구조의 일부인 전기배선의 이상으로 인한 화재로 소훼되어 임차인의 임차목적물반환의무가 이행불능이 되었는데,

당해 임대차가 장기간 계속되었고 화재의 원인이 된 전기배선을 임차인이 직접 깔았으며 임차인이 전기배선의 이상을 미리 알았거나 알 수 있었던 경우에, 임차인은 손해배상책임을 부담할까?

이에 대해 대법원은, 「임차인은 손해배상책임을 진다. 이 경우 당해 전기배선에 대한 관리는 임차인의 지배·관리 영역 내에 있었다 할 것이므로, 위와 같은 전기배선의 하자로 인한 화재는 특별한 사정이 없는 한 임차인이 임차목적물의 보존에 관한 선량한 관리자의 주의의무를 다하지 아니한 결과로 인해 발생한 것으로 보아야 하기 때문이다.」하고 판시하였다(대판 2005다51013). '사례 1'에 견주어 문제된 발화發火 부분이 '임차인의 지배·관리 영역 내에 있다'고 보아 그 결과를 달리한 사례이다.

사례 3. 임차건물 화재로 인하여 임대차목적물이 아닌 부분까지 불탄 경우 임차인의 손해배상책임의 성립과 손해배상의 범위

임차인이 임대인 소유 건물의 일부를 임차하여 사용·수익하던 중 임차 건물 부분에서 화재가 발생하여 임차 건물 부분이 아닌 건물 부분까지 불에 타 그로 인해 임대인에게 재산상 손해가 발생한 경우, 임차인의 책임 여하는 어떠할까?

이에 관해 대법원은 「임차인이 보존·관리의무를 위반하여 화재가 발생한 원인을 제공하는 등 화재 발생과 관련된 임차인의 계약상 의무 위반이 있었음이 증명되고, 그러한 의무 위반과 임차 외 건물 부분의 손해 사이에 상당인과관계가 있으며, 임차 외 건물 부분의 손해가 그러한 의무 위반에 따른 통상의 손해에 해당하거나, 임차인이 그 사정을 알았거나 알 수 있었을 특별한 사정으로 인한 손해에 해당한다고 볼 수 있는 경우라면, 임차인은 임차 외 건물 부분의 손해에 대해서도 민법 제390조, 제393조에 따라 임대인에게 손해배상책임을 부담하게 된다. 종래 대법원은 임차인이 임대인 소유 건물의 일부를 임차하여 사용·수익하던 중 임차 건물 부분에서 화재가 발생하여 임차 외 건물 부분까지 불에 타 그로 인해 임대인에게 재산상 손해가 발생한 경우에, 건물의 규모와 구조로 볼 때 건물 중 임차 건물 부분과 그 밖의 부분이 상호 유지·존립함에 있어서 구조상 불가분의 일체를 이루는 관계에 있다면, 임차인은 임차 건물의 보존에 관하여 선량한 관리자의 주의의무를 다하였음을 증명하지 못하는 이상 임차 건물 부분에 한하지 아니하고 건물의 유지·존립과 불가분의 일체 관계에 있는 임차 외 건물 부분이 소훼되어 임대인이 입게 된 손해도 채무불이행으로 인한 손해로 배상할 의무가 있다고 판단하여 왔다. <u>그러나 임차 외 건물 부분이 구조상 불가분의 일체를 이루는 관계에 있는 부분이라 하더라도, 그 부분에 발생한 손해에 대하여 임대인이 임차인을 상대로 채무불이행을 원인으로 하는 배상을 구하려면, 임차인이 보존·관리의무를 위반하여 화재가 발생한 원인을 제공하는 등 화재 발생과 관련된 임차인의 계약상 의무 위반이</u>

있었고, 그러한 의무 위반과 임차 외 건물 부분의 손해 사이에 상당 인과관계가 있으며, 임차 외 건물 부분의 손해가 의무 위반에 따라 민법 제393조에 의하여 배상하여야 할 손해의 범위 내에 있다는 점에 대하여 임대인이 주장·증명하여야 한다. 이와 달리 위와 같은 임대인의 주장·증명이 없는 경우에도 임차인이 임차 건물의 보존에 관하여 선량한 관리자의 주의의무를 다하였음을 증명하지 못하는 이상 임차 외 건물 부분에 대해서까지 채무불이행에 따른 손해배상책임을 지게 된다고 판단한 종래의 대법원판결들은 이 판결의 견해에 배치되는 범위 내에서 이를 모두 변경하기로 한다.」하고 판시한 전원합의체 판결을 통해 종래의 견해를 변경하였다(대판 2012다86895, 86901).

3. 임차인이 지는 의무 ②

이번에는 '차임지급의무(채무)'에 대해 살펴보자. 집주인이 계약 계속 중 보유하는 '차임채권[28]'에 대응하는 임차인의 의무이다.

28) 차임채권의 소멸시효는 '3년'이다(민법 제163조 제1호).

차임 일반

임차인은 임차물을 사용·수익하는 대가로 차임을 지급할 의무를 부담하는데, 건물에 대한 임료는 특약이 없는 한 매월 말일에 지급하여야 하므로(민법 제633조; '후급後給' 원칙), 임차인은 매월 말일 다음 날부터 차임지급의 이행지체 책임[29]을 진다. 다만 차임지급의무를 '선급先給'으로 정한 경우도 많은데, 이 경우 임차인은 선급으로 지급하기로 정한 날 다음 날부터 차임 지체책임을 부담한다. 월세가 없고 '보증금'만 있는 이른바 '전세'에서는 이 보증금에서 다달이 발생하는 이자 상당액이 차임인 셈이다.

임대차계약에서 목적물을 사용·수익하게 할 임대인의 의무와

민법 제163조(3년의 단기소멸시효)
다음 각호의 채권은 3년간 행사하지 아니하면 소멸시효가 완성한다. <개정 1997.12.13>
1. 이자, 부양료, 급료, 사용료 기타 1년 이내의 기간으로 정한 금전 또는 물건의 지급을 목적으로 한 채권

29) 임차인이 임대차 존속 중 차임을 연체한 경우 차임채권의 소멸시효는 임대차계약에서 정한 지급기일부터 진행한다. 대법원도 「소멸시효는 법률행위에 의하여 이를 배제, 연장 또는 가중할 수 없다(민법 제184조 제2항). 그러므로 임대차 존속 중 차임을 연체하더라도 이는 임대차 종료 후 목적물 인도 시에 임대차보증금에서 일괄 공제하는 방식에 의하여 정산하기로 약정한 경우와 같은 특별한 사정이 없는 한, 차임채권의 소멸시효는 임대차계약에서 정한 지급기일부터 진행한다.」하고 판시하였다(대판 2016다211309).

차임을 지급할 임차인의 의무는 상호 대응관계에 있으므로, 목적물의 사용·수익이 부분적으로 지장이 있는 상태인 경우에는 임차인으로서는 그 지장이 있는 한도 내에서 차임 지급을 거절할 수 있을 뿐, 그 전부 지급을 거절할 수는 없음에 유의하자(대판 96다44778).

한편 연체차임에 대한 지연손해금의 발생종기終期에 관해 대법원은, 「차임지급채무는 그 지급에 확정된 기일이 있는 경우에는 그 지급기일 다음 날부터 지체책임이 발생하고 보증금에서 공제되었을 때 비로소 그 채무 및 그에 따른 지체책임이 소멸되는 것이므로, 연체차임에 대한 지연손해금의 발생종기는 다른 특별한 사정이 없는 한 임대차계약의 해지 시가 아니라 목적물이 반환되는 때라고 할 것이다」 하고 판시하였다(대판 2009다39233).

차임연체 시 계약해지권 발생

임차인이 차임을 '2기'의 차임액에 달達하도록 연체 시 임대인은 계약을 '바로' 해지할 수 있다(민법 제640조). 보통의 '이행지체'에 따른 채무불이행에서 계약을 해지하려면 '상당한 기간'을 주어 그 이행을 촉구한 후라야 비로소 해지권이 발생하는 데 반해(민법 제544조), 집주인의 주된 권리인 차임채권을 적극으로 보호하기 위하여 해지권 발생요건을 완화한 것이다.

먼저 '2기'의 차임액이란, '금액(총액)'을 기준으로 판단한다. 예를 들어 2018. 10.부터 2년을 임차기간으로 정하여 보증금 1억 원에 월세 200만 원을 내기로 한 임대차계약에서 임차인이 그 전까지는 월세를 잘 내오다가 2019. 10.~ 12. 석 달 동안에는 월세 100만 원씩만 낸 경우에는 2020. 1. 초 현재에는 그 연체 금액(300만 원)이 2기분 금액(400만 원 = 200만 원 × 2월)에 달하지 아니하였기에 계약해지권이 발생하지 아니한다. 곧 불완전하게 월세 일부만 지급한 기간이 '3기'에 해당해도 그 연체 '금액'이 2기분 액수에 미치지 못하였기 때문이다.

나아가 '2기'의 차임액이란 연속할 것을 요하지 않고 통산하여 '2기분'이면 족하다. 예를 들어 위의 사례에서 임차인이 2019. 10. 월세 미납, 2019. 11. 월세 완납, 2019. 12. 다시 월세 미납한 상태에서 집주인은 2019. 10. 및 12. 두 달분 임료 미지급을 이유로 해지할 수 있다.

현재 연체 중인 경우와 과거 연체한 사실이 있는 경우

특히 유의할 대목은 계약해지권은 집주인이 해지권을 행사하는 시점에 임차인이 '2기분'의 차임 금액을 연체 중이어야(곧 "~ ing"인 상태여야) 한다는 점이다. 집주인이 계약을 해지할 수 있는 권리는 임차인이 2기분 미만으로 연체차임을 지급하면 바로 소멸한다. 과거에 연체사실이 있었다는(곧 "~ ed"인 사정) 사실만으로는 임대차계약을 해지할 수 없다. 현재 2기의 차임액에 달하도록 연체하고 있는 경우(~ ing)는 과거 2기의 차임액에 달하도록 연체한 사실이 있는 경우(~ ed)와 구별할 것을 요한다.

그 구별 실익을 살펴보자. 계약해지권의 발생(민법 제640조)과 묵시적 갱신을 부인하는 예외사유(주택임대차법 제6조 제3항; "2기의 차임액에 달하도록 연체하거나")는 전자의 경우를 요건으로 하는 데 반해, 최근(2020. 7. 31.) 도입된 임차인의 '계약갱신청구권' 행사에 따른 계약갱신을 임대인이 거절할 수 있는 사유 중 하나(주택임대차법 제6조의3 제1항 제1호)로 "임차인이 2기의 차임액에 해당하는 금액에 이르도록 차임을 연체한 사실이 있는 경우"를 열거하여, 후자의 경우를 그 거절 요건으로 삼았다. 법조문의 문언文言상 언뜻 미세해 보이는 차이에도 예민해질 필요가 있다.

4. 차임증감청구권

이번에는 임차인의 '차임지급의무'나 임대인의 '차임채권'과 밀접한 쟁점으로 '차임증감청구권'의 문제를 살펴보자. 차임증감청구권은 이른바 사정변경事情變更의 원칙에 기하여 계약내용의 수정修正을 구하는 권리인바, 그간 소송실무에서는 계약 성립 당시 당사자가 예견할 수 없었던 현저한 사정의 변경이 발생하고 그러한 사정의 변경이 당사자에게 책임 없는 사유로 생긴 경우에 한정하여 극히 예외적으로 인정돼왔다(민법 제2조 참조).

주택임대차법 제7조

새 주택임대차법 제7조(차임 등의 증감청구권)는 「① 당사자는 약정한 차임이나 보증금이 임차주택에 관한 조세, 공과금, 그 밖의 부담의 증감이나 경제사정의 변동으로 인하여 적절하지 아니하게 된 때에는 장래에 대하여 그 증감을 청구할 수 있다. 이 경우 증액청구는 임대차계약 또는 약정한 차임이나 보증금의 증액이 있은 후 1년 이내에는 하지 못한다. ② 제1항에 따른 증액청구는 약정한 차임이나 보증금의 20분의 1의 금액을 초과하지 못한다. 다만, 특별시·광역시·특별자치시·도 및 특별자치도는 관할 구역 내의 지역별 임대차 시장 여건 등을 고려하여 본문의 범위에서 증액청구의 상한을 조례로 달리 정할 수 있다.」하고, 제1항은 개정하고 제2항을 신설하였다. 일반 임대차의 경우 민법 제628조에 '차임증감청구권'에 관한 규정이, 전세권의 경우 민법 제312조의2에 '전세금증감청구권'에 관한 규정이, 각 있다.

위 규정이 적용되는 경우

위와 같은 주택임대차법 제7조는 임대차계약의 존속 중 당사자 일방이 약정한 차임 등의 증감을 청구한 때에 한하여 적용되고, 임대차계약이 종료된 후 재계약을 하거나 또는 임대차계약 종료 전이라도 당사자의 합의로 차임 등이 증액된 경우에는 적용되지 않는다(대판 2002다23482). 그간 주택임대차에서는 대개 그 기간은 2년으로 정했기 때문에, 2년 도과를 기다리지 아니하고 그 도중에 집주인이 임대료의 증액을 구하거나 임차인이 차임의 감액을 구하는 사례가 많지 않았다. 이같이 저조한 소송실무의 경향은 향후에도 마찬가지일 것이다.

차임증감청구권의 법적 성격

권리자의 일방적 의사표시에 의하여 법률관계의 발생·변경·소멸 등의 변동을 발생시키는 권리를 형성권形成權[30]이라 하는데, 형성권은 그 행사방법을 기준으로 일방 당사자의 의사표시에 의하여 법률관계를 변동시킬 수 있는 것(사법상私法上 형성권)과 소를 제기하여 법원의 판결을 받아야만 비로소 법률관계를 변동시키는 것(형

---

30) 주택임대차 법률관계에서 '형성권'으로 인정받는 권리는 「① 차임증감청구권(주택임대차법 제7조), ② 부속물매수청구권(민법 제646조), ③ 계약갱신청구권(주택임대차법 제6조의3)」, 이렇게 세 가지가 있다.

성의 소訴)으로 나뉜다. 대법원은 예전에 「민법 제628조에 의한 임차인의 차임감액청구권은 사법상의 형성권이지 법원에 대하여 형성판결을 구할 수 있는 권리가 아니므로 차임청구의 본소가 계속한 법원에 반소로서 차임의 감액을 청구할 수는 없다」하고 판시한 바 있다(대판 68다1882, 68다1883).

한편 임대차 당사자 일방이 타방을 상대로 차임증감을 청구하여 '사법상 형성권'을 행사한다 하더라도, 당사자 사이에 차임증감의 정도에 관해 합의가 되지 아니하면 해당 형성권 행사는 그 법적 효력이 없다. 가령 집주인의 증액청구에 대하여 임차인은 이를 수용해야 하는 의무가 없다. 임차인은 얼마든지 임료증액의 정도에 관하여 협의할 수 있다(임차인에게는 이른바 '임료증감협의권'이 있다). 만약 그 협의가 되지 아니할 경우에는 결국 집주인은 임차인을 상대로 임료증액 청구의 소를 제기하여야 한다. 소송실무에서는 차임증감을 주장하는 당사자가 '차임 시가 감정'을 신청하면, 법원이 그 감정결과를 고려하여 차임증감 여부와 그 증감 정도를 판정한다. 필자의 소송경험에 비추어보면, 증액을 구하는 집주인이 예상하는 차임 액수에 견주어 법원에서 실제 감정평가한 차임 액수가 적게 나오는 경향이 있다(이러한 법원의 감정결과도 차임증감청구권의 저조한 활용에 영향을 미쳤을 것이다).

이와 관련하여 대법원은 「임대인이 민법 제628조에 의하여 장래에 대한 차임의 증액을 청구하였을 때에 당사자 사이에 협의가 성립되지 아니하여 법원이 결정해 주는 차임은 증액청구의 의사표시를 한 때에 소급하여 그 효력이 생기는 것이므로, 특별한 사정이 없는 한 증액된 차임에 대하여는 법원 결정 시가 아니라 증액청구의 의사표시가 상대방에게 도달한 때를 이행기로 보아야 한다」하고 판시하였다(대판 2015다239508, 239515).

차임증감청구 인정의 요건

법원은 '전세금증감청구권'이 문제된 사례에서 차임증감청구가 인정되는 요건을 구체적으로 밝힌 바 있다. 주택임차인이 1997. 1. 17. 임차계약을 체결하고 전세권설정등기(전세보증금 1억 1천만 원, 전세기간 1997. 2. 15.~ 2000. 2. 14.)를 하였는데, 그 후 전세보증금의 시세가 7천만 원 정도로 하락하였다는 사유로 위 전세보증금도 7천만 원으로 감액할 것을 청구한 사례였다(1998. 10. 22. 소제기).

법원은 이 사례에서 차임증감청구가 인용되기 위한 요건을 상세하게 밝혔다. 곧 「임차인이 전세권설정등기를 경료하고 전세보증금 증감청구권의 인정은 이미 성립된 계약의 구속력에서 벗어나 그 내용을 바꾸는 결과를 가져오는 것인 데다가, 보충적인 법리인 사정변경의 원칙, 공평의 원칙 내지 신의칙에 터잡은 것인 만큼 엄격한 요건 아래에서만 인정될 수 있으므로, 기본적으로 사정변경의 원칙의 요건인 ① 계약 당시 그 기초가 되었던 사정이 현저히 변경되었을 것, ② 그 사정변경을 당사자들이 예견하지 않았고 예견할 수 없었을 것, ③ 그 사정변경이 당사자들에게 책임 없는 사유로 발생하였을 것, ④ 당초의 계약 내용에 당사자를 구속시키는 것이 신의칙상 현저히 부당할 것 등의 요건이 충족된 경우로서, 전세보증금 시세의 증감 정도가 상당한 수준(일반적인 예로서, 당초 약정금액의 20% 이상 증감하는 경우를 상정할 수 있음)에 달하고, 나머지 전세기간이 적어도 6개월 이상은 되어야 전세보증금의 증감청구권을 받아들일 정당성과 필요성이 인정될 수 있고, 증감의 정도도 시세의 등락을 그대로 반영할 것이 아니라 그 밖에 당사자들의 특수성, 계약의 법적 안정성 등의 요소를 고려하여 적절히 조정되어야 한다」하고 판시하였다. 다만 법원은 이 사례에서 「보증금 시세가 7천만 원 정도로 하락했다는 점을 인정할 신빙성 있는 증거가 부족하므로 원고의 전세보증금 감액청구는 이를 받아들일 수 없다」하고 결론을 냈다(서울지판 동부지원 98가합19149).

5. 임차인이 갖는 권리 ①

임차인은 임차목적물을 사용・수익하는 권리 곧 '임차권'을 가지는바, 이 같은 임차권을 양도하고 전대하는 경우에 관해 살펴보자.

임차권의 양도와 전대는 그 본질상 「임차인이 자신의 사용·수익권을 자신이 주도하는 새로운 계약관계에 의해 제3자에게 확대하게 하는 것」이라 할 수 있다. 임차인이 임차권을 적법하게 양도하거나 전대하려면, 집주인의 동의를 받아야 한다.

한편 집주인 입장에서는 누가 임대목적물의 사용·수익의 주체가 되는지가 중요하다. 때문에 집주인의 동의가 없는 양도나 전대의 경우 바로 계약을 해지할 수 있다(민법 제629조[31]). 다만 민법 제632조는 「전3조의 규정은 건물의 임차인이 그 건물의 소부분을 타인에게 사용하게 하는 경우에 적용하지 아니한다」고 하여, 건물의 '소小부분'에 한정하는 임차권의 양도와 전대에서는 집주인의 동의가 없어도 무방하다고 정하였다. 이하에서 '임차권 양도'부터 살펴보자.

임차권 양도의 법적 성격

임차권 양도를 '처분행위' 곧 '채권의 양도'로 보는 견해도 있지

31) 민법 제629조의 규정 취지에 관해 대법원은 「민법 제629조는 임차인은 임대인의 동의 없이 그 권리를 양도하거나 전대하지 못하고, 임차인이 이에 위반한 때에는 임대인은 계약을 해지할 수 있다고 규정하고 있는 바 이는 민법상의 임대차계약은 원래 당사자의 개인적 신뢰를 기초로 하는 계속적 법률관계임을 고려하여 임대인의 인적 신뢰나 경제적 이익을 보호하여 이를 해치지 않게 하고자 함에 있으며, 임차인이 임대인의 승낙 없이 제3자에게 임차물을 사용·수익시키는 것은 임대인에게 임대차관계를 계속시키기 어려운 배신적 행위가 될 수 있는 것이기 때문에 임대인에게 일방적으로 임대차관계를 종지시킬 수 있도록 하고자 함에 있다」하고 밝힌 바 있다(대판 92다45308).

만, 임차권 양도를 정한 민법 제629조는 임차인이라는 '계약당사자 지위의 양도'(이른바 '계약인수')를 포함한 규정으로 볼 수 있다. 주택임대차법 제3조 제4항도 같은 맥락으로 이해할 수 있다. 이 조항은 「임차주택의 양수인은 임대인의 지위를 승계하는 것으로 본다」고 정하는데, 이 역시 '계약당사자 지위의 양도'에 해당한다. 민법 제629조와 주택임대차법 제3조 제4항은 당사자의 의사에 기해서가 아니라 법률의 정함에 의해 계약당사자 지위의 인수를 인정한 것이라 할 수 있다(이른바 '법정法定 계약인수').

임대인 동의를 받은 경우

임대인의 동의를 얻은 경우라면, 임차인은 계약관계에서 벗어나고 임대인과 새 임차인(임차권 양수인) 사이에 임대차관계가 계속되며, 보증금반환관계도 마찬가지다. 임대인 동의를 얻은 주택임차권의 양도에서 종전 임차인(임차권 양도인)이 갖는 임차권의 대항력은 소멸되지 아니하고 동일성을 유지한 채로 존속한다(대판 94다3155). 다만 양도인의 연체차임채무나 손해배상채무는 이전되지 않는다.

'무단양도'의 경우

반면 임대인의 동의가 없는 '무단양도'의 경우라면, 임차권의 양도인과 양수인 사이에서는 임차권 양도·양수의 효력이 발생하지만, 임대인에 대한 관계에서는 그 효력이 없다. 곧 양수인의 사용·수익이 양도인에 대한 관계에서는 정당하지만, 임대인에 대해서는 대항할 수가 없다. 한편 임대차계약이 해지되지 않고 존속하는 상태에서 양수인의 행위로 임대인에게 손해가 발생한 경우, 양수인은 목적물보관의무에 관하여 임차인의 '이행보조자' 지위에 있으므로(민법 제391조), 임차인(양도인)은 임대인에게 채무불이행에 기한 손해배상의무를 부담한다. 이하에서 '무단양도'와 관련한 쟁점 두 가지를 추가로 살펴보자.

(1) 먼저 임차인이 '채권자대위권'을 행사하는 경우를 살펴보자. 판례가 '보전의 필요성'에 채무자의 '무자력'을 요하지 아니한다고 보아 채권자대위권을 전용轉用하는 경우로 크게 두 가지 유형이 있다. 첫 번째 유형은 채권자에 의한 채무자의 등기청구권 등의 대위代位행사이고, 그 두 번째 유형은 임차인(채권자)에 의한 임대인(채무자)의 임차목적물 침해자에 대한 방해제거청구권 또는 방해예방청구권의 대위행사이다.

위 두 번째 유형의 채권자대위권 전용[32]에서 '피보전채권'과 관

32) 대법원은 보증금반환채권의 양수인이 집주인의 임차인에 대한 임차주택명도청구권을 대위행사하는 경우 집주인의 '무자력'을 요건으로 하는지에 관해, 「채권자가 자기채권을 보전하기 위하여 채무자의 권리를 행사하려면 채무자의 무자력을 요건으로 하는 것이 통상이지만 임대차보증금반환채권을 양수한 채권자가 그 이행을 청구하기 위하여 임차인의 가옥명도가 선 이행되어야 할 필요가 있어서 그 명도를 구하는 경우에는 그 채권의 보전과 채무자인 임대인의 자력유무는 관계가 없는 일이므로 무자력을 요건으로 한다고 할 수 없다」하고 판시하였다(대판

련하여, 무단양도가 문제될 수 있다. 곧 피보전채권이 제3채무자에게 대항할 수 있어야 하는 것은 아니지만 채무자에게는 대항할 수 있어야 한다. 채무자에게 대항할 수 없는 채권자는 채무자의 권리('피대위채권')를 대위하여 행사할 수 없다. 예를 들어 임대인 동의 없이 임차권을 양수한 자(채권자)는 자신의 피보전채권을 임대인(채무자)에게 대항할 수 없으므로 임대인의 권리(방해제거청구권 또는 방해예방청구권)를 대위하여 행사할 수 없다(대판 84다카188).

(2) 다음으로 임차인이 임대인 동의 없이 제3자에게 임차권을 양도하거나 전대하여 임차물을 사용·수익케 한 경우, 임대인은 제3자에게 불법점유를 이유로 차임상당에 해당하는 금전을 '손해배상'이나 '부당이득'으로 청구할 수 있을까?

대법원은 "할 수 없다"고 본다. 곧 「임차인이 임대인의 동의를 받지 않고 제3자에게 임차권을 양도하거나 전대하는 등의 방법으로 임차물을 사용·수익하게 하더라도, 임대인이 이를 이유로 임대차계약을 해지[33]하거나 그 밖의 다른 사유로 임대차계약이 적법하게 종

88다카4253, 4260).

33) 다만 대법원은 「임차인이 임대인으로부터 별도의 승낙을 얻은 바 없이 제3자에게 임차물을 사용·수익하도록 한 경우에 있어서도 임차인의 당해 행위가 임대인에 대한 배신적 행위라고 인정할 수 없는 특별한 사정이 있는 경우에는 위 법조항에 의한 해지권은 발생하지 않는다」고 판시하면서, 임차권의 양수인이 임차인과 부부로서 임차건물에 동거하

료되지 않는 한 임대인은 임차인에 대하여 여전히 차임청구권을 가지므로, 임대차계약이 존속하는 한도 내에서는 제3자에게 불법점유를 이유로 한 차임상당 손해배상청구나 부당이득반환청구를 할 수 없기 때문이다」하고 판시하였다(대판 2006다10323). 비법률가가 보기에 다소 의외의 결과일 수 있는데, 이 같은 결론은 순전히 법리적인 이유 때문이다. 곧 제3자의 점유가 권원 없는 '불법점유'이기는 하나, 불법행위나 부당이득의 성립에 필요한 '법적(인 의미의)손해'가 임대차계약이 종료되기 전에는 발생하지 아니하였다고 본다.

6.

임차인이 갖는 권리 ②

이번에는 임차인이 자신의 사용·수익권을 자신이 주도한 새로운 계약관계에 의해 제3자에게도 확대하게 하는 것의 두 번째 유형인 '전대轉貸'의 경우를 살펴보자. 임대차 거래실무에서는 기존 임대

면서 함께 가구점을 경영하고 있는 등의 사정은 그 "특별한 사정"에 해당한다고 보았다(대판 92다45308). '배신적 행위라고 볼 수 없는 특별한 사정'에 대한 주장·입증책임은 임차인 측에 있다.

를 전제로 다시 하는 임대라는 뜻에서 '재임대再賃貸'라고도 불린다.

임대인 동의를 받은 경우

먼저 임대인의 동의를 얻은 경우[34]라면, 임대인과 임차인 사이에 종전 관계가 계속 유지되고, 임차인(전대인)과 전차인 사이에는 별개의 새로운 임대차관계가 생긴다. 임대인의 동의가 있더라도 전대에 의해 임대인과 전차인 사이에 직접적인 계약관계가 생기지는 않는다.

법은 임대인 보호를 위해 전차인은 직접 임대인에게 의무(차임지급의무, 목적물보관·반환의무)를 부담하고, 이 경우에 전대인에 대한 차임 지급으로써 임대인에게 대항하지 못하도록 규정하였다(민법 제630조 제1항). 이때 임대인의 임차인에 대한 권리행사에는 영향을 미치지 아니하는바(민법 제630조 제2항), 임차인과 전차인이 임대인에게 부담하는 의무는 이른바 '부진정 연대채무'의 법적 성격을 지닌다. 한편 임대차가 종료하면 전대차도 당연히 종료하되, 다만 임대차계약이 임대인과 임차인의 합의로 해지되더라도 전대차계약은 종료하지 아니한다(민법 제631조). 임대차 종료 시 임대인은 직접 전차인

34) 후술하는 '무단전대'의 경우 전차인의 법적 지위가 취약한 점을 감안하여 전차인으로서는 「① '전대차계약서'에 '임대인 동의' 란을 두어 임대인의 서명이나 날인을 받아두거나, ② 임대인 명의의 '전대차동의서'를 받아둘 것」을 권한다(앞서 살펴본 '임차권 양도'의 경우도 이와 같다).

에게 목적물의 반환을 청구할 수 있는데, 이에 대해 전차인은 임차인(전대인)한테서 못 받은 보증금반환채권이 있음을 이유로 거절하지 못한다(곧 동시이행의 항변을 주장하지 못한다).

특히 임대인 동의를 얻은 전대의 경우에는, 「① 전차인이 차임을 지급할 상대방은 임차인이 아니라 임대인인 점, ② 전차인은 임차인이 주민등록 전입신고를 마쳤다면 전차인이 별도 전입신고를 하지 않았더라도 임차인이 임대인에게 가지는 대항력을 원용할 수 있는 점(대판 94다3155), ③ 전차인과 임대인 간에는 직접적인 계약관계는 없지만 법률문언에 비추어 전차인은 임대인에 대하여 직접 '의무'를 부담하게 되는 데에 반해 '권리'를 취득하는 것은 아닌 점(따라서 전차인은 건물에 대한 수리요청을 임차인에게 해야 함)」에 유의하자.

'무단전대'의 경우

임대인의 동의가 없는 '무단전대'의 경우라면, 임대인은 전차인을 상대로는 불법점유에 기한 건물명도 청구를, 임차인을 상대로는 임대차계약의 해지를 할 수 있다. 먼저 전차인은 자신의 전대인에 대한 권리 곧 '전차권'을 가지고 임대인에게 대항하지 못하고, 임대인의 건물명도 청구에 응하여야 한다. 한편 앞서 살펴본 것처럼 건물의 '소부분'에 한정하는 전대는 임대인 동의가 없어도 무방하다(민법 제632조[35]).

---

35) 한편 새 주택임대차법 제6조의3은 임차인의 '계약갱신청구권' 행사를

다음으로 임대인이 기존 임대차계약을 해지할 수 있음은 물론이되(민법 제629조 제2항), 무단전대라도 임대인이 임대차계약을 해지하지 않은 상태에서는 임대차계약과 전대차계약은 모두 유효하므로, 앞서 살펴본 바와 같이 임대인은 이와 같은 상태에서 전차인에게 직접 불법행위를 이유로 손해배상을 청구할 수는 없음에 유의하자(대판 2006다10323). 종전 임대차계약이 유효인 상태로 있는 한, 임대인은 임차인에 대한 연체차임채권을 누적하여 보유하게 되므로 전차인에 대한 관계에서 '법적 손해'가 발생하지 아니한 것으로 보기 때문이다.

무단전대의 경우 임대인은 '상당한 기간'을 주어 그 이행을 촉구하지 않더라도 바로 임대차계약을 해지할 수 있다(민법 제629조 제2항). 이 해지권 행사로 인해 임대차계약이 해지된 경우 임대차계약의 존속을 전제로 한 전대차계약도 소멸하게 된다. 이때에도 전차인으로서는 임대인이 건물명도를 청구한 경우 이에 응해야 하고 임대인이 정당하게 청구하는 경우 전대인으로부터 보증금을 돌려받지 못하였음을 이유로 임대인의 명도 청구에 대항할 수 없다(대판 90다카24939).

거절할 사유로 「임차인이 임대인의 동의 없이 목적 주택의 전부 또는 일부를 전대한 경우」를 규정하였다(제1항 제4호). 민법에 근거해서는 건물 '소부분'을 대상으로 하는 임차권의 양도와 전대에 집주인의 동의가 없어도 그 효력을 임차인이 주장할 수 있는데 임차권 보호를 위한 민법의 특별법(주택임대차법)에 근거해서는 건물 '일부분'을 대상으로 하는 임차권의 양도와 전대에 그 동의가 없으면 임차인의 계약갱신요구권의 행사가 거절당한다는 것은, 필자가 보기에 다분히 위헌의 소지가 있다.

보증금 미반환의 사정은 전대인과 전차인 사이의 문제일 뿐이다.

7. 집주인이 바뀐 경우

법은 '임차인 지위의 양도'에 관하여 '임차권의 양도'(민법 제629조)라는 조문 제목으로 그 내용을 명확히 규정하고 있다. 반면 '임대인 지위의 양도' 곧 임대차기간 중에 집주인이 바뀐 경우에 관해서는, '대항력 등'이라는 제목으로 된 조문에서 「임차주택의 양수인[36]은 임대인의 지위를 승계한 것으로 본다」하고 다소 축약적으로 규정하고 있다(주택임대차법 제3조 제4항[37]). 요즘처럼 거액의 임차보증금을

36) 임차권에 우선하는 선순위저당권이 있는데 후순위저당권의 실행으로 주택이 경낙된 경우, 그 낙찰자는 주택임대차법 제3조 제4항의 '양수인'에 해당하지 아니한다. 대법원도 「후순위저당권의 실행으로 목적부동산이 경락되어 그 선순위저당권이 함께 소멸한 경우라면 비록 후순위저당권자에게는 대항할 수 있는 임차권이더라도 소멸된 선순위저당권보다 뒤에 등기되었거나 대항력을 갖춘 임차권은 함께 소멸하고, 따라서 이와 같은 경우의 경락인은 주택임대차보호법 제3조에서 말하는 임차주택의 양수인 중에 포함되지 않는다 할 것이므로, 경락인에 대하여 그 임차권의 효력을 주장할 수 없다」하고 판시한 바 있다(대판 86다카1936).

안전하게 회수하는 것이 임차인의 최대 관심사일 수밖에 없는 현실을 감안할 때, 임차인 입장에서는 법제도적 공백으로 보일 수 있겠다.

'계약해지권'이 발생하는지

집주인은 세 준 주택을 얼마든지 팔 수 있다(임차인한테 주택 매각에 대한 동의를 구할 필요가 없다는 뜻이다). 이에 대해 임차인은 바뀐 집주인이 못 미더워 임대차의 승계를 거부하고 기존 임대차 계약도 해지할 수 있을까?

이에 대해 대법원은 임차인이 임대차의 승계를 원하지 않는 경우, 이의를 제기하여 임대인과의 임대차관계를 해지할 수 있다는 입장이다. 곧 「임대차계약에 있어 임대인의 지위의 양도는 임대인의 의무의 이전을 수반하는 것이지만 임대인의 의무는 임대인이 누구인가에 의하여 이행방법이 특별히 달라지는 것은 아니고, 목적물의 소유자의 지위에서 거의 완전히 이행할 수 있으며, 임차인의 입장에서 보아도 신 소유자에게 그 의무의 승계를 인정하는 것이 오히려 임차인에게 훨씬 유리할 수도 있으므로 임대인과 신 소유자와의 계약만

---

37) 대법원은 「동법에 의해 임대인 지위를 승계한 것으로 보게 되는 양수인이 되려면, 주택을 임대할 권리나 이를 수반하는 권리를 종국적 · 확정적으로 이전받게 되는 경우라야 하는바, 이른바 양도담보의 경우에는 채권담보를 위해 신탁적으로 양도담보권자에게 주택 소유권이 이전될 뿐이어서 양도담보권자는 동 조항에서 말하는 양수인에 해당하지 아니한다」 하고 판시하였다(대판 93다4083).

으로써 그 지위의 양도를 할 수 있다 할 것이나, 이 경우에 임차인이 원하지 아니하면 임대차의 승계를 임차인에게 강요할 수는 없는 것이어서 스스로 임대차를 종료시킬 수 있어야 한다는 공평의 원칙 및 신의성실의 원칙에 따라 임차인이 곧 이의를 제기함으로써 승계되는 임대차관계의 구속을 면할 수 있고, 임대인과의 임대차관계도 해지할 수 있다고 보아야 한다」 하고 판시하였다(대판 98마100). '임차인 보호'의 관점 외에도, 계약당사자가 일방적으로 변경되므로 그 상대방 입장에서 볼 때 중대한 사정변경을 초래했다는 점에서, 해지권의 발생은 필요하다고 본다.

그렇다면 임차인에게는 주택임대차법 제3조 제4항에 따라 바뀐 집주인을 임대인으로 인정하고 나중에 이 사람한테서 보증금을 반환받거나, 아니면 바뀐 집주인을 임대인으로 인정하지 아니하고 예전 집주인과 체결한 임대차계약도 해지하여 예전 집주인한테서 보증금을 반환받을 수 있는, 일종의 '선택권'이 있다. 반면 주택 매도인(종전 집주인) 입장에서는 상당 기간 불안한 지위에 있을 수 있다. 매수인과 사이에서 나중에 임차인에게 돌려줄 보증금을 매수인이 책임지기로 하여 매매대금에서 보증금 액수만큼 빼는 것으로 계약했어도, 임차인의 선택 여하에 따라 보증금반환의무를 떠안을 수도 있으니 말이다. 매도인(종전 집주인) 입장에서 이같이 난처한 상황을 방지하려면, 매매계약 체결 시 "매수인이 보증금반환의무를 인수하는 데 동의한다"는 내용이 적힌 임차인 '동의서'를 받아두길 권한다.

계약해지의 '시기' 제한

임차인이 계약을 해지할 때 유의할 점은 "곧 이의를 제기할 것"을 요하므로, 임차인은 임차주택의 양도사실을 안 날로부터 빠른 기간 내에 이의를 제기하여야 한다는 것이다. 달리 말해 한참 기간이 지난 후에 하면 소용없다. 만약 임차인이 이의를 제기하기 전에 바뀐 집주인 앞으로 차임을 지급하였다면, 이 같은 행위는 새로 바뀐 집주인을 임대인으로 인정하고 예전 집주인은 임대인 지위에서 면책시키는 데에 임차인이 묵시적으로 동의한 것으로 판단받을 수 있다.

이와 관련하여 대법원은 「대항력 있는 주택임대차에 있어 기간 만료나 당사자의 합의 등으로 임대차가 종료된 경우에도 주택임대차보호법 제4조 제2항에 의하여 임차인은 보증금을 반환받을 때까지 임대차관계가 존속하는 것으로 의제되므로 그러한 상태에서 임차목적물인 부동산이 양도되는 경우에는 같은 법 제3조 제2항에 의하여 양수인에게 임대차가 종료된 상태에서의 임대인으로서의 지위가 당연히 승계되고, 양수인이 임대인의 지위를 승계하는 경우에는 임대차보증금 반환채무도 부동산의 소유권과 결합하여 일체로서 이전하는 것이므로 양도인의 임대인으로서의 지위나 보증금 반환채무는 소멸하는 것이지만, 임차인의 보호를 위한 임대차보호법의 입법 취지에 비추어 <u>임차인이 임대인의 지위승계를 원하지 않는 경우에는 임차인이 임차주택의 양도사실을 안 때로부터 상당한 기간 내에 이의를 제</u>

기함으로써 승계되는 임대차관계의 구속으로부터 벗어날 수 있다고 봄이 상당하고, 그와 같은 경우에는 양도인의 임차인에 대한 보증금 반환채무는 소멸하지 않는다」하고 판시한 바 있다(대판 2001다64615).

대항력 있는 임차인과 매수인 사이에 '새로운 임대차계약서'를 작성한 경우

주택임대차법상 대항력이 있는 임차인이 매수인과 사이에서 새로운 임대차계약서를 작성한 경우, 그 법률관계는 어떠할까? 이에 대해 법원은 「주택의 매수인이 잔대금을 지급함에 있어 주택임대차보호법상의 대항력을 갖춘 임차인과 매도인간의 임대차계약 관계를 그대로 인수하고 확인하는 의미에서 동일자로 임차인에게 자기명의로 된 임대차계약서 및 전세보증금의 영수증을 작성 교부해 준 것이라면, 이는 종전 임대차계약을 소멸시키고 새로운 임대차계약을 체결한 것이 아니라, 종전 임대차계약을 동일성을 해함이 없이 그대로 승계한 것으로 봄이 상당하다」하고 판시하였다(서울고판 85나3083, 85나3948). 임차인 보호에 만전을 기한 판결이다. 만약 판시와 같이 보지 않는다면 주택매매에 동의한 주택임대차법상의 임차인이 졸지에 종전부터 보유해온 대항력을 상실하게 되니 말이다.

4

쥐락펴락
주택임대차분쟁

경매 진행 시

1. 부동산 경매절차
2. 대항력 행사 ①
3. 대항력 행사 ②
4. 우선변제권 행사 ①
5. 우선변제권 행사 ②
6. '차임연체'와 '건물명도'의 문제
7. 임차인의 선행행위와 모순된 거동
8. 집주인에게 회생 · 파산절차가 진행되는 경우

제 4 장

경매 진행 시

1. 부동산 경매절차

임차인이 살고 있는 집주인 소유 주택에 느닷없이 경매가 진행된다고 하자. 임차인 입장에서 가장 마주하고 싶지 않은 상황일 것이다. 대항력 행사와 우선변제권 행사를 중심으로 살펴보는데, 우선 논의의 배경이 되고 있는 '부동산 경매절차'부터 개관해보자.

절차 개관

부동산 경매는 크게 「① 경매신청 및 경매개시결정 → ② 배당요구의 종기 결정 및 공고 → ③ 매각 준비 → ④ 매각기일 및 매각결정기일 등의 지정·공고·통지 → ⑤ 매각 실시 → ⑥ 매각결정과 확정 → ⑦ 매각대금 납부 및 소유권 이전 → ⑧ 부동산 명도와 이해관계인 배당 실시」와 같은 흐름으로, 그 절차가 진행된다. 순서대로 해당 절차를 알아보자.[38)]

① 경매신청 및 경매개시결정 : 채권자가 경매신청서를 제출하면 법원은 그 신청이 적법 시 경매개시를 결정하고, 경매개시 사유를 등기소 등기관에게 기입할 것을 촉탁한다. 경매개시결정정본은 채무자에게 송달한다.

② 배당요구의 종기 결정 및 공고 : 경매개시결정 후 압류의 효력이 발생하면, 법원은 배당요구 종기일을 결정·공고하고, 배당요구 종기일까지 해당 부동산의 채권자들에게 배당요구에 필요한 서류를 제출하라고 통보한다.

38) 인터넷 '법원경매정보' 사이트(https://www.courtauction.go.kr)에서 '경매지식-경매절차' 중 '부동산 경매' 부분을 참조하자.

③ 매각 준비 : 법원은 집행관에게 '현황조사보고서' 작성을 명하고, 감정평가사에게 부동산을 평가하게 하여 그 평가액을 기준으로 최저매각가격을 결정하며, '매각물건명세서'를 작성하여 현황조사보고서·감정평가서 사본과 함께 법원에 비치한다.

④ 매각기일 및 매각결정기일 등의 지정·공고·통지 : 배당신청절차와 매각 준비가 끝나면 법원은 매각기일을 지정·공고하고, 매각기일 및 매각결정기일(매각기일로부터 보통 7일 뒤로 지정됨)의 지정을 해당 부동산의 이해관계인에게 통지하는데, 이때부터 법원경매 홈페이지 등에서 해당 부동산 관련 매각물건명세서·현황조사보고서·감정평가서 등의 경매정보 확인이 가능하고, 입찰자는 권리분석과 현장방문 조사 등을 통해 입찰 참여 여부 및 입찰 가격을 결정한다.

⑤ 매각 실시 : 매각을 위한 입찰은 법원 집행관이 진행하는데 입찰자는 구입 가격을 입찰표에 적어 매수보증금(보통 최저매각가격의 10%)과 함께 제출하고, 입찰이 마감되면 바로 개찰을 실시하여 입찰자 중 제일 높은 가격을 적어낸 최고가매수인(낙찰자)과 차순위매수신고인을 결정한다.

⑥ 매각허가결정과 확정 : 법원은 낙찰자가 정해지면 보통 7일 이내에 매각허가결정을 하고, 다시 매각허가결정일로부터 7일 이내에

이해관계인의 항고가 없으면 매각허가결정을 확정한다.

⑦ 매각대금 납부 및 소유권 이전 : 매각허가결정이 확정되면 법원은 매각대금 지급기한을 정하여 낙찰자에게 통지하고, 낙찰자가 그 지급기한 내 매각대금을 납부하면 낙찰자는 바로 소유권을 취득하는데 법원의 소유권이전등기 촉탁으로 소유권이전등기를 경료받는다.

⑧ 부동산 명도와 이해관계인 배당 실시 : 해당 부동산에 기존 점유자(전 소유자 또는 임차인)가 있다면 이사를 내보내고, 법원은 낙찰자가 매각대금을 완납하면 별도 '배당기일'을 정하여 이해관계인과 배당을 요구한 채권자에게 그 기일을 통지하고 소환하여 배당을 실시한다.

'경매개시결정'에 따른 압류의 효력

부동산 경매개시결정[39]에 따른 압류의 효력과 관련하여, 민사집

---

39) 이해관계인은 매각대금이 모두 지급될 때까지 법원에 경매개시결정에 대한 이의신청을 할 수 있다(민사집행법 제86조 제1항). 이때의 이해관계인에는 '부동산 위의 권리자로서 그 권리를 증명한 사람'도 포함되는데(민사집행법 제90조 제4호), 주택임대차법상 대항력 있는 임차인, 유치권자, 법정지상권자, 분묘기지권자 따위로 등기공시 없이도 대항할 수 있는 권리자가 이에 해당한다. 이들이 경매법원에 신고하고 그 권리를 증명한 때에 이해관계인이 된다(이들을 '등기되지 않은 권리증명자'라고도 부른다). 이 증명은 매각(낙찰)허가결정이 있을 때까지 하여야 한다. 이때의 '권리신고'가 바로 '배당요구'를 뜻하는 것은 아니다.

행법 제83조는 「① 경매절차를 개시하는 결정에는 동시에 그 부동산의 압류를 명하여야 한다. ② 압류는 부동산에 대한 채무자의 관리·이용에 영향을 미치지 아니한다.」하고 규정하고 있다. 곧 압류는 그 부동산에 대한 채무자의 점유를 빼앗는 것도, 채무자의 관리·이용에 영향을 미치는 것도 아니다.

경매개시결정 이후에도 통상 용법에 따라 종전 임대차계약에 따라 거주하는 것은 상관없다. 하지만 채무자(집주인)가 압류 뒤에 민법상 일반 임대차는 논외로 하고 적극적 대항요건과 확정일자를 갖추어 주택임대차법상 보호대상인 임대차계약을 체결하는 것은 법이 허용한 채무자의 관리·이용권한을 벗어나게 된다. 이런 경우의 임차인은 압류채권자(집주인의 채권자)에게 대항할 수 없다. 채무자의 단순한 이용행위를 일탈하였다고 볼 수밖에 없는 것이, 주택임대차법상 임차권에는 우선변제권(주택임대차법 제3조의2 제2항) 등이 생겨 저당권설정계약과 같은 처분행위가 되기 때문이다.

특히 소액임차인의 경우에 보증금 중 일정액에는 당해세나 선순위 근저당권에도 우선하는 '최우선순위 법정담보권'과 같은 효력이 생긴다. 이와 관련하여 대법원은 「주택임대차보호법 제8조의 소액보증금 최우선변제권은 임차목적 주택에 대하여 저당권에 의하여 담보된 채권, 조세 등에 우선하여 변제받을 수 있는 일종의 법정담보물권을 부여한 것이므로, 채무자가 채무초과상태에서 채무자 소유의 유일한 주택에 대하여 위 법조 소정의 임차권을 설정해 준 행위는 채무초과상태에서의 담보제공행위로서 채무자의 총재산의 감소를 초래하는 행위가 되는 것이고, 따라서 그 임차권설정행위는 사해행위취소의 대상이 된다」하고 판시한 바 있다(대판 2003다50771).

2. 대항력 행사 ①

임차주택에 대한 경매 진행 시 경매 고유의 법리와 맞물려 어려운 쟁점이 많은데, '대항력 행사'와 관련하여 살펴보자.

대항력 발생 시각

주택임대차법 제3조 제1항에서 「임차인이 주택의 인도와 주민등록을 마친 때에는 그 '다음 날(익일)부터' 제3자에 대하여 효력이 생긴다」라고 함은, "익일 오전 영시(00:00시)부터" 대항력이 생긴다는 뜻이다(대판 99다9981). 가령 임차인의 입주 및 전입신고일보다 근저당권자의 근저당권설정등기가 하루 늦은 주간晝間에 경료된 경우, 이 임차인은 추후 진행되는 경매의 낙찰자에게 얼마든지 대항할 수 있다. 이 같은 결론은 법원이 임차인 보호를 위해 위 '익일부터'의 의미를 단순히 '날짜 단위'로 파악하는 게 아니라 '시간 개념'으로 파악한 데 따른 것이다. 통상 근저당권설정등기는 등기소가 업무를 시작하는 시간 이후에 마쳐질 것이니, 물리적으로 임차인이 선순위가 될 수밖에 없다.

대항력 행사 일반

먼저 임차주택이 '일반 거래'(매매[40], 증여 등)를 원인으로 소유권 변동이 생기는 경우에는, 임차인은 양수인(매수인, 수증자 등)에게 소유권이 이전되기 전까지 적극적 대항요건을 갖추고 있으면 새로운 소유자(매수인, 수증자 등)에게 대항력을 행사할 수 있다. 이때에는 적극적 대항요건을 최선순위 근저당권과 같은 '말소기준권리'의 이전에 구비하든 그 이후에 구비하든 상관없다.

하지만 임차주택이 '경매'로 매각되는 경우에는 선순위 권리자를 보호하기 위하여 '말소기준권리' 이후에 생긴 권리는 모두 소멸하게 되므로(이른바 '소제주의'), 후순위 임차인은 낙찰자에게 대항력을 행

---

40) 대법원은 「매매계약이 해제되기 전의 매수인으로부터 주택을 임차한 경우, 매매계약 해제 전에 대항력을 갖춘 임차인은 민법 제548조 제1항 단서의 '제3자'에 해당하게 되므로, 이 임차인은 임대인의 임대권원의 바탕이 되는 매매계약의 해제에도 불구하고 자신의 임차권을 새로운 소유자(매도인)에게 대항할 수 있다」하고 판시한 바 있다(대판 96다17653).

사할 수 없음에 거듭 유의하자(대판 86다카1936). 이하에서는 '경매'의 경우에 한정하여 살펴보자.

다른 권리와의 관계

대항력 곧 '대항할 수 있다'라 함은, 자기보다 후순위 권리자에 대하여 임차목적물을 계속 사용·수익하고 인도를 거절할 수 있다는 뜻이다. 이때 임차권과 다른 권리의 관계는 그 요건 구비의 선후에 따른다. 임차주택에 근저당권의 임의경매가 실행되어 부동산 경매절차가 진행되는 경우, 위 임차권의 운명은 이른바 '소제주의'에 따라 최선순위 근저당권과 같은 '말소기준권리'의 성립시기와 임차권의 적극적 대항요건 구비시기의 선후에 의해 결정된다.

이는 앞서 설명한 바와 같이 후순위 임차권의 존재로 인하여 선순위 근저당권이 그 담보가치 면에서 손상을 받는 것을 막기 위함인데, 필자는 "임차인의 적극적 대항요건(곧 입주 및 전입신고) 구비 다음 날보다 선순위로 설정된 근저당권이 없어야 한다"는 것을 별도의 대항요건 곧 '소극적 대항요건'으로 삼자고, 앞에서 강조한 바 있다.

주택임차인이 낙찰로 소멸되는 선순위 저당권보다 뒤에 적극적 대항요건을 갖춘 경우

이 경우 주택임차인은 낙찰자에 대해 대항력을 행사할 수 있을까? 할 수 없다. 대법원도 「주장할 수가 없다. 경매목적 부동산이 경락된 경우에는 소멸된 선순위 저당권보다 뒤에 등기되었거나(임차권등기) 대항요건을 갖춘 임차권은 함께 소멸하는 것이고(이른바 '소제주의'), 따라서 그 낙찰자는 주택임대차보호법 제3조에서 말하는 임차주택의 양수인에 포함된다고 할 수 없기 때문이다」하고 판시하였다(대판 99다59306).

경매실무에서는 이 같이 대항력이 있는 임차인인지 아니면 그것이 없는 임차인인지를 파악하는 따위를 입찰자의 '권리분석' 문제라고 칭한다. 입찰자 입장에서는 낙찰 이후 임차인에게 보증금을 반환해줄 의무가 있는지 판단 여하[41]에 따라 '입찰대금'의 액수를 달리해야 한다.

이 같은 '권리분석'과 관련하여 우리 법에서는 부동산등기부등본에 공시되지 않는 권리, 곧 「① 대항력 있는 임차권, ② 유치권, ③ 법정지상권, ④ 분묘기지권, ⑤ 특수지역권」이 낙찰자에게 인수되는 수가 있어, 낙찰자는 불의의 타격을 입을 수 있다. 이와 같이 낙찰자

---

41) 한편 이 문제를 '임차인' 입장에서도 살펴보자. 먼저 대항력이 있는 임차인이 배당요구를 하였으나 미처 다 배당받지 못한 것은 '낙찰자'가 인수하게 되므로, 해당 임차인에게는 보증금 손해가 생길 리 없다. 반면 대항력이 없는 후순위 임차인이 배당요구를 하였으나 배당받지 못한 것은 '채무자(집주인)'가 인수하게 되는데, 사실상 자력이 없는 채무자가 나중에라도 임차인에게 보증금 잔액을 변제하기란 어려워, 결국 임차인은 그 잔금만큼 손해를 볼 가능성이 크다.

에게 인수되는 권리는 '매각물건명세서'에 기재한다(민사집행법 제105조 제1항 제3호).

3. 대항력 행사 ②

한편 '임차인 보호'와는 무관하지만, 예상치 못한 경매 진행 중 임차인의 대항력 발생으로 뜻밖의 손해를 입은 '낙찰자'의 경우를 살펴보자.

낙찰대금 지급기일 이전에 선순위 근저당권이 소멸한 경우

이 경우에도 후순위 임차권의 대항력은 소멸할까? 소멸하지 않는다. 대법원도 「부동산의 경매절차에 있어서 주택임대차보호법 제3조에 정한 대항요건을 갖춘 임차권보다 선순위의 근저당권이 있는 경우에는, 낙찰로 인하여 선순위 근저당권이 소멸하면 그보다 후순위의 임차권도 선순위 근저당권이 확보한 담보가치의 보장을 위하여 그 대항력을 상실한다. 하지만 낙찰로 인하여 근저당권이 소멸하고 낙찰자가 소유권을 취득하게 되는 시점인 낙찰대금지급기일 이전에 선순위 근저당권이 다른 사유로 소멸한 경우에는, 대항력이 있는 임차권의 존재로 인하여 담보가치의 손상을 받을 선순위 근저당권이 없게 되므로 후순위 임차권의 대항력은 소멸하지 아니한다」하고 판시하였다(대판 2002다70075).

위 사건에서 대법원은 「선순위 근저당권의 존재로 후순위 임차권이 소멸하는 것으로 알고 부동산을 낙찰받았으나, 그 후 채무자(집주인)가 후순위 임차권의 대항력을 존속시킬 목적으로 선순위 근저당권의 피담보채무를 모두 변제하고 그 근저당권을 소멸[42]시키고도 이 점에 대하여 낙찰자에게 아무런 고지도 하지 않아 낙찰자가 대항력 있는 임차권이 존속하게 된다는 사정을 알지 못한 채 대금지급기일에 낙찰대금을 지급하였다면, 채무자는 민법 제578조[43] 제3항의 규정에 의하여 낙찰자가 입게 된 손해를 배상할 책임이 있다」하고

---

42) 경매개시결정이 있게 되면 해당 부동산에 있는 '근저당권'은 '(일반)저당권'이 되어 피담보채무액이 확정이 된다. 이때 담보물권의 '부종성'의 법리에 따라 피담보채무가 모두 변제되면 (일반)저당권화된 담보물권은 소멸하게 된다. 위 변제 이후 부동산등기부등본에 '근저당권' 등기가 여전히 살아있어도 해당 등기는 법적으로 무효이다.

43) 민법 제578조(경매와 매도인의 담보책임)
① 경매의 경우에는 경락인은 전8조의 규정에 의하여 채무자에게 계약의 해제 또는 대금감액의 청구를 할 수 있다.
② 전항의 경우에 채무자가 자력이 없는 때에는 경락인은 대금의 배당을 받은 채권자에 대하여 그 대금전부나 일부의 반환을 청구할 수 있다.
③ 전2항의 경우에 채무자가 물건 또는 권리의 흠결을 알고 고지하지 아니하거나 채권자가 이를 알고 경매를 청구한 때에는 경락인은 그 흠결을 안 채무자나 채권자에 대하여 손해배상을 청구할 수 있다.

판시하였다(대판 2002다70075).

이때 피담보채무의 변제는 '제3자'도 할 수 있다(민법 제469조 제1항). 변제할 정당한 이익이 있는 자는 변제로 당연히 채권자를 대위하므로(민법 제481조), 담보물권보다 후순위 용익물권을 가진 사람이나 적극적 대항요건을 구비한 임차인은 그 담보물권의 실행으로 자신의 권리가 부인되는 결과가 초래되므로 '변제할 이익'이 있다고 볼 것이다. 가령 근저당권 다음에 적극적 대항요건을 구비한 임차인은 선순위 근저당권의 채권최고액에 견주어 실제 피담보채무액이 적은 금액이라면 '제3자 변제'의 방법으로 선순위 근저당권을 소멸시켜 향후 낙찰자를 상대로 대항력을 행사하는 것이 유리한 경우도 있겠다.

낙찰자의 구체적인 대응방안

한편 이로 인해 낙찰된 부동산의 부담이 현저히 증가하게 되는 경우에는 낙찰자로서는 매각허가결정이 있은 후 매각대금납부 이전까지는 매각허가결정의 취소신청을 할 수 있다(민사집행법 제127조 제1항[44]). 그런데 매각대금을 납부한 이후라면 낙찰자가 바로 소유권을 취득하게 되므로, 아래와 같이 민법 매매편에 있는 담보책임 규정을

---

44) 민사집행법 제127조(매각허가결정의 취소신청)

① 제121조 제6호에서 규정한 사실이 매각허가결정의 확정 뒤에 밝혀진 경우에는 매수인은 대금을 낼 때까지 매각허가결정의 취소신청을 할 수 있다.

② 제1항의 신청에 관한 결정에 대하여는 즉시항고를 할 수 있다.

유추적용할 수 있겠다.

(1) 먼저 아직 배당이 실시되기 전이라면, 경매법원에 대해 경매에 의한 매매계약을 해제하고 납부한 매각대금의 반환을 청구하는 방법으로 담보책임을 물을 수 있다. 이에 관해 대법원도 「소유권에 관한 가등기의 목적이 된 부동산을 낙찰받아 낙찰대금까지 납부하여 소유권을 취득한 낙찰인이 그 뒤 가등기에 기한 본등기가 경료됨으로써 일단 취득한 소유권을 상실하게 된 때에는 매각으로 인하여 소유권의 이전이 불가능하였던 것이 아니므로, 민사소송법 제613조에 따라 집행법원으로부터 그 경매절차의 취소결정을 받아 납부한 낙찰대금을 반환받을 수는 없다고 할 것이나, 이는 매매의 목적 부동산에 설정된 저당권 또는 전세권의 행사로 인하여 매수인이 취득한 소유권을 상실한 경우와 유사하므로, 민법 제578조, 제576조를 유추적용하여 담보책임을 추급할 수는 있다고 할 것인바, 이러한 담보책임은 낙찰인이 경매절차 밖에서 별소에 의하여 채무자 또는 채권자를 상대로 추급하는 것이 원칙이라고 할 것이나, 아직 배당이 실시되기 전이라면, 이러한 때에도 낙찰인으로 하여금 배당이 실시되는 것을 기다렸다가 경매절차 밖에서 별소에 의하여 담보책임을 추급하게 하는 것은 가혹하므로, 이 경우 낙찰인은 민사소송법 제613조를 유추적용하여 집행법원에 대하여 경매에 의한 매매계약을 해제하고 납부한 낙찰대금의 반환을 청구하는 방법으로 담보책임을 추급할 수 있다」고 하였다(대결 96그64).

(2) 하지만 이미 배당이 끝난 경우라면, 채무자에 대하여 계약을 해제한 후 채무자 또는 채권자에게 부당이득반환을 청구할 수 있다. 이에 관해 대법원도 「경매의 목적물에 대항력 있는 임대차가 존재하는 경우에 경락인이 이를 알지 못한 때에는 경락인은 이로 인하여 계약의 목적을 달성할 수 없는 경우에 한하여 계약을 해제하고 채무자 또는 채무자에게 자력이 없는 때에는 배당을 받은 채권자에게 그 대금의 전부나 일부의 반환을 구하거나, 그 계약해제와 함께 또는 그와 별도로 경매목적물에 위와 같은 흠결이 있음을 알고 고지하지 아니한 채무자나 이를 알고 경매를 신청한 채권자에게 손해배상을 청구할 수 있을 뿐, 계약을 해제함이 없이 채무자나 경락대금을 배당받은 채권자들을 상대로 경매목적물상의 대항력 있는 임차인에 대한 임대차보증금에 상당하는 경락대금의 전부나 일부를 부당이득하였다고 하여 바로 그 반환을 구할 수 있는 것은 아니다」하고 판시하였다(대판 96다7106).

4. 우선변제권 행사 ①

이번에는 임차인의 '우선변제권 행사'와 관련한 쟁점을 살펴보자.

우선변제권을 행사하기 위해서는 적극적 대항요건[45]이 '배당요구의 종기[46]'까지 존속하여야 하는데(대판 2000다61466), '배당요구 종기'는 첫 매각기일 이전으로 정해진다(민사집행법 제84조 제1항). '우선변제권' 문제는 늘 '대항력' 문제와 연동하여 살펴볼 필요가 있다. 이와 관련하여 법원은 대항력과 우선변제권 효력발생에 굳이 차별을 둘 근거가 없다며, 우선변제권도 적극적 대항요건을 갖춘 다음 날 0시부터 효력이 생긴다고 하였다.

---

45) 소액임차인의 '최우선변제권'은 '경매신청등기 전'에 적극적 대항요건을 구비하여야 하나, 임차인의 '우선변제권'은 경매개시 이전은 물론 그 이후에 적극적 대항요건을 갖춘 경우에도 발생한다. 다만 경매개시 이전과 이후에 차이가 있다면, 그 이후에 갖춘 경우에는 그 이전에 갖춘 경우에 견주어 우선변제 받을 순위에서 밀려 배당받을 금액이 없을 가능성이 매우 높다는 점이다. 다만 이 경우에도 경매개시 이전의 가압류 등 일반채권자와는 동同순위로 '안분按分배당'을 받는다는 점에서 여전히 그 의미가 있다.

46) 이때 '배당요구의 종기'란 배당요구의 종기인 최종 경락기일을 말한다. 대법원은 「달리 공시방법이 없는 주택임대차에 있어서 임차인이 주택임대차보호법에 의한 대항력과 우선변제권을 인정받기 위한 주택의 인도와 주민등록이라는 요건은 그 대항력 및 우선변제권의 취득시에만 구비하면 족한 것이 아니고 경매절차의 배당요구의 종기인 경락기일까지 계속 존속하고 있어야 하는데, 처음의 경락허가결정이 취소되어 신경매를 하였거나 경락허가결정의 확정 후 최고가매수인이 경락대금을 납부하지 아니하여 재경매를 한 경우에 있어서, '배당요구의 종기인 경락기일'이라 함은 배당금의 기초가 되는 경락대금을 납부한 경락인에 대하여 경락허가결정을 한 마지막 경락기일을 말한다」 하고 판시하였다(대판 2000다61466).

반드시 필요한 '배당요구'

전세권이나 근저당권과 같은 법정담보물권('당연배당채권[47]')과 달리 우선변제요건을 갖춘 임차인의 우선변제권(이른바 '배당요구채권'; 최우선변제권도 같음)은 부동산등기부등본에 나타나지 아니한 까닭에, 자신의 권리를 증명하여 '배당요구[48]'를 하여야 비로소 보증금의 우선변제를 받을 수 있다. 임차인이 실체법(주택임대차법)상의 우선변제요건을 구비하였더라도, 경매절차 진행 중에 절차법(민사집행법)에 따라 반드시 배당요구를 해야 한다. 경매법원으로서는, 임차인의 보증금이 얼마이고 확정일자 등을 구비하였는지를 임차인의 배당요구가 없으면 알 방법이 없다(배당을 해 주려 해도 해 줄 방도가

---

47) 민사집행법 제148조(배당받을 채권자의 범위)
제147조 제1항에 규정한 금액을 배당받을 채권자는 다음 각호에 규정된 사람으로 한다.
1. 배당요구의 종기까지 경매신청을 한 압류채권자
2. 배당요구의 종기까지 배당요구를 한 채권자
3. 첫 경매개시결정등기 전에 등기된 가압류채권자
4. 저당권·전세권, 그 밖의 우선변제청구권으로서 첫 경매개시결정등기 전에 등기되었고 매각으로 소멸하는 것을 가진 채권자

48) 민사집행법 제88조(배당요구)
① 집행력 있는 정본을 가진 채권자, 경매개시결정이 등기된 뒤에 가압류를 한 채권자, 민법·상법, 그 밖의 법률에 의하여 우선변제청구권이 있는 채권자는 배당요구를 할 수 있다.
② 배당요구에 따라 매수인이 인수하여야 할 부담이 바뀌는 경우 배당요구를 한 채권자는 배당요구의 종기가 지난 뒤에 이를 철회하지 못한다.

없다).

민사집행법도 제217조(우선권자의 배당요구)에서 「민법 · 상법, 그 밖의 법률에 따라 우선변제청구권이 있는 채권자는 매각대금의 배당을 요구할 수 있다」하고 규정하였다. 자기가 확정일자 등을 갖춘 임차인이라는 것을 법원에 신고하고 다른 채권자와 사이의 순위에 따라 배당을 해 달라[49]고 하는 신청이 바로 '배당요구'다. 임차인이 배당을 받으려면, 경매법원에 비치된 '권리신고 및 배당요구 신청서'를 작성한 후 임대차계약서사본 1부와 주민등록등본 1부를 첨부해서 배당요구 종기일까지 배당요구를 하여야 한다.

우선변제요건을 구비한 임차인이라도 별도로 '배당요구'를 하지 않았다면, 그가 배당요구를 하였더라면 받을 수 있었던 금액이 후순위 권리자에게 배당되었어도, 이 사람을 상대로 부당이득반환을 구할 수 없다. 대법원도 「구 민사소송법상 배당요구를 하여야만 배당절차에 참여할 수 있는 채권자가 경락기일까지 배당요구를 하지 아니한 채권액에 대하여 경락기일 이후에 추가 또는 확장하여 배당요구를 하였으나 그 부분을 배당에서 배제하는 것으로 배당표가 작성 · 확정

49) 경매실무에서는 다른 채권자들과의 관계에서 '내가 어떤 순위로 얼마만큼을 배당받을 수 있을까?'하고 예상하는 것을 채권자의 '배당분석' 문제라 칭한다. 앞서 살펴본 임차인에게 대항력이 있는지를 파악하는 입찰자의 '권리분석' 문제와는 확연히 구별된다. 이렇듯 '대항력'의 문제와 '우선변제권'의 문제는 그것이 논의되는 평면부터 다르다.

되고 그 확정된 배당표에 따라 배당이 실시되었다면, 그가 적법한 배당요구를 한 경우에 배당받을 수 있었던 금액 상당의 금원이 후순위 채권자에게 배당되었다고 하여 이를 법률상 원인이 없는 것이라고 할 수 없다」하고 판시한 바 있다(대판 2005다14595).

우선변제권을 반영한 배당

주택임대차법 제3조의2 제2항은 적극적 대항요건(주택의 인도와 주민등록)과 임대차계약증서상의 확정일자를 갖춘 주택임차인은 후순위권리자 기타 일반채권자보다 우선하여 보증금을 변제받을 권리가 있다고 규정하는바, 이는 임대차계약증서에 확정일자를 갖춘 경우에는 '부동산 담보권에 유사한 권리'를 인정한다는 취지에서다.

이에 따라 임차인보다 선순위인 자가 근저당권자와 같은 '담보권자'라면, 그가 먼저 배당을 받고 난 후 남는 액수에서 우선변제권을 가진 임차인이 배당을 받게 되나, 만약 선순위권자가 일반채권자 지위에 있는 '가압류채권자'라면, 그의 채권액과 임차인의 보증금액의 비율에 따라 임차인은 평등하게 배당을 받게 된다(이른바 '안분배당' ; 대판 92다30597).

5.

우선변제권 행사 ②

계속하여 임차인의 '우선변제권 행사' 문제를 살펴보자.

배당요구 시 '확정일자' 밝히기

'확정일자'를 밝힐 책임은 우선변제권을 행사하는 쪽에 있으므로 임차인은 확정일자를 받아둔 임대차계약서를 각별히 신경 써서 보관해야 한다(이에 필자는 임대차계약서 한 부를 복사하여 원본과 다른 곳에 별도 보관하는 방법을 권한다). 만약 이를 분실하거나 멸실했는데 경매가 진행되면 임차인은 어떻게 해야 할까? 임대차계약서가 없어졌다고 이미 발생한 우선변제권이 소멸되지 않으니, 임차인으로서는 확정일자를 부여받은 사실을 다른 방법으로 증명할 필요가 있다. 예컨대 「① 확정일자를 부여한 행정당국의 '사실확인서', ② 확정일자를 부여한 공증인가사무소에 보관된 '확정일자 발급대장', ③ 보증금 액수 · 임대차기간 등에 관해 집주인이 확인해 준 '사실확인서'」와 같은 자료를 첨부하여 권리신고 및 배당요구를 신청해보자. 이리 했는데도 배당이 되지 않는다면, 추후 배당기일에 직접 참석하여 배당이의의 진술을 하고 1주일 이내에 '배당이의의 소'를 제기해보자('소멸시효' 문제에서도 그렇듯, '법은 권리 위에 잠자는 자를 보호하지 아니'한다).

임차인이 경매 진행에 관한 '통지'를 못 받은 경우

대개 임차인은 경매법원이 진행하는 '현황조사[50]'나 '경매목적물 감정평가' 절차 진행 중에 자연스레 자기가 살고 있는 집이 경매에 붙여진 사실을 알게 된다. 실무상 경매법원은 대법원예규에 따라 임차인에게 배당요구 종기까지 배당요구를 하여야만 우선변제를 받을 수 있음을 알리는 '통지서'를 등기우편으로 송부한다.

그런데 이 같은 경매법원의 '통지'를 받지 못한 경우 임차인은

---

50) 부동산 경매에서 집행관이 임대차관계의 현황을 조사하는 것과 관련, 대법원은 「부동산 경매에서 집행관이 임대차관계의 현황을 조사함에 있어 주민등록상 단독 세대주인 임차인이 그 가족과 함께 거주하고 있음에도 가족의 주민등록 관계를 조사하지 아니한 것이 국가배상법 제2조 제2항 소정의 '중과실'에 해당하지 않는다」하고 판시하였다(대판 2002다65929). 나아가 부동산 현황조사 과정에서 임대차관계를 제대로 확인하지 않은 집행관의 직무상 잘못과 관련하여 대법원은, 「경매법원의 명령에 따른 집행관의 현황조사 과정에서 임대차관계를 제대로 확인하지 않은 직무상 잘못이 있고, 그 결과 임차인이 경매법원으로부터 경매절차의 진행에 관한 통지를 받지 못하여 우선변제권의 행사에 필요한 조치를 취하지 못해 손해를 입었다 하더라도, 그러한 사정만으로는 집행관의 위 직무상 잘못이, 민사집행법 제90조에 따른 권리신고절차를 취하지 아니하여 경매절차상 이해관계인이 아닌 임차인에 대한 관계에서 불법행위를 구성한다고 할 수 없고, 스스로 우선변제권의 행사에 필요한 법령상 조치를 취하지 아니함으로써 발생한 임차인의 손해와 위 잘못 사이에 상당인과관계가 있다고 할 수도 없다」하고 판시하였다(대판 2008다43976).

매각(낙찰)허가결정을 다툴 수 있을까? 대법원은 불복할 수 없다고 본다. 곧 「주택임대차보호법상의 대항요건을 갖춘 임차인이라 하더라도 낙찰허가결정이 있을 때까지 경매법원에 스스로 그 권리를 증명하여 신고하여야만 경매절차에 있어서 이해관계인으로 되는 것이고, 대법원예규에 의한 경매절차 진행 사실의 주택임차인에 대한 통지는 법률상 규정된 의무가 아니라 당사자의 편의를 위하여 주택임차인에게 임차 목적물에 대하여 경매절차가 진행 중인 사실과 소액임차권자나 확정일자부 임차권자라도 배당요구를 하여야 우선변제를 받을 수 있다는 내용을 안내하여 주는 것일 뿐이므로, 임차인이 그 권리신고를 하기 전에 임차 목적물에 대한 경매절차의 진행 사실에 관한 통지를 받지 못하였다고 하더라도 이는 낙찰허가결정에 대한 불복사유가 될 수 없다」하고 판시하였다(대결 99마7663).

'확정일자를 갖춘 선순위 임차권'의 경우

'말소기준권리'보다 먼저 적극적 대항요건을 갖추고 확정일자까지 갖춘 임차인 곧 '확정일자를 갖춘 선순위 임차인'은, 「① '대항력'을 선택하여 해당 부동산의 낙찰자에 대항하여 보증금을 반환받을 때까지 임대차관계의 존속을 주장하거나, ② '우선변제권'을 선택하여 해당 부동산 경매절차에서 '배당요구'를 하고 순위에 따라 배당을 받거나(그렇게 해서 보증금 전액을 배당받으면 해당 임차권은 낙찰자가 인수하지 않고 소멸한다)」를 할 수 있다. 다만 후자의 경우 배당 결과 보증금 전액을 배당받을 수 없다면, 임차인은 보증금 잔액에 관해서는 낙찰자에게 대항하여 이를 반환받을 때까지 임대차관계의 존속을 주장할 수 있다(이런 경우 주택임대차법 제3조의5에 의해 낙찰자는 임대인 지위를 승계하는 것이 되어 임차인의 보증금 잔액을 반환할 의무를 부담하게 된다). 반면 전자의 경우 위 임차인은 별도로 거쳐야 할 경매절차가 없다. 나중에 임대차기간 종료 후 낙찰자한테서 보증금 전액을 반환받고 나가면 그만이다.

'확정일자를 갖춘 선순위 임차인'이 배당요구 종기 이내에 '배당요구'를 하면 낙찰자는 원칙적으로 그 부담이 소멸되지만, 배당요구를 하지 않으면 낙찰자는 보증금 부담을 인수하게 된다(민사집행법 제91조 제4항 단서). 이처럼 배당요구를 하느냐 마느냐에 따라 낙찰자가 인수하여야 할 부담이 좌지우지되므로, 배당요구를 한 채권자는 그 종기가 지난 뒤에는 이를 철회하지 못한다(민사집행법 제88조 제2항). 경매절차의 안정을 도모하기 위함이다. 재차 정리하자. '확정일자를 갖춘 선순위 임차인'은 '선순위'에 기해서 '대항력'을 행사할 수 있고(이때의 임차권은 이른바 '인수주의'의 대상), 또한 '확정일자(적극적 대항요건 포함)'에 기해 '우선변제권'을 행사할 수 있다(이때의 임차권은 이른바 '소제주의'의 대상).

6.

'차임연체'와 '건물명도'의 문제

자, 이제 경매 진행과 관련한 임대차 관련한 막바지 쟁점을 살펴보자.

경매 진행 시 '차임연체'의 문제

단도직입적으로 이야기하면, 임차주택이 경매에 붙여진 경우 임차인이 차임을 연체해도 보증금 배당을 요구할 수 있고, 경매법원은 배당할 때 차임연체 사실이 있는지 따위를 조사하여 연체차임을 공제하지도 않는다. 법이론상으로는 채무자(집주인)가 이의를 제기하여 임차인의 배당받을 보증금에서 연체차임을 공제할 수 있다. 경매법원은 배당기일에 연체차임을 공제한 금액으로 임차인의 배당금을 경정更定하게 되나, 이 금액을 채무자가 아니라 그 후순위 채권자에게 배당한다. 나아가 연체한 차임 액수에 다툼이 있을 때에는 배당이의의 소를 제기하여 확정된 금액으로 최종 배당이 될 수도 있다.

하지만 경매실무에서 위와 같은 경우가 실제로 생길 리 만무하다. 채무자(집주인) 외에는 임차인의 차임연체 사실을 아는 이 없으니 경매절차에서 다른 채권자(이해관계인)가 배당이의를 제기할 수도 없다. 연체차임을 공제하지 않고 보증금을 임차인에게 배당해도 '부당이득'이 성립하는 것도 아니다(대법원은 임차인이 실제로 사용·수익 곧 거주하고 있지 아니하면 부당이득의 성립요건인 '실질적 이득'이 없는 것으로 본다). 채무자(집주인) 입장에서는 밀린 임료에도 저당권 압류의 효력이 미치므로 자기에게 배당되지도 않으니 배당이의를 주장할 실익도 없다.

이와 관련하여 법원은 「민법 제359조에 의하면 저당권의 효력은 저당부동산에 대한 압류가 있은 후에 저당권설정자(집주인)가 그 부동산으로부터 수취한 과실 또는 수취할 수 있는 과실에 미치고, 부동산의 차임은 법정과실이므로 부동산의 차임에도 저당권의 압류의 효력이 미쳐서 저당권설정자가 이를 수취할 수 없고, 저당부동산에 포함되어 저당부동산과 함께 경매절차에서 환가되거나 수취된 후 피담보채권의 변제에 충당되어야 한다. 부동산임의경매절차에서 경매개시결정으로 인한 압류 후의 차임은 임대차보증금에서 당연히 공제되는 것이 아니라 경매절차에서 저당부동산과 함께 매각되어 환가되거나 별도로 수취된 후 피담보채권의 변제에 충당되어야 한다.」하고 판시하여, 경매절차상 저당부동산의 차임 처리방법에 관하여 그 원칙적인 입장을 밝힌 바 있다(서울동부지판 2006가단62400).

경매 종료 시 '건물명도'의 문제

경매절차 종료 시 우선변제권을 갖는 임차인, 최우선변제권을 갖는 소액임차인이 배당절차에서 보증금을 수령하기 위해서는 해당 부동산을 낙찰자에게 먼저 인도해야 한다. 만일 임차인이 해당 부동산을 낙찰자에게 인도하지 않으면 배당절차에서 보증금을 수령할 수 없다(주택임대차법 제3조의2 제3항; 「임차인은 임차주택을 양수인에게 인도하지 아니하면 제2항에 따른 보증금을 받을 수 없다」).

이에 따라 해당 임차인은 임차주택을 낙찰자에게 인도하였다는 낙찰자의 '명도확인서'를 경매법원에 제출한 후라야 경매법원에서 배당금을 수령할 수 있다. 경매실무에서 임차인은 낙찰자에게 실제 임차주택을 명도하지는 않았지만 낙찰자와 사이에서 "임차인은 배당절차에서 배당액을 받고 낙찰자로부터 이사비용 명목의 돈 얼마를 받은 후에 이사하기로 확약한다"는 이면합의裏面合意를 곧잘 하게 된다. 이면합의 후 임차인은 낙찰자로부터 '명도확인서'를 받아 이를 법원에 제출하는 형식으로 건물명도 문제를 마무리 짓기도 한다(낙찰대금을 완납한 낙찰자는 배당 받은 임차인을 상대로 '부동산인도명령'을 신청할 수 있는바, 후술할 '제5장 4. 건물명도 청구소송 등'에서 살펴보자).

한편 낙찰자에게 대항할 수 있는 지위에 있는 선순위 임차인(곧 대항력과 우선변제권을 겸유兼有하고 있는 임차인)이 배당요구를 하였으나 보증금 전액을 배당받지 못한 경우에는, 그 잔액에 대해 낙찰자에게 동시이행의 항변을 할 수 있으므로, 별도의 '명도확인서'가 필요 없다.

이에 관해 대법원도 「주택임대차보호법상의 대항력과 우선변제권이라는 두 가지 권리를 겸유하고 있는 임차인이 먼저 우선변제권을 선택하여 임차주택에 대하여 진행되고 있는 경매절차에서 보증금 전액에 대하여 배당요구를 하였다고 하더라도, 그 순위에 따른 배당이 실시된 경우 보증금 전액을 배당받을 수 없었던 때에는 보증금 중 경매절차에서 배당받을 수 있었던 금액을 공제한 잔액에 관하여 경락인에게 대항하여 이를 반환받을 때까지 임대차관계의 존속을 주장할 수 있다고 봄이 상당하고, 이 경우 임차인의 배당요구에 의하여 임대차는 해지되어 종료되고, 다만 같은 법 제4조 제2항에 의하여 임차인이 보증금의 잔액을 반환받을 때까지 임대차관계가 존속하는 것으로 의제될 뿐이므로, 경락인은 같은 법 제3조 제2항에 의하여 임대차가 종료된 상태에서의 임대인의 지위를 승계한다」 하고 판시한 바 있다(대법원 98다15545).

7. 임차인의 선행행위와 모순된 거동

임차인이 경매절차 전후에 '선행행위와 모순되는 거동擧動'을 하는 경우의 법적 효과에 관해 살펴보자.

'금반언'의 원칙

민법 제2조(신의성실) 제2항은 「권리는 남용하지 못한다」, 민사소송법 제1조(민사소송의 이상과 신의성실의 원칙) 제2항은 「당사자와 소송관계인은 신의에 따라 성실하게 소송을 수행하여야 한다」하고 정하였는바, 부당한 권리행사의 한 유형으로 권리자의 권리행사는 그의 선행행위와 모순되는 경우에 그러한 권리행사는 허용되지 않는다. 이를 '금반언禁反言'의 원칙(또는 '모순행위 금지'의 원칙)이라 한다.

임차인이 적극적 대항요건과 확정일자를 모두 갖추고도 집주인의 부탁을 이기지 못하고 자신의 임차사실을 부인하는 경우가 종종 있다. 주로 집주인이 은행 등 담보권자로부터 해당 부동산의 담보가치를 높게 평가받아 담보대출금을 최대치로 받고자 해서다. 이때 은행 등은 임차인으로부터 '무상거주 확인서'나 '임차권 포기각서'를 교부받기도 한다.

(1) 임차인의 권리행사가 금반언의 원칙에 위배되어 허용되지 아니한 사례부터 살펴보자. 대법원은 「채무자가 동생 소유의 아파트에 관하여 근저당권을 설정하고 대출을 받으면서 채권자에게 자신은 임차인이 아니고 위 아파트에 관하여 일체의 권리를 주장하지 않겠다는 내용의 확인서를 작성하여 주었는데 그 후 자신은 대항력을 갖춘 임차인임을 내세워 이를 낙찰받은 채권자의 인도명령을 다투는

것은 '금반언' 및 '신의칙'에 위배되어 허용되지 않는다」고 하였다(대결 99마4307).

(2) 반면 은행직원이 행한 담보물건에 대한 임대차조사에서 임차인이 임대차 사실을 숨겼으나 그 후 경매절차에서는 임대차관계의 존재를 분명히 한 경우에는 어떨까? 이에 관해 대법원은 「은행직원이 근저당권실행의 경매절차와는 아무런 관련도 없이 행한 담보건물에 대한 임대차 조사에서 임차인이 그 임차사실을 숨겼다고 하더라도 그 후의 경매절차에서 임대차관계가 분명히 된 이상은 은행이 경매가격을 결정함에 있어서 신뢰를 준 것이라고는 할 수 없는 것이므로, 위와 같이 일시 임대차관계를 숨긴 사실만을 가지고서 은행의 건물명도청구에 대하여 임차인이 주택임대차보호법 제3조 소정의 임차권의 대항력에 기하여 하는 임차보증금 반환과의 동시이행의 항변이 신의성실의 원칙에 반하는 것이라고는 볼 수 없다」고 판시하여 '금반언'에 위배되지 않는다고 보았다(대판 86다카1852).

금반언 원칙의 적용

위와 같이 법원은 임차인이 일견 '선행행위와 모순되는 거동'을 하였어도 임차인 보호를 위해 '금반언'에 위배되는 경우를 가능한 한 좁게 해석하려는 경향이 있다. 이참에 필자가 수행한 소송사건도 소개하자.

A건설사로부터 신축 아파트를 분양받은 B(수분양자)는 분양계약에서 "B는 A건설사의 승낙 없이 해당 아파트를 제3자에게 임대한 경우 분양계약을 해제할 수 있다"고 약정하였고, 이 B(임대인)와 임대차계약을 체결한 C(임차인)는 임대차계약에서 "분양권상태의 임대차계약이고, D은행에 융자원금기준 277,000,000원(중도금) 대출예정이며, 임차인은 은행 (근저당권)설정 이후 전입키로 한다"고 약정하였는데도 위 C는 D은행이 근저당권을 설정하기 이전에 이사한 날에 바로 주민등록 전입신고를 하였다. 이후 A건설사는 C를 상대로 건물명도 청구의 소를 제기하여 「이 사건 소송에서 피고 C가 '대항력'을 행사하여 항변하는 것은 이른바 '선행행위'와 모순되는 거동으로 봐야 합니다. 앞서 이 사건 임대차계약서상 특약에서 미리 '대항력' 행사를 포기하기로 약정하였는데도('선행행위') 이 사건 소송에서 선행행위와 모순되게 대항력을 행사하고 있으니 말입니다. 그렇다면 피고의 대항력 행사에 기한 주장은 '신의칙'에 위반하는 것으로(민사소송법 제1조 제2항) '항변의 남용'에 해당하므로 이유가 없다고 볼 것입니다.」하고 주장하였다.

이에 대해 서울고등법원은 「B와 피고가 이 사건 임대차계약 체결 당시 '분양권상태의 임대차계약이고, D은행에 융자원금기준 277,000,000원 대출예정이며, 임차인은 은행 설정 이후 전입키로 한다"라는 내용의 특약을 하였다는 점만으로는 B에게 적법한 임대 권한이 없었다거나 피고가 임차인으로서의 대항력 행사를 미리 포기하였다고 보기 어렵다(위 특약은 이 사건 임대차보증금과 대출금의 우선 변제 관계에 관한 것에 불과하다). 따라서 피고의 대항력에 관한 이 사건에서의 항변이 신의칙에 반한다고 볼 수도 없다.」하고 판시하였다(서울고판 2016나2049175, 2016나2049182). 이 사례에서 법원은 임대차계약서상 "임차인은 은행(근저당권)설정 이후 전입키로 한다"는 특약을 해석하길, 또 다른 '우선변제요건'인 '확정일자'에 관한 문구가 없는데도 임차인에게 유리하게 '대항력 행사'가 아닌 '우선변제권 행사'에 관한 약정으로 보았다.

'공동불법행위' 책임

임차인은 '금반언' 및 '신의칙'에 위배하였다는 사유로 임차주택이 경매에 붙여졌을 때 그 배당절차에 참가할 수 없게 될 수 있다. 그 뿐이 아니다. 임차인이 대출받으려는 집주인 부탁을 받고 은행 등에 실제 보증금 액수보다 훨씬 적은 금액으로 허위로 확인해 주어 임차주택의 담보가치를 초과한 금원을 대출하게 되었고 그로 인하여 경매절차에서 대출금 중 변제받지 못한 금액만큼의 손해가 발생하였다고 치자. 이런 경우 임차인은 집주인과 공동으로 허위 자료에 기인한 '불법대출'을 일으켜 은행 등에 손해를 입혔다는 사유로 곧 '공동불법행위'의 성립을 이유로 집주인과 (부진정)연대하여 손해배상책임을 부담할 수도 있음에도 유의하자.

8.

집주인에게 회생 · 파산절차가 진행되는 경우

임차인 입장에서는 임차주택이 경매에 붙여진 경우 못지않게 막막한 경우가 바로 집주인이 개인회생 · 파산[51]을 신청하여 회생 · 파산절차가 진행되는 경우일 것이다. 이런 경우에 처한 임차인의 보호에 관한 법제도를 살펴보자. 아울러 법제도상 '임차권의 강화' 경향을 임대차 거래실무와 함께 살펴보면서 이번 장을 마무리하기로 하자.

회생 · 파산 절차 진행 시 임차인 보호

(1) 먼저 집주인이 개인 회생 · 파산을 신청할 경우 임차인은 앞으로 남은 임차기간 동안 임차주택에 살 수 있을까? 결론부터 이야기하면, 임차인이 적극적 대항요건을 구비하였다면 임차기간 동안 임차주택에 사는 데 지장이 없다. 채무자 회생 및 파산에 관한 법률(약칭하여 '채무자회생법')은 임차인이 임대차계약 체결 후 입주하고 전

51) '회생'이란, 계속적 · 반복적 수입이 있는 채무자가 채무의 일정 비율을 언제까지 매달 얼마씩 갚겠다는 계획을 작성하여 법원의 인가를 받아 그때부터 회생채권자에게 변제하는 제도를 말한다. '파산'이란, 채무자가 자신의 채무를 갚을 능력이 없을 경우 채무자의 총재산을 가지고 채권자들에게 일정 비율대로 변제하는 제도를 말한다.

입신고까지 마치면, 회생이나 파산절차가 개시되더라도 집주인은 임대차계약을 해지할 수 없도록 규정하고 있기 때문이다(채무자회생법 제124조 제4항 제1호, 제119조 제1항[52]). 적극적 대항요건 구비의 중요성은 아무리 강조해도 지나치지 않는다.

(2) 그렇다면 임차인은 임차보증금을 안전하게 회수할 수 있을까? 그 과정은 어려워도 법제도상 가능하다고 말할 수 있다. 곧 주택임대차법이 '경매' 절차에서의 임차보증금 회수에 관한 규정을 두었다면, 채무자회생법은 '회생 · 파산' 절차에서의 그 회수에 관한 규정(우선변제권, 최우선변제권)을 두어 임차인에게 이른바 '별제권자'에 준하는 보호를 해주기 때문이다(채무자회생법 제411조, 제412조 제415조, 제586조[53]). 이에 따라 주택임대차법상 적극적 대항요건과 확

---

52) 채무자회생법 제124조(임대차계약 등)

④ 임대인인 채무자에 관하여 회생절차가 개시된 경우 임차인이 다음 각호의 어느 하나에 해당하는 때에는 제119조의 규정을 적용하지 아니한다.

1.「주택임대차보호법」 제3조(대항력 등) 제1항의 대항요건을 갖춘 때

동법 제119조(쌍방미이행 쌍무계약에 관한 선택)

① 쌍무계약에 관하여 채무자와 그 상대방이 모두 회생절차개시 당시에 아직 그 이행을 완료하지 아니한 때에는 관리인은 계약을 해제 또는 해지하거나 채무자의 채무를 이행하고 상대방의 채무이행을 청구할 수 있다. 다만, 관리인은 회생계획안 심리를 위한 관계인집회가 끝난 후 또는 제240조의 규정에 의한 서면결의에 부치는 결정이 있은 후에는 계약을 해제 또는 해지할 수 없다.

53) 채무자회생법 제411조(별제권자)

파산재단에 속하는 재산상에 존재하는 유치권 · 질권 · 저당권 · 「동산

정일자를 갖춘 임차인이라면 후순위 권리자에 우선하여 주택(대지 포함)의 환가대금에서 우선하여 임차보증금을 회수할 수 있다(소액임차인은 파산신청일까지 적극적 대항요건을 구비한 경우 최우선변제권도 행사할 수 있다).

법제도상 임차권의 강화와 임대차 거래실무의 현실

현행 법제도 아래에서 임차권은 일견 매우 막강한 권리로 비춰진다. 민법상 임차권은 원칙적으로 '채권'이므로 임대인한테만 그 사

· 채권 등의 담보에 관한 법률」에 따른 담보권 또는 전세권을 가진 자는 그 목적인 재산에 관하여 별제권을 가진다.

동법 제412조(별제권의 행사)
별제권은 파산절차에 의하지 아니하고 행사한다.

동법 제415조(주택임차인 등)
① 「주택임대차보호법」 제3조(대항력 등) 제1항의 규정에 의한 대항요건을 갖추고 임대차계약증서상의 확정일자를 받은 임차인은 파산재단에 속하는 주택(대지를 포함한다)의 환가대금에서 후순위권리자 그 밖의 채권자보다 우선하여 보증금을 변제받을 권리가 있다.
② 「주택임대차보호법」 제8조(보증금중 일정액의 보호)의 규정에 의한 임차인은 같은 조의 규정에 의한 보증금을 파산재단에 속하는 주택(대지를 포함한다)의 환가대금에서 다른 담보물권자보다 우선하여 변제받을 권리가 있다. 이 경우 임차인은 파산신청일까지 「주택임대차보호법」 제3조(대항력 등) 제1항의 규정에 의한 대항요건을 갖추어야 한다.

동법 제586조(별제권)
제411조 내지 제415조의 규정은 개인회생절차에 관하여 준용한다. 이 경우 "파산재단"은 "개인회생재단"으로, "파산선고"는 "개인회생절차개시결정"으로 본다.

용·수익을 주장할 수 있는 권리인데, 주택임대차법상 대항력이 있는 임차권은 전세권 비슷하게 되어 '용익물권'처럼 되기 때문에 그렇다. 여기에 확정일자까지 받아두면 '우선변제권'을 갖게 되어 저당권과 유사한 '담보물권'처럼 된다. 나아가 미처 배당받지 못한 보증금 잔액이 있으면 임차목적물을 유치할 수 있게 되어 '유치권'처럼도 된다(주택임대차법 제3조의5). 뿐만 아니다. 소액임차인의 '최우선변제권'은 보증금 중 일정액을 최우선특권으로써 배당순위에서 선순위저당권에도 우선하도록 한다. 그렇다면 현행 법제도 하에서 임차권은 여타 물권(전세권·저당권)에 견주어 '경매신청권'만 없을 뿐이다(물론 별도 전세권등기를 하여 경매신청권도 확보할 수 있다[54]).

하지만 이같이 법제도상 막강해진 임차권의 물권화 경향도 법이론적인 면에 그치는 경우가 태반이다. 임대차 거래실무의 현실을 살펴보면, 「① 실제 임대차계약을 체결하면서 체감하게 되는 불균형적인 계약당사자 지위, ② 현금으로 건네는 임차보증금이 임차인이 가용可用할 수 있는 현금성 자산의 총체인 사정, ③ 아직까지도 대부분의 임차인이 적극적 대항요건만 구비하면 어떠한 경우에도 대항력이

54) 주택임차인이 대항력을 갖추고 또한 전세권등기도 경료한 경우, 경매로 인해 전세권이 소멸하더라도 최선순위 저당권보다 먼저 동법에 의한 대항요건을 갖췄다면 임차권은 그대로 존속한다(대판 93다10552). 이에 따라 최선순위 전세권자로서 배당요구를 하여 전세권이 매각으로 소멸되었다 하더라도, 변제받지 못한 나머지 보증금에 기하여 대항력을 행사할 수 있고, 그 범위 내에서 임차주택의 매수인은 임대인의 지위를 승계한 것으로 봐야 한다(대판 2010마900).

발생하여 임차보증금을 안심하게 회수할 수 있다고 믿고 있는 형편, ④ 대항력과 우선변제권의 뜻과 그 차이점을 파악하기가 어렵고 그 행사방법에 관한 제대로 된 안내문[55]이나 기사 · 책자도 태부족한 사정, ⑤ 이른바 역전세난(속칭 '깡통전세[56]')도 아니고 전셋값이 급등하는 와중인데도 집주인이 보증금을 돌려주지 못하여 '전세보증금 반환보증보험[57]'에 따른 보험사의 보증금 대위변제가 급증하고 있는 우리네 사회현실(2020. 9. 7.자 SBS NBC 방송기사)」 따위를 감안하면, '국민 주거생활의 안정'을 도모하기 위하여(주택임대차법 제1조) 적어도 '보증금의 안전한 회수' 문제에서만큼은 다각도로 섬세하게 임차

---

55) 한때(필자가 확인한 날짜는 2015. 4. 10.임) 대한민국 정부민원포털 '민원24'에서는 '전입신고 유의사항'이라며 안내하길, 「확정일자는 전입지 읍면동 주민센터를 직접 방문하셔서 신청하여야 하며, 확정일자는 전입일이 아닌 확정일자 신청일 다음 날부터 "대항력"이 발효됩니다」라고 하였다. 앞에 「확정일자는 전입일이 아닌 확정일자 신청일 다음 날부터 "대항력"이 발효됩니다」라고 안내한 부분은 문장이 비문非文인지는 둘째 치고, 핵심사항인 대항력과 우선변제권의 문제를 혼동한 것으로 보인다.

56) '깡통전세'에 대한 우려를 불식시키는 방법으로 무엇이 있을까? 임차인에게 임대차계약 체결 시 「① 우선적으로 집주인의 신용이나 대출 여부를 확인하고(아울러 부동산 담보대출을 받아 매수한 집인지, 전세 끼고 매수하는 집인지도 파악), ② 월세 부담을 감당할 수 있다면 이른바 '반전세'로 보증금 액수를 낮추며, ③ 소정의 비용이 들더라도 '전세보증금 반환보증보험'을 활용할 것」을 권한다.

57) '전세보증금 반환보증보험'이란 집주인이 임대기간 만료 후에도 임대보증금을 돌려주지 못하면 주택도시보증공사(HUG)와 같은 보증사가 집주인 대신 임차인에게 보증금을 지급해주고(이른바 '대위변제') 추후 집주인을 상대로 구상권求償權을 행사하는 보험을 말한다.

인을 보호할 필요가 있다. 기실 보증금만 안전하게 보장되어도 해당 액수 상당의 또 다른 주택임대차계약의 체결로 새롭게 주거를 이어나갈 수 있다(물론 요즘과 같은 '부동산 전세가격 급등기'에는 새 주거생활의 수준이 종전보다 하향하겠지만 말이다).

5

쥐락펴락
주택임대차분쟁

계약 만료 시 1

1. 원상회복의무 ①
2. 원상회복의무 ②
3. 원상회복의무 ③
4. 건물명도 청구소송 등
5. 임대차 만료 후 임차인이 계속 점유하는 경우 ①
6. 임대차 만료 후 임차인이 계속 점유하는 경우 ②
7. 유익비상환청구권
8. 부속물매수청구권

제 5 장

계약 만료 시 1

쥐락펴락 주택임대차분쟁

1. 원상회복의무 ①

자, 이제 이 책에서 임대차계약의 경과를 시기적으로 구분한 마지막 장의 '전반부'에 성큼 다가섰다. 임대차가 계약기간 만료滿了 등으로 종료되는 경우를 살펴보자. 이때 집주인 입장에서는 임대목적물을 세 줄 당시의 모양이나 상태대로 반환받는 문제가, 임차인 입장에서는 임차할 때 집주인에게 건네준 보증금을 고스란히 돌려받는 문제가, 가장 중요하다(임차인의 원상회복 상태로 된 임차물반환의무와 집주인의 보증금반환의무는 이른바 동시이행의 관계이다). 이하에서는 원상회복 상태일 것을 요하는 임차물반환의무부터 살펴보자.

'원상회복의무' 및 '철거권' 발생

임대차 계약기간 만료 시 임차인은 임대인에게 임차물을 반환하여야 할 계약상 의무를 부담한다. 이때 임차한 당시의 원상原狀에 회복하여 반환해야 하는데, 물론 임차인에게는 자신이 부속시킨 물건을 얼마든지 떼어 갈 수 있는 철거권撤去權도 있다(민법 제654조, 제615조[58]).

더러는 임대차계약에서 특약으로 임차인의 '원상회복의무'를 정해야 비로소 이 의무가 생긴다고 생각하는데, 그렇지 않다. 이 의무는 별도 특약 없이도 민법에 의해 주어진 의무로, 민법은 '임대차 편'에서 직접 규정하지 아니하고 '사용대차 편'에 있는 규정을 준용準用하고 있다. '사용대차' 편에 있는 제615조의 제목과 앞 문장을 임대차임을 전제로 하면, 제목은 "임차인의 원상회복의무와 철거권", 앞

58) 민법 제654조(준용규정)
제610조 제1항, 제615조 내지 제617조의 규정은 임대차에 이를 준용한다.
제615조(차주의 원상회복의무와 철거권)
차주가 차용물을 반환하는 때에는 이를 원상에 회복하여야 한다. 이에 부속시킨 물건은 철거할 수 있다.

문장은 "임차인은 임차물을 반환하는 때에는 이를 원상에 회복하여야 한다"하고 고쳐 읽을 수 있겠다.

원상회복의무의 '물적' 범위

임차인의 원상회복의무는 단순히 임대차 개시 당시의 최초 상태로 되돌리는 의무가 아니라 임대차계약에 따른 통상적 사용으로 인한 가치감소 곧 통상의 손모損耗 부분을 공제한 나머지에 대해서만 원상회복하게 할 의무가 있다고 봄이 타당하다(이른바 감가상각減價償却 개념을 떠올리면 되겠다). 민법 제626조 제1항이 목적물을 통상의 용도에 적합한 상태로 보존하기 위하여 지출된 비용 곧 '필요비'는 임대인이 부담하게 하는 것과도 그 궤를 같이한다.

결국 '원상회복의무'의 기준이 되는 '원상[59]'이란 임대차계약 체결 당시와 100% 같은 상태를 말하는 것이 아니라 임차인의 사용·수익에 따라 자연발생적·통상적 손모 부분을 제외한 상태를 말한다

---

59) 최근(2020. 7. 31.) 도입된 임차인의 '계약갱신청구권'의 영향으로, '임차가구'의 평균 계속거주기간이 종전의 '3.4년'보다 길어질 것이라 예상한다(반면 '자가가구'의 평균 계속거주기간은 '10.7년'이다). 이에 따라 임차인이 퇴거할 무렵에는 당초 '원상' 상태가 어떠했는지가 빈번하게 문제될 수 있다. 집주인이든 임차인이든 당초 임대차계약의 체결 당시 목적물의 상태를 사진이나 동영상으로 촬영하여 남겨두고, 특히 하자가 있는 부분이나 수리를 요하는 부분은 임대차계약서 특약 란에 명확히 기재해 두는 것이 분쟁의 빌미를 막을 수 있겠다.

고 하겠다. 만약 '원상회복'이라는 명목으로 통상의 손모 부분까지 임차인이 책임져야 한다면, 이는 임대인에게는 부당한 이중이익二重利益을 부여하는 데 반해 임차인에게는 '자기책임自己責任'의 범위를 벗어난 것을 부과하는 결과를 초래한다 하겠다.

이에 대해 법원도 「임차인은 임대차계약이 종료한 경우에는 임차목적물을 원상에 회복하여 임대인에게 반환할 의무가 있는데, 원상으로 회복한다고 함은 사회통념상 통상적인 방법으로 사용·수익을 하여 그렇게 될 것인 상태라면 사용을 개시할 당시의 상태보다 나빠지더라도 그대로 반환하면 무방하다는 것으로, 임차인이 통상적인 사용을 한 후에 생기는 임차목적물의 상태 악화나 가치의 감소를 의미하는 통상의 손모에 관하여는 임차인의 귀책사유가 없으므로 그 원상회복비용은 채권법의 일반원칙에 비추어 특약이 없는 한 임대인이 부담한다고 해야 한다. 즉, 임대차계약은 임차인에 의한 임차목적물의 사용과 그 대가로서 임료의 지급을 내용으로 하는 것이고, 임차목적물의 손모의 발생은 임대차라고 하는 계약의 본질상 당연하게 예정되어 있다. 이와 같은 이유로 건물의 임대차에서는 임차인이 사회통념상 통상적으로 사용한 경우에 생기는 임차목적물의 상태가 나빠지거나 또는 가치 감소를 의미하는 통상적인 손모에 관한 투하자본의 감가는 일반적으로 임대인이 감가상각비나 수선비 등의 필요경비 상당을 임료에 포함시켜 이를 지급받음으로써 회수하고 있다.」라고 판시하여, 임차인이 원칙적으로 부담하는 원상회복의무 물적 범위에서 '통상의 손모' 부분을 제외하였다(서울중앙지판 2005가합100279, 2006가합62053).

나아가 「따라서 건물의 임차인에게 건물임대차에서 생기는 통상의 손모에 관해 원상회복의무를 부담시키는 것은 임차인에게 예상하지 않은 특별한 부담을 지우는 것이 되므로 임차인에게 그와 같은 원상회복의무를 부담시키기 위해서는 적어도 임차인이 원상회복을 위해 그 보수비용을 부담하게 되는 손모의 범위가 임대차계약서의 조항 자체에서 구체적으로 명시되어 있거나 그렇지 아니하고 임대차계약서에서 분명하지 않은 경우에는 임대인이 말로써 임차인에게 설명하여 임차인이 그 취지를 분명하게 인식하고 그것을 합의의 내용으로 하였다고 인정되는 등 그와 같은 취지의 특약이 명확하게 합의되어 있어야 할 필요가 있다고 해석함이 상당하다」하고 판시하여, 임차인은 별도 특약을 한 경우에야 비로소 '통상의 손모' 부분에 대해서도 원상회복의무를 진다고 보았다(서울중앙지판 2005가합100279, 2006가합62053[60]).

---

60) 참고로 이 사례는 '상가임대차'의 경우로, 법원은 「사정이 이러하다면 원고(건물주)가 이 사건 건물의 원상복구공사를 위해 지출한 공사비 3,000만 원 중 통상의 손모에 해당하는 부분에 대한 공사비용은 피고(임차인)가 그 보수비용을 부담할 것은 아니므로 이를 공제하여야 할 것인데, 이를 확정할 자료가 없으므로 갑7호증의 1의 일부인 견적서의 내용에 비추어 통상의 손모에 해당하는 부분을 50%인 1,500만 원으로 봄이 상당하다. 따라서 피고는 원고에게 원상회복의무 불이행으로 인한 손해배상으로서 원상복구비용 3,000만 원 중 1,500만 원을 지급할 의무

원상회복의무의 '질적' 범위

한편 임차인의 원상회복의무 범위와 관련하여, 임대 당시의 부동산 용도에 맞게 다시 사용할 수 있도록 협력할 의무도 포함될까? 가령 주택임대차에서 임차인의 '주민등록 이전의무' 곧 전출轉出의무도 원상회복의무에 포함되는지 문제되는데, 당연히 포함된다. 대법원은 상가임대차에서 임차인의 상가건물의 영업허가에 대한 폐업신고절차 이행의무도 원상회복의무에 포함되는지 문제된 사건에서, 「임대차종료로 인한 임차인의 원상회복의무에는 임차인이 사용하고 있던 부동산의 점유를 임대인에게 이전하는 것은 물론 임대인이 임대 당시의 부동산 용도에 맞게 다시 사용할 수 있도록 협력할 것도 포함하기 때문이다. 따라서 임대인 또는 그 승낙을 받은 제3자가 임차건물 부분에서 다시 영업허가를 받는 데 방해가 되지 않도록 임차인은 임차건물 부분에서의 영업허가에 대하여 폐업신고절차를 이행할 의무가 있다.」하고 판시하였다(대판 2008다34903).

가 있다.」하고 결론지었다. 법원이 정한 통상 손모의 비율 '50%'는 필자가 짐짓 예상한 비율보다 높다.

2.

원상회복의무 ②

이어서 원상회복의무와 관련한 여타 쟁점도 살펴보자.

원상복구비용의 산출 기준

임차목적물이 임차인의 잘못으로 훼손되어 임차목적물에 대한 원상복구비가 임차목적물의 교환가치 감소분을 현저하게 넘는 경우에 그 손해배상은 원상복구비와 교환가치 감소분 중 어느 것을 기준으로 산출하여야 할까? '교환가치 감소분'으로 산출됨이 타당하다. 이에 대해 대법원도 「임대차목적물이 훼손된 경우에 그 수리나 원상복구가 불가능하다면 훼손 당시의 임대차목적물의 교환가치가 통상의 손해일 것이고 수리나 원상복구가 가능하다면 그 수리비나 원상복구비가 통상의 손해일 것이나 그것이 임대차목적물의 교환가치가 감소된 부분을 현저하게 넘는 경우에는 특별한 사정이 없는 한 일반적으로 경제적인 면에서 수리나 원상복구가 불능이라고 보아 형평의 원칙상 그 손해액은 임대차목적물의 교환가치 감소 부분 범위 내로 제한되어야 한다」하고 판시하였다(대판 97다15104). 이 같은 결론을 법리적으로 풀이하면, 이런 경우를 이행불능 중 객관적 불능 유형에 해당하는 '사회관념상 불능[61]'으로 본 데 따른 것이라 볼 수 있다.

집주인이 대신하여 원상회복시킨 경우

임차인이 임대차 종료로 인한 원상회복의무를 지체함으로써 집주인이 대신 원상회복을 완료한 경우 집주인이 입은 손해의 범위는, 집주인이 실제로 자신의 비용을 들여 원상회복시킨 날까지 합산한 임료 상당액일까, 아니면 임차인 스스로 원상회복을 할 수 있었을 가상假想의 날까지 합산한 임료 상당액일까? 만약 전자의 날짜를 기준으로 한다면 집주인의 의도적인 지연을 막기 어려울 것이므로, 후자의 날짜가 타당하다. 이에 대해 대법원도 「임대차 종료 시 임차인의 원상회복의무 지체로 인하여 임대인이 입은 손해는 이행지체일로부터 임대인이 실제로 원상회복을 완료한 날까지의 임대료 상당액이 아니라 임대인 스스로 원상회복을 할 수 있었던 기간까지의 임대료 상당액이다」하고 판시하였다(대판 97다15104[62]).

원상회복이 일부 미비된 경우

임대차계약이 종료되었을 경우, 목적물을 원상회복하여 반환할

---

61) 채무의 이행(채권의 목적)이 이론적으로 가능하지만 현실적으로는 불가능하다고 판단되는 경우를 말한다.

62) 참고로 이 사례는 임차인이 임차목적물인 '논'을 마사토 적치장 및 그 반출도로로 사용하기 위하여 임차한 경우였다. 마사토 채취작업이 끝나면 논을 원상으로 복구해 반환하기로 하고도 임차인이 이를 어기고 임대인에게 논을 복구해주지 않은 경우였다.

임차인의 의무와 연체차임과 건물명도의무의 이행에 이르기까지 발생한 손해배상채권 등을 공제한 나머지 임대차보증금을 임차인에게 반환할 임대인의 의무는, 서로 동시이행의 관계에 있다. 따라서 원칙적으로 임대차계약이 종료하더라도 임차인이 목적물을 원상회복하여 임대인에게 반환하거나, 그 이행의 제공을 하기까지는 임대인은 동시이행의 항변권을 행사하여 보증금의 반환을 거절할 수 있고, 그 한도 안에서 임대인은 임대차보증금 반환채무에 관하여 이행지체의 책임을 지지 아니한다 할 것이다.

그런데 임차주택이 반환되었으나 그 원상회복이 일부 미비되었다는 빌미로 집주인이 보증금 전액의 반환을 거부할 수 있을까? 이런 경우까지 집주인의 동시이행의 항변권 행사를 인정해서는 안 될 것이다. 대법원도 임차인이 금 326,000원이 소요되는 전기시설의 원상회복을 하지 아니한 채 건물을 반환하였는데 임대인이 이를 이유로 금 125,226,670원의 잔존 임대차보증금 전액의 반환을 거부한 사례에서, 「동시이행의 항변권은 근본적으로 공평의 관념에 따라 인정되는 것인데, 임차인이 불이행한 원상회복의무가 사소한 부분이고 그로 인한 손해배상액 역시 근소한 금액인 경우에까지 임대인이 그를 이유로, 임차인이 그 원상회복의무를 이행할 때까지, 혹은 임대인이 현실로 목적물의 명도를 받을 때까지 원상회복의무 불이행으로 인한 손해배상액 부분을 넘어서서 거액의 잔존 임대차보증금 전액에 대하여 그 반환을 거부할 수 있다고 하는 것은 오히려 공평의 관념에 반하는 것이 되어 부당하고, 그와 같은 임대인의 동시이행의 항변은 신의칙에 반하는 것이 되어 허용할 수 없다」하고 판시한 바 있다(대판 99다34697).

3.

원상회복의무 ③

나아가 임대차계약에 별도의 '원상복구조항'이 있는 경우 등을 살펴보자.

'원상복구'와 관련한 특약

(1) 먼저 단순하게 "건물 임차인이 임대차 종료 시 임차건물을 원상으로 복구하여 임대인에게 인도한다"하고 특약한 경우를 보자. 이 경우는 앞서 살펴본 민법 제654조, 제615조의 내용을 고스란히 특약 형태로 정한 것인데, 이때에는 경우에 따라 임차건물에 지출한 필요비나 유익비의 상환청구권을 임차인이 미리 포기하기로 한 취지로 해석될 여지도 있음에 유의하자. 반면 부속물매수청구권은 그 근거 규정이 '편면적[63] 강행규정'이므로 원칙적으로[64] 미리 포기한 것

으로 해석될 수 없다(민법 제646조, 제652조).

(2) 다음으로 "건물 임차인은 자신이 설치한 시설물에 대해 임대인에게 시설비를 요구하지 않는다"하고 특약한 경우를 보자. 이 경우는 임차인이 지출한 비용의 상환을 포기하는 대신에 원상복구의무도 부담하지 않기로 한 취지의 특약으로 볼 수 있다.

이에 대해 대법원도 「임대차계약서에 "임차인은 임대인의 승인하에 개축 또는 변조할 수 있으나 계약대상물을 명도 시에는 임차인이 일체 비용을 부담하여 원상복구하여야 함."이라는 내용이 인쇄되어 있기는 하나, 한편 계약체결 당시 특약사항으로 "보수 및 시설은

---

63) '임차인' 일방에게 불리한 약정만 무효로, '임대인' 일방에게만 불리한 약정은 유효하다는 뜻이다.

64) 다만 예외적으로 임대차계약 체결에 이른 구체적인 경위 등을 감안할 때 임대차계약 시 임차인의 부속시설의 소유권을 임대인에게 귀속시키기로 한 특약도 유효하다고 볼 경우도 있다. 이에 관하여 대법원은 「건물임차인인 피고들이 증·개축한 시설물과 부대시설을 포기하고 임대차 종료시의 현상대로 임대인의 소유에 귀속하기로 하는 대가로 임대차계약의 보증금 및 월차임을 파격적으로 저렴하게 하고, 그 임대기간도 장기간으로 약정하고, 임대인은 임대차계약의 종료 즉시 임대건물을 철거하고 그 부지에 건물을 신축하려고 하고 있으며 임대차계약 당시부터 임차인도 그와 같은 사정을 알고 있었다면 임대차계약 시 임차인의 부속시설의 소유권이 임대인에게 귀속하기로 한 특약은 단지 부속물매수청구권을 배제하기로 하거나 또는 부속물을 대가없이 임대인의 소유에 속하게 하는 약정들과는 달라서 임차인에게 불리한 약정이라고 할 수 없다」하고 판시한 바 있다(대판 81다1001).

임차인이 해야 하며 앞으로도 임대인은 해주지 않는다. 임차인은 설치한 모든 시설물에 대하여 임대인에게 시설비를 요구하지 않기로 한다." 등의 약정을 한 경우, 임차인은 시설비용이나 보수비용의 상환청구권을 포기하는 대신 원상복구의무도 부담하지 않기로 하는 합의가 있었다고 보아, 임차인이 계약서의 조항에 의한 원상복구의무를 부담하지 않는다」하고 판시한 바 있다(대판 98다6497).

(3) 마지막으로 "건물 임차인이 자신의 비용을 들여 증축한 부분을 임대인 소유로 귀속시키기로 한다"하고 특약한 경우를 보자. 이 경우는 임차인이 원상회복의무를 면하는 대신에 투입비용의 변상이나 권리주장을 포기하기로 한 취지의 특약으로 볼 수 있다.

이에 대해 대법원도 「건물 임차인이 자신의 비용을 들여 증축한 부분[65]을 임대인 소유로 귀속시키기로 하는 약정은 임차인이 원상회복의무를 면하는 대신 투입비용의 변상이나 권리주장을 포기하는 내용이 포함된 것으로서 특별한 사정이 없는 한 유효하므로, 그 약정이 부속물매수청구권을 포기하는 약정으로서 강행규정에 반하여 무효라

---

65) 이 사례에서 대법원은 「건물의 일부분이 구조상으로나 이용상으로 다른 부분과 구분되는 독립성이 있으면 구분소유권의 객체로 될 수 있다할 것인바, 건물의 증축 부분이 기존 건물 부분과 벽으로 구분되어 있고 기존 건물 부분과 무관한 용도로 사용되고 있다면 구조상으로나 이용상으로 독립되어 있어 구분소유권의 객체가 될 수 있다」하여, 해당 증축 부분이 건물 임차인 보유의 구분소유권 객체가 될 수 있다고 판시하였다.

고 할 수 없고 또한 그 증축 부분의 원상회복이 불가능하다고 해서 유익비의 상환을 청구할 수도 없다」하고 같은 취지로 판시한 바 있다(대판 94다44705).

원상회복 문제와 유익비상환·부속물매수 문제의 구별

임대차 거래실무에서는 특약으로 정한 '원상복구조항'을 근거로 집주인 쪽에서 임대차 종료 시 "임차인의 비용지출로 임대목적물의 가치 증가가 있는지(유익비상환청구권과 연관), 혹은 임차인이 한 독립한 물건의 부속행위로 임대목적물 사용에 편익을 가져왔는지(부속물매수청구권과 연관)는 관심 없다. 그저 임대차계약 체결 당시 상태로만 복구해 달라."하고 주장하는 경우가 더러 있다. 이런 경우 임차인 쪽에서도 별도 특약으로 정한 사정과 그 '원상복구'라는 용어의 강렬함(?)에 승복해서일까, 응당 유익비상환청구나 부속물매수청구를 구할 만한 사례인데도 짐짓 그만두는 경우를 자주 봐왔다.

하지만 이상에서 살펴본 '원상회복'의 문제와 후술할 '유익비상환'이나 '부속물매수'의 문제는 그 논의의 평면이 서로 다른, 그리하여 그 양립이 가능한 문제임을, 필자는 강조하고자 한다. 앞서 '원상회복의무'의 기준이 되는 '원상'이란 임대차계약 체결 당시와 꼭 같은 상태도 아닌, 임차인의 사용·수익에 따라 자연발생적·통상적 손모 부분을 제외한 상태라고 하였다. 그렇다면 이런 '원상' 상태로의 회복의 문제와 '원상' 상태에 별도의 가치 증가나 사용 편익을 가져온 행위에 대한 평가의 문제는, 비록 해당 부분이 물리적으로 중첩된다고 보일지라도 그 구별과 양립이 가능한 문제로 봄이 타당하다.

4. 건물명도 청구소송 등

한편 집주인은 임대차가 종료하였는데도 임차인이 임대목적물을 반환하지 않을 경우에 목적물의 반환을 청구하는 소송 곧 건물명도 청구소송을 제기할 수 있다. 이참에 '건물명도 청구소송' 등과 관련하여 살펴보자.

건물명도 청구소송의 경우

세 준 집의 소유자인 임대인은 임대차 종료를 이유로 임차인을 상대로 목적물 반환청구의 소 곧 건물명도 청구의 소를 제기할 때, 우선은 '소유권에 기한 반환청구권'을 청구원인으로 하는 경우가 대부분이다. 이에 대해 임차인이 임대차관계 존속에 기한 '점유할 권리' 곧 자신의 적법한 '임차권'을 주장할 때 비로소 핵심쟁점인 '임대차 종료 여부'에 관한 심리로 넘어간다.

신속하고 효과적인 건물명도의 강제집행을 위해, 집주인으로서는 소 제기 전후로 내용증명 우편발송 등의 방법을 통해 임차주택의 반환이 부당히 지체될 경우에 집주인이 입을 수 있는 재산적 손해의 내역에 대해 상세하게 알려줄 필요가 있다. 향후 임차인을 상대로 하는 손해배상 청구소송을 염두에 둔다면 요긴要緊한 절차다. 가령 임차인 불법점유의 장기화로 인하여 집주인이 제3자와 체결한 매매계약이 해제되고 매수인에게 위약금을 물어주어야 하는 상황[66]이 생길 수 있다고 하자. 이러한 상황에서 생길 수 있는 집주인의 손해는 민법상 '특별손해[67]'에 해당한다. 특별손해에 대해서는 채무자(임차인)가 그와 같은 사정을 알았거나 알 수 있었을 때에 한하여 배상책임을 지기 때문에(민법 제393조[68]), 집주인은 미리 알려줄 필요가 있다.

---

66) 세 준 집의 집주인(매도인)은 매매계약 체결 시 '언제까지 임차인을 내보내겠다'하는 약정을 할 때 주의를 요한다. 예기치 못한 사정이 생길 수 있을 것을 감안하여 매도인이 예상하는 기간보다 길게 잡을 필요가 있다. 만약 임차인의 건물명도를 쉽사리 장담하기 어려운 상황이라면, 매도인으로서는 '언제까지 임차인이 나가지 않을 경우 이미 받은 매매계약금을 반환하고 계약을 해제한다'하고 약정을 둘 필요도 있다.

67) 임차인의 불법점유나 부당점유로 인해 발생하는 집주인의 '통상손해'는 임료 상당의 액수에 그친다.

68) 민법 제393조(손해배상의 범위)
① 채무불이행으로 인한 손해배상은 통상의 손해를 그 한도로 한다.
② 특별한 사정으로 인한 손해는 채무자가 그 사정을 알았거나 알 수 있었을 때에 한하여 배상의 책임이 있다.

점유이전금지 가처분의 경우

건물명도 청구소송[69]에서 원고(집주인)는 가처분제도를 활용하면 소송계속 중에 피고(임차인)가 '임차권의 무단양도'나 '무단전대' 따위로 임차주택의 점유 상태에 변경을 가해도 법적으로 보호받을 수 있다. 곧 본안소송인 건물명도 청구의 소를 제기함과 동시에 또는 그 이전에 보전처분인 '점유이전금지 가처분'을 신청하여 본안소송의 피고적격被告適格을 고정시켜 건물명도 청구소송 도중에 피고가 다른 사람에게 점유를 넘겨도 강제집행이 가능하도록 하는 것이다.

건물명도 단행가처분의 경우

보다 신속하게 문제를 해결하고자 집주인은 본안소송인 건물명도 청구소송 대신에 '부동산인도 단행가처분'의 방법을 고려할 수도 있다. 이른바 '단행斷行가처분'이란, 본안소송의 판결에 기한 명도집행에 의하여 이행된 것과 같은 만족을 얻고자 하는 가처분을 말한다(반면 통상의 가처분은 피보전권리를 보전하는 데 그친다). 강력한

---

69) 임대차가 장기간 지속된 경우라면 집주인은 건물명도 청구의 소를 제기하기에 앞서 임차주택의 '주민등록 전입세대 열람'을 신청하여 '전입세대 열람 내역'을 확인할 필요가 있다(이 열람은 인터넷 신청으로는 안 되고 주민센터에 직접 방문하여 서류 신청을 하여야 한다). 만약 전입으로 확인된 사람이 임대차계약상 '임차인'(동거인 포함)이 아닌 '제3자'인 경우, 집주인은 건물명도 청구소송의 상대방(피고)으로 '임차인'과 그 '제3자'를 삼을 필요가 있다.

집행효력을 부여하는 만큼 단행가처분은 가처분 인용의 두 가지 요건인 '피보전권리'와 '보전의 필요성'에 대하여 채무자(불법점유 중인 임차인)의 항변이 허용되지 아니할 정도로 고도高度의 소명疏明을 필요로 한다.

그러나 임대차관계가 종료된 이후 임차인이 보증금을 반환받을 때까지(그와 함께 유익비나 필요비의 상환을 주장하는 경우도 있다) 건물명도를 거절하겠다고 항변하는 경우에는 충실한 심리를 요하는 경우가 많다. 이런 경우가 예상된다면 바로 건물명도의 소를 제기하여 본안판결에 기해 명도집행을 하는 것이 적절할 것이다. 이런 경우 건물명도 단행가처분을 신청한다면 대개 '보전의 필요성'에 대해 고도의 소명이 부족하다는 판단을 받기 십상일 테니 말이다. 그렇다면 건물명도 단행가처분은 현실적으로 「① 집주인이 건물명도 청구소송을 통해 집행권원을 확보하여 명도집행까지 마쳤는데 그 후 임차인이 불법적으로 다시 점유한 경우(만약 이때에도 다시 본안소송 절차를 진행시켜야 한다면 집주인에게 너무 번거롭고 부당하다), ② 임대차 종료 후 집주인과 임차인 사이에서 건물명도에 관한 합의가 이루어져 임대인이 합의금 명목의 금원을 지급했는데도 임차인이 건물명도를 미루고 있는 경우」와 같이 그 특별한 사정이 있는 경우에 활용할 여지가 있다(이러한 특별한 사정이 있는 경우라면 '주거침입'이나 '퇴거불응'으로[70] 형사고소도 고려해봄직 하다).

70) 형법 제319조(주거침입, 퇴거불응)

부동산 인도명령의 경우

'부동산 인도명령'이란 경매를 통해 부동산을 낙찰 받은 사람이 대금을 완납하고 소유권을 취득했으나 채무자나 점유자가 해당 부동산의 인도를 거부할 경우, 낙찰자가 별도의 명도소송 없이도 강제집행권원을 확보할 수 있도록 해 신속하게 부동산을 인도받는 제도를 말한다(민사집행법 제136조). 인도명령을 받기 위해서는 낙찰자가 대금을 완납한 날로부터 6개월 이내에 잔금완납증명서를 첨부해 해당 법원에 신청하여야 한다. 이러한 인도명령 결정은 신청 접수 후 통상 1주일 이내 내려지게 되고, 법원은 '인도명령 대상자'에게 '인도명령결정문'을 송달하게 된다. 낙찰자는 이 '인도명령결정문'과 상대방에게 송달됐다는 '송달증명원'을 가지고 관할법원의 집행관 사무실에 가서 강제집행신청을 하면 된다. 앞서 '제4장 7. 임차인의 선행행위와 모순된 거동' 부분에서 일정한 경우 임차인이 임차주택을 낙찰 받은 채권자의 부동산 인도명령을 다투는 것은 '금반언' 및 '신의칙'에 위배되어 허용되지 않는다고 한 사례를 살펴본 바 있다(대결 99마4307).

---

① 사람의 주거, 관리하는 건조물, 선박이나 항공기 또는 점유하는 방실에 침입한 자는 3년 이하의 징역 또는 500만원 이하의 벌금에 처한다.

② 전항의 장소에서 퇴거요구를 받고 응하지 아니한 자도 전항의 형과 같다.

부동산 인도명령 집행실무상 권리 존부나 점유권원 존부가 불확실한 임차인이나 유치권자가 인도하지 못하겠다고 버티는 경우가 있다. 현실적으로 이들을 상대로 해서는 법원의 인도명령결정을 받아내기도 쉽지 않다. 이럴 경우 낙찰자가 강구할 수 있는 적극적인 대응방안을 살펴보자. 첫째, 민사적 방안으로 이들을 상대로 건물명도 청구소송의 본안판결을 받아내는 것이다. 이때 앞서 살펴본 점유이전금지 가처분은 필수적이다. 핵심쟁점인 대항력 있는 임차권이나 유치권이 있다는 점에 대하여는 피고(임차인, 유치권자)가 그 입증책임을 지므로 원고(낙찰자)에게 결코 불리한 소송이 아니다. 설령 피고가 진정한 유치권자나 임차인으로 판정 나더라도 그런 것이, 원고(낙찰자)는 전부 패소당하지 아니하고 유치권의 채권액이나 임차권의 보증금액의 지급과 건물명도를 맞바꾸기로 하는 이른바 '상환이행 인도판결'을 받게 됨에 그친다(소송비용도 각자 부담일 가능성이 높다). 둘째, 형사적 방안으로 가장假裝임차인이나 가장假裝유치권자를 상대로 형법 제315조[71] '위계에 의한 경매방해죄'로 고소하여 형사처벌을 구하는 것이다.

---

71) 형법 제315조(경매, 입찰의 방해)
위계 또는 위력 기타 방법으로 경매 또는 입찰의 공정을 해한 자는 2년 이하의 징역 또는 700만원 이하의 벌금에 처한다.

5.
임대차 만료 후 임차인이 계속 점유하는 경우 ①

이번에는 임대차기간이 만료하였는데도 임차인이 임차목적물을 계속 점유하고 있는 경우의 법률관계를 다뤄보자. 집주인이 보증금을 반환해주지 않은 경우와 반환해 준 경우 이렇게 양 갈래로 나누어 보자. 임대차 거래실무상 전자의 경우가 빈번하니만큼 집주인이 보증금을 반환해 주지 않고[72] 있는 경우부터 살펴보자.

보증금 미반환 시 동시이행의 관계 및 부당이득 반환책임

임대차 만료 후 임차인이 임차목적물을 인도할 의무와 집주인이 보증금(에서 정산한 나머지 금액)을 반환할 의무는 동시이행의 관계에 있다. 따라서 임대차 만료 후에도 임차인이 보증금 미지급을 이유로 동시이행의 항변권을 행사하여 임차목적물을 계속 점유해왔다면, 임차인의 계속된 점유는 '불법점유'라 할 수 없어 임차인은 불법행위로 인한 손해배상책임을 지지 않는다. 다만 임차인에게는 임대차 만

72) 종종 집주인은 새 임차인이 들어오지 않는다는 이유로 당당하게(?) 보증금 반환을 거부하는 경우가 있다. 법리적으로 본다면 새 임차인이 들어오지 않는다는 것은 적법한 거부사유가 되지 못한다. 집주인의 개인 사정에 불과할 뿐이다.

료일 이후부터 실제 부동산 인도 완료일까지 그 부동산을 사용・수익함에 따른 '차임 상당의 부당이득금'을 반환할 의무도 있다(임대차기간 만료일까지는 계약에서 정한 '차임'을 지급할 의무가 있다).

대법원도 「임대차 종료 후 임차인의 임차목적물 명도의무와 임대인의 연체임료 기타 손해배상금을 공제하고 남은 임차보증금 반환의무와는 동시이행의 관계에 있으므로, 임차인이 동시이행의 항변권에 기하여 임차목적물을 점유하고 사용・수익한 경우 그 점유는 불법점유라 할 수 없어 그로 인한 손해배상책임은 지지 아니하되, 다만 사용・수익으로 인하여 실질적으로 얻은 이익이 있으면 부당이득으로서 반환하여야 한다」하고 같은 취지로 판시하고 있다(대판 98다15545[73]).

73) 계속하여 이 사례에서 대법원은 대항력과 우선변제권을 겸유하고 있는 임차인이 배당요구를 하였으나 보증금 중 일부만을 배당받은 후 임차목적물 전부를 계속하여 사용・수익하는 경우 임차인에게는 배당받은 보증금에 해당하는 부분에 대하여 부당이득반환의무가 있는지에 대하여, 「주택임대차보호법상의 대항력과 우선변제권을 겸유하고 있는 임차인이 배당요구를 하였으나 보증금 전액을 배당받지 못하였다면 임차인은 임차보증금 중 배당받지 못한 금액을 반환받을 때까지 그 부분에 관하여는 임대차관계의 존속을 주장할 수 있으나 그 나머지 보증금 부분에 대하여는 이를 주장할 수 없으므로, 임차인이 그의 배당요구로 임대차계약이 해지되어 종료된 다음에도 계쟁 임대 부분 전부를 사용・수익하고 있어 그로 인한 실질적 이익을 얻고 있다면 그 임대 부분의 적정한 임료 상당액 중 임대차관계가 존속되는 것으로 보는 배당받지 못한 금액에 해당하는 부분을 제외한 나머지 보증금에 해당하는 부분에 대하여는 부당이득을 얻고 있다고 할 것이어서 이를 반환하여야 한다」하고 판시하였다(대판 98다15545).

이때 월세 없이 보증금만 있는 '전세계약'의 경우는 어떨까? 그 계약이 만료한 후 임차인이 계속하여 임차목적물을 사용·수익하고 있다면, 임차인은 임료에 준하는 사용·수익의 가액 상당액을 부당이득하고 있는 것이다. 이에 상응하여 집주인도 임대보증금을 반환하지 않고 있는 이상 보증금에서 다달이 발생하는 이자 상당액만큼 부당이득하고 있는 것이다. 따라서 집주인은 보증금을 임차인에게 반환하지 않는 한, 임차인을 상대로 사용·수익 명목의 임료를 부당이득으로 청구할 수 없다고 봄이 타당하다(대판 91다27594 참조).

실제로 사용·수익에 따른 이득이 있는지

이때 법원은 임차인 보호 차원에서 임차인이 실제로 사용·수익하고 있는 경우[74]에만 부당이득을 성립시킨다(이에 반해 실제로 사용·수익하고 있는 사정을 묻지 말고 '이용가능성'이 있는지 여부만으로 이득利得 여부를 판별하자는 견해도 유력하다). 곧 대법원은 「법률상의 원인 없이 이득하였음을 이유로 한 부당이득의 반환에 있

74) 가령 경매 중인 임차주택에 보증금을 반환받지 못한 임차인이 이사를 가면서 대항력을 유지하기 위하여 일부 짐을 풀어두고 잠금장치를 해 두고서 점유를 계속하는 경우가 있다고 하자(이런 경우에 임차인은 '임차권등기명령' 제도를 활용할 수 있기는 하다). 이때 임차인의 실제 사용·수익에 따른 '이득'은 부정되고 '이용가능성'만 인정된다고 볼 수 있다. 임차인이 임대차기간 만료 후 실제로 주택에 거주하지 않아 차임 상당의 부당이득금을 부담하지 않으려면 어떤 준비가 필요할까? '객관적인 증거자료' 예컨대 이사나간 사실과 다른 곳에 거주하고 있는 사실을 밝힐 자료를 준비할 것을 요한다.

어 이득이라 함은 실질적인 이익을 의미하므로, 임차인이 임대차계약 관계가 소멸된 이후에 임차건물 부분을 계속 점유하기는 하였으나 이를 본래의 임대차계약상의 목적에 따라 사용·수익하지 아니하여 실질적인 이득을 얻은 바 없는 경우에는, 그로 인하여 임대인에게 손해가 발생하였다고 하더라도 임차인의 부당이득반환의무는 성립하지 아니하는 것이고, 이는 임차인의 사정으로 인하여 임차건물 부분을 사용·수익을 하지 못하였거나 임차인이 자신의 시설물을 반출하지 아니하였다고 하더라도 마찬가지이다」 하고 명확하게 그 입장을 밝혔다(대판 98다8554).

이와 같이 법률상 원인 없이 임차건물을 점유해도 이를 실제로 사용·수익하지 못하였다면 부당이득 성립요건인 '이득'이 없는 것으로 봐야 한다는 대법원의 입장은, 목적물반환의무를 부담하는 임차인이 동시이행의 항변권으로 이른바 '부동산인도 거절권능'을 가지는 경우에만 적용됨에 거듭 유의하자.

'위약금' 청구의 경우

같은 맥락의 문제다. 동시이행의 관계로 채무자(임차인)가 채무불이행(임차목적물반환 이행지체)을 하는 데에 위법성이 없는 경우, 채권자는 위약금(약정지연손해금)을 청구할 수도 없음에 유의하자. 이에 관해 대법원도 「임차인이 임차건물을 명도할 의무와 임대인이 임대보증금 중 미지급월임료 등을 공제한 나머지 보증금을 반환할 의무가 동시이행관계에 있는 이상, 임대인이 임차인에게 위 보증금반환의무를 이행하였다거나 그 현실적인 이행의 제공을 하여 임차인의 건물명도의무가 지체에 빠졌다는 사실이 인정되지 않는다면 임차인은 임대차기간 만료 후 명도를 지연할 경우 지급키로 한 약정지연손해금을 지급할 의무가 없다」 하고 판시한 바 있다(대판 86다카2476).

6. 임대차 만료 후 임차인이 계속 점유하는 경우 ②

반면에 임차인이 보증금을 반환받았는데도 계속하여 임차목적물을 점유하고 있는 경우와, 아울러 임차인이 임대차기간 만료 전에 이사나간 경우에 발생할 수 있는 문제도 살펴보자.

보증금 반환 시 '불법점유'에 따른 손해배상책임

집주인이 임차인에게 보증금을 이미 반환해 주었거나 그에 상응하는 '변제공탁' 등의 방법을 활용하여 '현실적인 이행의 제공[75]'을

75) 다만 필자의 소송경험에 비추어보면, 법원이 요구하는 '현실제공'의 이

하여(민법 제460조[76] 참조) 임차인의 임차목적물 인도의무가 '이행지체'에 빠지게 된 경우를 살펴보자.

이런 경우 임차인은 동시이행의 항변권을 상실하게 되어 채무자(임차인)의 채무불이행(임차목적물반환의 이행지체)에 위법성이 있으므로 손해배상책임을 부담한다(건물명도 지체 시 손해배상의 예정으로 지급하기로 약정한 위약금도 지급할 의무가 있다). 이런 경우 임차인의 계속된 점유는 이른바 '불법점유'에 해당하므로, 집주인은 임차인이 실제로 사용·수익하고 있는지 그 사정 여하에 불문하고 기존 임료 상당액을 통상손해로 지급하라고 청구할 수 있다.

한편 특이한 사례도 한 번 살펴보자. 앞서 '제3장 2. 임차인이 지는 의무 ①' 부분에서 임차건물이 원인불명의 화재로 소실한 경우, 그 화재가 '누가(임대인 또는 임차인) 지배하고 관리하는 영역에 존재하는 하자로 인하여 발생한 것인지'에 따라 그 화재로 인한 목적물 반환의무의 이행불능 등에 따른 손해배상책임을 따진다고 하였다. 만

행 정도는 그 수준이 높고, 이러한 사실에 대한 증명도 생각하기보다 까다롭다(특히 '현실제공'의 이행을 받는 상대방이 임차인인 경우는 더욱 그렇다).

76) 민법 제460조(변제제공의 방법)
변제는 채무내용에 좇은 현실제공으로 이를 하여야 한다. 그러나 채권자가 미리 변제받기를 거절하거나 채무의 이행에 채권자의 행위를 요하는 경우에는 변제준비의 완료를 통지하고 그 수령을 최고하면 된다.

약 임대차기간 만료 후 집주인이 보증금을 제시하였으나(곧 '현실제공'에 이르렀으나) 임차인이 새로 이사 갈 곳을 구하지 못해 차일피일 임차물반환을 미루던 중 임차인과는 무관한 인근건물의 화재로 임차건물이 소실되었다면, 어찌될까? 이런 경우 임차건물 소실에 따른 손해는 임차인이 그 이행기 내에 임차물을 반환하였다 하더라도 피할 수 없었던 손해이다. 따라서 임차인은 임차건물 소실 시까지의 거주에 따른 차임 상당의 손해에 대해서는 책임지지만, 화재 자체로 인한 손해에 대해서는 이행지체와 건물 소실로 인한 손해 사이에는 이른바 '상당인과관계'가 없으므로 책임지지 않는다고 할 것이다.

임차인이 임대차기간 만료 전에 이사나간 경우

살다보면 피치 못할 사정으로 갑작스레 이사해야 하는 경우[77]가 생긴다. 이런 경우 첫 번째로 임차인이 잔존 기간의 월세(차임)를 모두 부담해야 하는지, 그래서 임차인이 돌려받을 보증금에서 잔존 기간의 차임 합계액을 공제당하는 것이 타당한지 하는 문제와, 두 번째로 집주인이 새 임차인을 들이는 데 지출할 중개수수료를 종전 임차인한테 전가轉嫁시키는 것이 타당한지 하는 문제가 빈발하게 생긴다. 순서대로 살펴보자.

---

77) 임대차계약 체결 시 가까운 시일 내에 해외인사발령 등이 예상된다면, 임차인으로서는 임대차계약 체결 시 "임차인이 ○○사유로 인하여 이사 나가야 하는 경우에는 임대차기간 만료 전에도 임대차계약을 해지할 수 있다"하고 이른바 '임의해지권'을 설정하는 특약을 둘 것을 권한다.

(1) 첫 번째 문제에서 집주인으로서는 "임차인은 남아있는 임대기간에 해당하는 임료 합계 금액 상당을 부담하라. 그렇지 않으면 임차인의 계약해지 요구에 응하지 않겠다."하고 주장할 수 있다. 반면 임차인으로서는 "정말 부득이한 사정으로 나가는 것인데, 잔존 기간의 차임을 모두 지급하고 나가라고 하면 너무 억울한 것 아닙니까?" 하고 통사정할 수 있다.

이런 경우 양자 사이에 적절한 금액으로 합의하고 해지하면 좋으련만, 합의가 되지 않을 경우 어떻게 처리하는 것이 타당할까? 이에 관한 명확한 판단기준을 제시한 대법원판례가 없다. 이참에 필자 의견을 밝혀보자. 임차인은 약정한 임차기간까지 사용·수익하지 못한 데 따른 채무불이행책임으로 '3개월분 차임'을 배상하고 임대차관계의 법적 구속에서 해방된다고 보면 어떨까?

이 같은 필자의 견해는, 「① 앞서 '제5장 2. 원상회복의무 ②' 부분에서 대법원이 임대차 종료 시 임차인의 원상회복의무 지체로 인해 입은 집주인의 손해는 이행지체일로부터 실제로 집주인이 원상회복을 완료한 날까지가 아니라 집주인 스스로 원상회복을 할 수 있었을 가상假想의 날까지의 임료 상당액이라고 판시한 점(대판 97다15104), ② 임대차 거래실무에서 3개월 정도면 새 임차인을 들이는데 부족하지 않은 기간인 점, ③ 새 주택임대차법 제6조의3(계약갱신요구 등) 제6항 제1호에서 임대인(직계존속·직계비속 포함)이 임차주택에 실제 거주하려는 경우(제6조의3 제1항 제8호)를 사유로 새롭게 도입된 임차인의 계약갱신요구를 거절하였음에도 불구하고 정당한 사유 없이 제3자에게 임차주택을 임대한 경우 임대인이 배상할 손해배상액의 세 가지 기준 중 하나가 '갱신거절 당시 환산월차임의 3개월분에 해당하는 금액'인 점」을, 그 근거로 한다.

울며 겨자 먹기로 잔존 기간의 차임 합계액을 보증금에서 죄다 공제하고 임차기간 만료 전에 이사를 간 임차인이 있다고 하자. 그런데 잔존 기간이 도과하기 전에 집주인이 새 임차인을 들여 다시 임대한 경우라면, 이 같은 사실을 알게 된 종전 임차인 입장에서는 뭔가 막연하지만 억울한 심정 들지 않겠는가? 법리적으로 이런 경우라면, 적어도 새 임차인이 임대차계약을 체결하고 이사 온 때에는, 집주인이 종전 임차인과의 임대차계약을 해지하는 데 묵시적으로 합의한 것으로 볼 수 있겠다. 그렇다면 기존 임차인은 집주인이 새 임차인한테서 차임을 받는 때부터는 더 이상 차임을 지급할 의무가 없다. 만약 집주인이 기존 임차인과 새 임차인 양쪽으로부터 이중으로 차임을 받았다면, 기존 임차인의 보증금에서 공제한 차임 부분은 '부당이득'으로 이를 반환해 줄 의무가 있다.

(2) 두 번째 문제에서 흔히들 임차인 사정으로 계약을 어기고 나가는 만큼 이에 대한 변상辨償조로 중개수수료를 대신 부담하는 것이 '부동산 거래관행'이라고 한다(임차인이 새로 들어올 세입자를 집주인을 대신하여 구해주고 나오는 것도 마찬가지다). 이 경우에도 명

확한 판단기준을 제시한 대법원판례가 없다. 다만 법원은 임대차기간을 1년으로 약정한 임차인이 잔여기간 3개월을 남기고 나갈 경우에 집주인이 새 임차인과 임대차계약을 맺으면서 지출한 중개수수료는 특별한 약정이 없는 한 임차인이 부담할 성질이 아니라고 보았다. 이와 같이 판시한 근거로 「임대인은 임차인이 약정한 임대차기간이 종료되기 전에 계약관계 청산을 요구하였기 때문에 중개수수료를 부담하여야 한다고 주장하나, 임차인과의 임대차계약이 정상적으로 종료된 경우에도 임대인은 어차피 새로운 임차인과 임대차계약을 체결하기 위하여 중개수수료를 지불하여야 하므로, 임차인이 중개수수료를 부담하여야 한다고 볼 수 없다」고 밝혔다(서울지판 97나55316).

이 문제에도 필자 의견을 밝혀보자. 임대차 거래실무에서 새 임차인을 들이지 못한 사유로 계약기간 만료 후에도 보증금 반환이 2~3개월 늦춰지는 경우가 다반사인 사정을 감안할 때 계약 종료 2~3개월 전에 하는 이사만큼은 임대차의 정상적인 종료로 보아, 중개수수료 부담 문제는 논외로 삼는 것이 타당하겠다(당연히 집주인 부담이라는 것이다). 이런 경우가 아니더라도, 곧 잔존 계약기간이 얼마나 남았는지에 불문하고, 적어도 법리적으로는 집주인이 부담하는 것이 타당하다. 새 임차인을 구하는 중개의뢰인은 집주인이지 임차인이 아니기 때문이다. 새 임차인을 구하는 중개계약의 당사자는 집주인과 공인중개사 두 사람뿐이다. 물론 당초 임대차계약에서 "계약 만료 전에 임차인이 이사할 때에는 부동산 중개수수료를 임차인이 부담한다"하고 약정하였다면, 집주인은 이 약정에 근거하여 얼마든지 적정 중개보수의 부담을 임차인에게 전가시킬 수 있다.

7. 유익비상환청구권

앞서 '제3장 1. 임대인이 지는 의무' 부분에서 임대인의 '필요비상환의무' 곧 이에 호응하는 임차인의 '필요비상환청구권'을 간단히 살펴보았다(민법 제626조 제1항). '필요비'란 목적물을 통상의 용도에 적합한 상태로 보존하고자 지출된 비용으로, 임차인은 임대차 계속 중 그때그때 청구할 수 있다. 이번에는 임대차 종료 시에야 비로소 청구할 수 있는 '유익비상환청구권'과 임차인이 부속시킨 물건이 독립한 것으로 임차인이 그 소유권을 가지는 경우를 전제하는 '부속물매수청구권'도 살펴보자.

최근 주택임대차법 제6조의3은 임차인에게 '계약갱신청구권'을 부여하여 임차인 주도하에 적어도 4년의 거주를 보장하였기에, 앞으로는 임차인이 자비를 들여 임차건물을 수리하거나 개조하는 경우가 늘 것이라 예상한다. 이에 비례하여 이들 권리의 활용도 많아질 것이라 예상한다. 그럼 유익비상환청구권부터 살펴보자(민법 제626조 제2항).

'유익비'

먼저 유익비[78]란, 목적물 보존을 위해 반드시 필요한 것은 아니지만, 목적물의 본질을 변화시키지 않고 개량改良하기 위하여 지출한 비용을 말한다. 오로지 이용자의 편익을 위해 지출된 것만으로는 부족하고, 목적물의 객관적 가치를 증가케 하는 것이어야 한다. 예전 같으면 '연탄 보일러'에서 '도시가스 보일러'로 교체한 데 든 비용, 요즘 같으면 거실 천장天障에 시스템 에어컨을 설치한 데 든 비용 따위는, 건물의 객관적 가치를 증가케 하므로 유익비에 해당한다고 볼 것이다. 또한 그 지출에 의한 개량이 임차목적물의 구성부분으로 되어 그 소유권이 집주인에게 귀속되는 경우라야 한다. 만약 개량물이 임차물과 별개 독립된 것으로서 그 소유권이 임차인에게 귀속되는 경우에는 후술할 부속물매수청구권이 문제된다.

---

78) 유익비는 '필요비'와, 「① 임차물의 가액증가가 현존해야 하는 점, ② 집주인이 실제지출액과 가치증가액 중 택일하여 상환할 수 있는 점, ③ 임차인은 계약이 종료한 때에 비로소 청구할 수 있는 점」에서 구별된다. 반면 「① 둘 다 임차인이 비용을 지출한 부분의 소유권이 집주인에게 귀속되는 경우를 전제한다는 점, ② 둘 다 '임의규정'에 해당하여 민법 제626조의 규정에 위반하여 임차인한테 불리하게 약정하여도 유효한 점, ③ 둘 다 임차인이 임차목적물을 반환한 날로부터 6월내에 비용상환을 청구하여야 한다는 점(민법 제654조, 제617조)」에서는 동일하다.

민법 규정에 반하는 약정의 효력

앞서 '제5장 3. 원상회복의무 ③' 부분에서 '원상복구조항'과 관련하여 살펴보았는데, 임차인의 비용상환청구권에 관한 규정(민법 제626조)은 이른바 '편면적 강행규정'이 아니므로 이에 반하는 약정도 얼마든지 유효하다. 예를 들어 "임차인이 임차건물을 증·개축하였을 시는 임대인의 승낙유무를 불구하고 그 부분이 무조건 임대인의 소유로 귀속된다"고 약정하였다고 하자.

이 약정의 의미와 효력에 관해 대법원은, 「이 같은 약정은 임차인이 원상회복의무를 면하는 대신 투입비용의 변상이나 권리주장을 포기하는 내용이 포함되었다고 봄이 상당하다 할 것이고, 이러한 약정은 특별한 사정이 없는 한 유효하다」하고 판시한 바 있다(대판 80다589). 나아가 이 사건에서 대법원은 「이 사건에서 건물 자체의 수선 내지 증·개축 부분은 특별한 사정이 없는 한 건물 자체의 구성부분을 이루고 독립된 물건이라고 보이지 않으므로 임차인의 부속물매수청구권의 대상이 될 수 없다」고 판시하여(대판 80다589), 유익비상환청구권과 부속물매수청구권이 갈라지는 대목(독립된 물건인지 아닌지)을 명확히 밝혔다.

유익비 지출 이후 집주인이 바뀐 경우

집주인이 세 놓은 주택을 매도하고자 매매계약을 체결하기 이전에 그 주택의 임차인이 이미 임차부분을 수리하여 유익비가 발생하였다고 하자. 이런 경우 임대차 종료 시 임차인은 임대인 지위 승계를 이유로 '바뀐 집주인'을 상대로 유익비 상환을 구하면 될 것이다(주택임대차법 제3조 제4항). 한편 매도인과 매수인 사이에서는 누가 유익비를 부담할까? 이들 내부관계에서 유익비를 상환할 의무는 매도인에게 있다고 봄이 타당하다. 「① 임차인의 유익비 지출에 따른 매각건물의 객관적 가치 증가분을 매매대금 산정에서 평가받은 점, ② 종전 매도인에게 이미 발생한 '연체차임채권'은 임대인 지위를 승계한 매수인이 매도인과 사이에서 별도로 채권양도 요건을 갖추어 양도받지 않는 이상 여전히 매도인의 몫으로 남는 점(대판 2008다3022)」을 감안할 때 그렇다.

이에 관해 대법원도 「이 사건 부동산에 관한 유익비의 경우, 원고(매도인, 종전 집주인)과 피고(매수인, 바뀐 집주인) 사이의 매매계약 이전에 소외 임차인이 그 임차부분을 수리하여 발생한 것은 증거에 의해 명백하므로 그로 인한 가치증가는 매매대금 결정에 반영되었다고 할 것이고 따라서 특별한 사정이 없는 한 이는 원고가 부담할 성질의 것이라 할 것이다」고 하여(대판 88다카32425, 32432), 종전 집주인이 부담한다고 판시하였다. 세 놓은 주택을 파는 매도인 입장에서는 매매계약 체결 시 "추후 발생할 수 있는 임차인 지출에 따른 유익비는 매수인이 부담한다"는 약정을 해 둘 필요가 있겠다.

위 사건의 대법원은 「매매목적부동산을 사용하여온 임차인이 부동산 매매계약체결 이전에 그 부동산의 임차부분을 수선하여 발생한 유익비는 그로 인한 가치증가가 매매대금결정에 반영되었다 할 것이므로 특별한 사정이 없는 한 매도인이 이를 부담할 성질의 것이라 할 것이니, 매수인이 임차인의 점유부분을 명도받기 위하여 임차인을 상대로 명도청구소송을 제기한 결과 임차인의 유익비상환청구권이 인정되어 이를 상환하였다면 매도인에 대하여 명도채무불이행으로 인한 손해배상으로서 구상할 수 있다」하고 판시하였다(대판 88다카32425, 32432).

유익비 지출을 이유로 '유치권'을 행사할 수 있는지

결론부터 밝히면, '유익비상환청구권'은 유치권의 성립요건을 정한 민법 제320조 제1항[79]의 '그 건물에 관하여 생긴 채권'에 해당하므로, 임차인은 유치권을 적법하게 행사[80]할 수 있다. 대법원도 임차인이 지

79) 민법 제320조(유치권의 내용)
① 타인의 물건 또는 유가증권을 점유한 자는 그 물건이나 유가증권에 관하여 생긴 채권이 변제기에 있는 경우에는 변제를 받을 때까지 그 물건 또는 유가증권을 유치할 권리가 있다.

80) 소송실무상 유익비상환청구권은 임차인이 유익비상환을 직접 청구하는

출한 '전기동력 시설비'와 '건물내부 시설비'를 유익비로 보고 유익비상환청구권에 기한 유치권 행사를 인정한 바 있다(대판 75다1305).

반면 임차인의 '보증금반환청구권'이나 '손해배상청구권'은 이른바 채권과 물권 사이의 '견련관계'가 없으므로 이들 채권에 기해서는 유치권을 행사할 수는 없다[81]. 후술할 '부속물매수청구권'은 그 소유권이 임차인에게 있으므로 임차인은 부속물에 기하여 이른바 '타他(인 소유의)물권物權'을 전제로 하는 유치권을 취득할 수 없다.

8.

부속물매수청구권

이번에는 건물임차인이 자신의 권원(임차권)에 기하여 증·개축

소를 제기하는 형태로 주장되기보다는 집주인이 제기한 건물명도 청구소송에서 '유치권' 항변의 피담보채권으로 주장되는 경우가 많다.

81) 위 사례에서 대법원도 「건물의 임대차에 있어서 임차인의 임대인에게 지급한 임차보증금반환청구권이나 임대인이 건물시설을 아니하기 때문에 임차인에게 건물을 임차목적대로 사용 못한 것을 이유로 하는 손해배상청구권은 모두 민법 320조 소정 소위 그 건물에 관하여 생긴 채권이라 할 수 없다」하고 판시한 바 있다(대판 75다1305).

한 부분이 '독립성'을 가질 경우에 행사할 수 있는 '부속물매수청구권'에 대해 살펴보자. 민법 제646조(임차인의 부속물매수청구권)는 「① 건물 기타 공작물의 임차인이 그 사용의 편익을 위하여 임대인의 동의를 얻어 이에 부속한 물건이 있는 때에는 임대차의 종료 시에 임대인에 대하여 그 부속물의 매수를 청구할 수 있다. ② 임대인으로부터 매수한 부속물에 대하여도 전항과 같다.」하고 정하였는바, 동 규정은 편면적 강행규정으로서 임차인에게 불리한 약정은 무효[82]가 된다(민법 제652조).

'부속물' 및 이에 대한 권리행사

임차인이 설치한 물건이 임차목적물의 구성부분이 되면 집주인이 그 물건의 소유권을 가지는 데 반해(이 경우 앞서 살펴본 바와 같이 필요비 · 유익비 상환의 문제가 발생함), 그 설치한 물건이 독립한 존재일 경우에는 곧 부속물附屬物인 경우에는 임차인이 그 물건의 소유권을 가진다. 부속물이란, 집주인 '동의'로 건물에 부속된 물건으로 임차인 소유에 속하고 건물 구성부분으로 되지 아니하며 건물 사용에 객관적인 편익을 가져오게 하는 물건을 말한다(오로지 임차인

82) 다만 앞서 '제5장 3. 원상회복의무 ③' 부분에서 언급한 대법원판례(대판 81다1001)와 같이, 예외적으로 임대차계약 체결에 이른 구체적인 경위 등을 감안할 때 임대차계약 시 임차인의 부속시설의 소유권을 임대인에게 귀속시키기로 한 특약도 유효하다고 볼 경우도 있다.

의 특수목적에 사용되기 위해 부속시킨 것일 때에는 이에 해당하지 않는다). 재차 정리하면, 임차인이 자신의 권원(임차권)에 기하여 증·개축한 부분이 독립성을 가지면 민법 제256조 단서[83]에 따라 증축한 자의 소유에 속하지만(이 경우에 '부속물매수청구권'이 문제된다), 그 부분이 독립성을 가지지 않아서 기존 건물의 구성부분이 되면 건물소유자가 그 부분의 소유권을 취득한다(이 경우에 '비용상환청구권'이 문제된다).

임차인은 임대차 종료 시 한편으로 앞서 '제5장 1. 원상회복의무 ①' 부분에서 살펴본 바와 같이 '철거권'을 행사하여 부속물을 떼어갈 수 있고(민법 제654조, 제615조), 또 한편으로 '부속물매수청구권'을 행사하여 부속물 분리·수거에 따른 경제적 가치 감소를 미연에 방지할 있다.

부속물매수청구권의 행사

부속물매수청구권은 유익비상환청구권과 같이 '임대차 종료 시'에 인정된다(다만 유익비상환청구권과 같은 별도의 '행사기간'은 없다). 또한 법에서 정한 집주인의 '동의'란, 건물 공사 따위에 대한 허락을 말하는 것이지, 나중에 임차인이 행사할 부속물매수청구권에 대

---

83) 민법 제256조(부동산에의 부합)
부동산의 소유자는 그 부동산에 부합한 물건의 소유권을 취득한다. 그러나 타인의 권원에 의하여 부속된 것은 그러하지 아니하다.

한 동의를 말하는 것이 아니다(임대인의 '동의' 없이 부착시킨 물건에 대해 부속물매수청구권은 인정되지 아니하고 철거권만 인정된다).

만약 임대차계약이 임차인의 채무불이행으로 인하여 해지된 것이라면, 부속물매수청구권은 인정되지 않는다(대판 88다카7245). 차임연체 따위로 임대차가 해지된 경우 임대차 종료에 귀책사유가 있는 임차인에게 일종의 불이익penalty을 주는 셈이다. 이 같은 판례 경향은 부속물매수청구권이라는 법정의 권리가 본인(집주인) 의사와는 무관하게 부속물을 매수하도록 하는 효력을 발생시켜 자신의 소유권 보유 및 행사에 중대한 법적 제한을 가하는 사정을 감안하여 그 균형을 맞추기 위함이다.

부속물매수청구권은 앞서 '제3장 4. 차임증감청구권' 부분에서 살펴본 바 있는 '사법상 형성권'이다. 곧 임차인의 일방적 의사표시에 의해 매매계약이 성립된 것(임차인이 부속물의 '매도인', 집주인이 부속물의 '매수인'이 되는 것)과 같은 효과를 발생시킨다. 따라서 임차인은 그 부속물에 관한 매도인 지위에서 그 매도가격을 지급받기까지 동시이행의 항변권에 기해 부속물의 인도를 거절할 수 있다.

6

쥐락펴락
주택임대차분쟁

계약 만료 시 2

1. 보증금
2. 보증금 반환 ①
3. 보증금 반환 ②
4. 보증금 반환 ③
5. 보증금반환 청구소송
6. 임차권등기명령
7. 계약갱신청구권 ①
8. 계약갱신청구권 ②
9. 계약갱신청구권 ③
10. 계약갱신청구권 ④

제 6 장

계약 만료 시 2

1. 보증금

자, 이젠 임대차계약의 경과를 시기적으로 구분한 마지막 장의 '후반부'이다. 임대차 종료로 임차인이 임차주택에서 이사 나가며 보증금을 반환받는 것과 관련한 쟁점을 살펴보고(맨 앞 '제1장 1. 주택임대차의 뜻' 부분에서 상세히 언급한 바와 같이 안전하게 보증금을 회수하는 것이야말로 임차인의 최대 관심사다), 종전의 임대차기간이 만료하였으나 임차인이 새 주택임대차법 제6조의3에 도입된 '계약갱신청구권'을 적극 행사하여 임대차계약을 연장시키는 것과 관련한 쟁점도 살펴보자.

'보증금'이란

먼저 보증금이란, 임차인이 부담하는 차임연체 기타 채무(가령 목적물 멸실·훼손으로 인한 손해배상채무)를 담보하기 위하여 임차인이 집주인에게 주는 금전이다. 법리적으로 '정지조건부 반환의무'를 수반하는 금전소유권의 이전이다. 정리하면, 임대차 종료 후 임차목적물의 반환 시 그간 임차인의 채무불이행이 없으면 그 전액을, 채무불이행이 있으면 그에 따른 손해액을 당연히 공제하고 그 잔액만을 반환한다는 조건으로 금전소유권을 집주인에게 양도하는 것이다.

'당연 공제'

이때 '당연 공제'란, 보증금은 임대차관계에 따른 임차인의 모든 채무를 담보하므로 임대차관계 종료 후 목적물이 반환될 때 집주인 수중에 있는 보증금에서 그 피담보채무 상당액이 특별한 사정이 없는 한 별도의 의사표시 없이 차감되는 것을 뜻한다. '당연 공제'와 관련하여 대법원은, 「부동산 임대차에 있어서 수수된 보증금은 차임채무, 목적물의 멸실·훼손 등으로 인한 손해배상채무 등 임대차에 따른 임차인의 모든 채무를 담보하는 것으로서 그 피담보채무 상당액은 임대차관계의 종료 후 목적물이 반환될 때에 특별한 사정이 없는 한 별도의 의사표시 없이 보증금에서 당연히 공제되는 것이므로, 임대보증금이 수수된 임대차계약에서 차임채권에 관하여 압류 및 추심명령이 있었다 하더라도, 당해 임대차계약이 종료되어 목적물이 반환될 때에는 그 때까지 추심되지 아니한 채 잔존하는 차임채권 상당액도 임대보증금에서 당연히 공제된다」하고 판시한 바 있다(대판 2004다56554 등).

이 같은 '당연 공제'라는 보증금 고유의 법리적인 성격은 폭넓게 적용된다. 이와 관련하여 대법원은 임차인의 차임연체로 불거진 소송의 비용까지도, 나아가 임대차보증금 반환채권의 양도가 있는 경우에도, 당연 공제의 대상으로 보았다. 곧 「부동산임대차에서 임차인이 임대인에게 지급하는 임대차보증금은 임대차관계가 종료되어 목적물을 반환하는 때까지 임대차관계에서 발생하는 임차인의 모든 채무를 담보하는 것으로서, 임대인이 임차인을 상대로 차임연체로 인한 임대차계약의 해지를 원인으로 임대차목적물인 부동산의 인도 및 연체차임의 지급을 구하는 소송비용은 임차인이 부담할 원상복구비용 및 차임지급의무 불이행으로 인한 것이어서 임대차관계에서 발생하는 임차인의 채무에 해당하므로 이를 반환할 임대차보증금에서 당연히 공제할 수 있고, 한편 임대인의 임대차보증금 반환의무는 임대차관계가 종료되는 경우에 임대차보증금 중에서 목적물을 반환받을 때까지 생긴 임차인의 모든 채무를 공제한 나머지 금액에 관하여서만 비로

소 이행기에 도달하는 것이므로, 임차인이 다른 사람에게 임대차보증금 반환채권을 양도하고, 임대인에게 양도통지를 하였어도 임차인이 임대차목적물을 인도하기 전까지는 임대인이 위 소송비용을 임대차보증금에서 당연히 공제할 수 있다」 하고 판시하였다(대판 2012다49490).

보증금 공제 관련

임대차계약서에 임차인의 원상복구의무를 규정하고 예상되는 원상복구비용을 보증금에서 공제할 수 있다고 약정한 경우에는, 어떠한 경우라 하더라도 보증금에서 예상되는 원상복구비용은 공제되어야 할까? "법은 부당한 이중이익을 용인하지 않는다"라는 법언法諺이 있다. 이 법언에 비추어 위와 같은 약정이 있더라도 원상복구비용이 보증금에서 공제되지 아니하는 경우가 있다. 곧 임대인이 원상복구할 의사 없이 임차인이 설치한 시설을 그대로 이용하여 새 임차인에 다시 임대하려 하는 경우에는, 원상복구비용을 보증금에서 공제할 수 없다(대판 2002다52657). 그렇다면 종전 임차인으로서는 이런 경우 이사나간 후라도 본인이 설치한 시설을 새 임차인이 그대로 사용하고 있는지 확인해볼 필요가 있겠다.

한편 보증금에서 공제될 차임채권 등의 발생원인에 관한 입증책임은 집주인에게 있다(보증금반환 청구소송에서 피고 집주인의 '항변사유'에 해당한다). 반면 이미 발생한 차임채권의 소멸에 관한 입증책임은 임차인에게 있다(보증금반환 청구소송에서 원고 임차인의 '재항변사유'에 해당한다).

연체차임을 보증금으로 '충당'할 수 있는지

임대차 계속 중 보증금을 임차인의 채무에 충당充當하느냐 않느냐는, 전적으로 집주인 마음이다. 임대차계약이 종료되었다 하더라도 목적물이 명도되지 않았다면, 임차인은 보증금이 있음을 이유로 연체차임의 지급을 거절할 수 없다(대판 99다24881). 따라서 집주인은 연체차임을 보증금으로 충당하지 않고 연체차임 전액을 청구할 수 있다. 반면 종종 임차인은 집주인에게 "보증금으로 차임을 공제하십시다"하고 요구하는 경우가 있는데, 이 같은 요구에 집주인이 응할 법적인 의무가 없다(연체차임에서 발생하는 '법정이자 5%'만큼 손해를 보는 셈이 된다 ; 민법 제379조). 곧 임차인은 보증금의 존재를 이유로 하여 차임지급을 거절하거나 그 연체에 따른 채무불이행책임을 면할 수 없다(대판 94다4417). 차임연체 시 임대차계약을 해지할 것인지가 전적으로 집주인 마음이듯, 임대차 계속 중에 보증금으로 연체차임을 충당할 것인지 여부도 오롯이 집주인 마음이다.

보증금 '증액' 시

한편 종전 임대차의 종료 이후 임대차계약을 갱신하여(합의 갱신, 묵시적 갱신 및 계약갱신청구권 행사) 보증금 액수를 증액한 경우(가령 10억 원에서 10억 5천만 원으로 5천만 원 증액), 임차인으로서는 어떤 조치를 취해야 안심될까? 필자는 임대차계약서 원본에 보증금 증액사항을 기재하고 그 기재된 증액분에 별도의 확정일자를 받아둘 것을 권한다. 이를 위해 「① 기존 임대차계약서와는 별도의 임대차계약서를 추가로 작성하여 그 별도의 추가계약서에 확정일자를 받는 방법, ② 기존 임대차계약서 특약사항 란에 "언제 보증금을 얼마 더 인상하기로 함"과 같이 증액된 보증금을 추가로 기재하고 그 기재 부분에다 다시 별도의 확정일자를 받는 방법」을 활용하자.

이와 관련한 사례 하나 들어보자. 임차인이 보증금 10억 원으로 적극적 대항요건을 구비하여 주택을 임차한 후 임차주택에 근저당권(피담보채무 5천만 원)이 설정되었다. 그 후 새 주택임대차법 제6조의3에 근거한 임차인의 계약갱신 요구를 계기로 집주인과 임차인이 협의하여 보증금을 10억 5천만 원으로 올리기로 합의하였다. 그리하여 증액된 5천만 원에 대해 임대차계약서 원본 특약 란에 기재하고 별도 확정일자까지 받아둔 경우라 하자. 이 사례에서 근저당권의 임의경매실행으로 임차주택이 낙찰되었다. 이 경우 보증금 10억 5천만 원의 행방은 어찌될까? 낙찰자는 보증금 10억 원에 대해서는 임차인이 대항력이 있으니 이를 인수하여야 한다(왜냐하면 보증금 10억 원에 대해서는 임차인이 '소극적 대항요건'을 구비하여 대항력을 행사할 수 있으므로 낙찰자는 보증금 10억 원을 반환해 줄 의무가 있다). 하지만 나머지 증액된 5천만 원에 대해서는 '소극적 대항요건'을 구비하지 못한 임차인에게 대항력이 없으므로 낙찰자가 이를 인수하지 않는다. 다만 임차인은 증액된 5천만 원에 대해 별도의 확정일자를 받아두었으므로 '우선변제'를 받을 수 있겠다. 나아가 계약갱신 요구에 따른 보증금 협의 시 위 증액분 5천만 원을 피담보채무 5천만 원의 상환에 사용하기로 용처用處를 정하고 근저당권도 말소하기로 약정하여 이행된다면, 나머지 증액된 5천만 원에 대해서도 '소극적 대항요건'을 구비하게 되어 대항력이 생기므로 임차인 입장에서는 더할 나위 없겠다.

2. 보증금 반환 ①

보증금 '일반론'에 이어 지금부터는 보증금 반환과 관련한 '개별 쟁점'도 살펴보자.

보증금반환채권의 양도

보증금을 정한 약정은 임대차계약의 종從된 부분으로 임대차관계에 수반하여 이전된다. 임차권이 적법하게 양도되면(곧 임차인이 바뀌면), 새 임차인이 보증금반환채권을 가진다. 한편 임차목적물이 매도되면(곧 집주인이 바뀌면), 임차인이 적극적 대항요건을 구비하여 대항력이 있는 경우라면, 이때 집주인(매도인)의 보증금반환채무는 임차목적물의 양도와 함께 새 집주인(매수인)에게 '면책적'으로 이전[84]된다(주택임대차법 제3조 제4항).

---

84) 따라서 매수인은 매도인이 세 준 집을 매수하고자 할 경우, 현재 거주 중인 대항력 있는 임차인의 보증금이 얼마인지 '임대차계약서' 원본을 통해 확인하고 매매대금에서 반드시 공제하여야 한다. 이때 매수인이 임차인에게 임대보증금을 반환하였다 하더라도, 이는 자신의 채무를 변제한 것에 불과할 뿐, 매도인의 채무를 대위변제한 것이라거나, 매도인이 위 금액 상당의 반환채무를 면함으로써 부당이득을 얻었다고 할 수 없어, 매수인이 매도인에 대한 이른바 구상금求償金 청구는 법리적으로 이유가 없다(대판 93다17324). 그렇다면 매수인으로서는 법리적으로 구상금 청구를 할 것이 아니라 매도인의 담보책임(주택임대차법 제3조 제5항, 민법 제575조 제1항)을 묻는 방법으로 매매대금을 감액하여야 할 것이다. 이때 민법 제575조 제3항 소정의 '제척기간' 도과에 유의하자.

주택임대차법 제3조(대항력 등)
⑤ 이 법에 따라 임대차의 목적이 된 주택이 매매나 경매의 목적물이 된 경우에는 「민법」 제575조 제1항 · 제3항 및 같은 법 제578조를 준용한다.

민법 제575조(제한물권 있는 경우와 매도인의 담보책임)
① 매매의 목적물이 지상권, 지역권, 전세권, 질권 또는 유치권의 목적이 된 경우에 매수인이 이를 알지 못한 때에는 이로 인하여 계약의 목적을 달성할 수 없는 경우에 한하여 매수인은 계약을 해제할 수 있다. 기타의 경우에는 손해배상만을 청구할 수 있다.
② 전항의 규정은 매매의 목적이 된 부동산을 위하여 존재할 지역권이 없거나 그 부동산에 등기된 임대차계약이 있는 경우에 준용한다.
③ 전2항의 권리는 매수인이 그 사실을 안 날로부터 1년내에 행사하

앞서 '제3장 5. 임차인이 갖는 권리 ①' 부분에서 살펴본 바와 같이 '임차권 양도'와 이번에 살펴보는 '보증금반환채권 양도'는 준별峻別되어야 한다. 전자는 보증금반환채권뿐만 아니라 임차물의 사용·수익을 포함한 임차인으로서의 '모든 권리'를 양도하는 데(이른바 '계약인수') 반해, 후자는 임대차계약이 종료된 이후 보증금반환이라는 단순한 '금전 채권'만을 양도하기 때문이다(이른바 지명指名채권[85]의 양도). 보증금반환채권만을 임대차계약의 당사자로부터 분리하여 양도할 수도 있다. 집주인(채무자)이 보증금반환채권의 양도 통지를 받은 후에는 집주인과 임차인(양도인) 사이에서 계약갱신이나 계약기간 연장에 관하여 합의가 있더라도 그 합의의 효과는 보증금반환채권의 양수인에 대하여는 미칠 수 없다(대판 88다카4253, 4260).

'임차권 양도 금지'의 특약이 있더라도, 그러한 사정만으로 임대차계약에 따른 보증금반환채권의 양도까지 금지하는 것은 아니다. 이에 관해 대법원도 「임차권의 양도가 금지된다 하더라도 임차보증금반환채권의 양도마저 금지되는 것은 아니므로 양도인은 양수인에 대하여 그 채권의 양도에 관하여 임대인에게 통지를 하거나 그에 대한 승낙을 받아 주어야 할 의무를 부담한다」하고 판시하였다(대판 93다13131). 나아가 위 사례에서 대법원은 「임차보증금반환채권의 양도는

여야 한다.

85) '지명채권'이란 채권자가 특정되어 있는 채권을 말한다.

유상계약으로서 임차보증금반환채권의 양도에 대하여 임대인이 동의하지 아니하는 것으로 확정되는 경우 민법 제567조[86]에 의하여 매매에 있어서의 매도인의 담보책임에 관한 규정이 준용된다 할 것이므로 양도인은 자신의 의무가 이행불능으로 확정됨에 귀책사유가 없다 할지라도 담보책임의 법리상 이행불능으로 인한 양수인의 손해를 배상하여야 할 것이고 이로 인한 양수인의 손해는 임차보증금 상당액이다」 하고 판시하였다(대판 93다13131).

보증금반환채권은 임대차가 종료하고 임차인이 그 목적물을 반환할 때까지 집주인에 대하여 부담하는 채무액을 공제하고 남는 것이 있을 때 비로소 성립하지만, 임차인은 임대차 존속 중에도 곧 그 발생이 확정되지 아니한 '장래의 채권'인 상태에서도 얼마든지 양도할 수 있다.[87]

---

86) 민법 제567조(유상계약에의 준용)
본절의 규정은 매매 이외의 유상계약에 준용한다. 그러나 그 계약의 성질이 이를 허용하지 아니하는 때에는 그러하지 아니하다.

87) 저당권에 의하여 담보되는 채권 곧 '피담보채권'도 저당권 설정 당시 미리 확정되어 있을 필요가 없고, '조건부 채권' 기타 채권 발생의 기초관계는 있으나 아직 그 발생이 확정되지는 아니한 '장래의 채권'도 좋다(민법 제357조 참조). 이에 따라 보증금반환채권을 담보하기 위하여 임대차 존속 중 저당권 설정도 가능하다. 필자는 상가건물 임대차보호법의 적용범위를 초과하는 거액의 보증금이 오고간 상가임대차에서 보증금반환채권을 담보하기 위하여 '전세권' 대신에 '저당권'을 설정한 사례도 보았다.

보증금반환채권이 압류 · 가압류된 경우

임차인(채무자)을 상대로 금전 지급을 구하는 판결을 받고도 차일피일 판결금을 지급받지 못하고 있는 금전채권자가 있다고 하자. 이런 경우 그 채권자로서는 강제집행할 임차인의 재산을 찾고자 자연스레 임차인이 살고 있는 곳을 파악할 것이다. 실제 살고 있는 주소지의 부동산등기부등본을 떼어보니 해당 건물의 소유자가 임차인이 아니다(소유자가 임차인이라면 채권자는 임차인 소유의 부동산에 직접 압류나 가압류할 수 있다). 이처럼 부동산 거래실무상 임차인이 자가自家가 아닌 차가借家에서 살고 있다면, 대개는 해당 건물주에 대하여 보증금반환채권을 가지고 있을 것이다. 이에 임차인의 금전채권자는 보증금반환채권을 압류(판결문과 같은 집행권원執行權原이 있는 경우)하거나 가압류(아직 판결문과 같은 집행권원이 없는 경우)하여 자신의 금전채권을 실현하려 할 것이다(이마저도 어려운 경우 법원에 '재산명시 · 재산조회'를 신청하거나 '채무불이행자 명부등재'를 신청하려 할 것이다).

보증금반환채권이 압류 · 가압류가 된 경우, 집주인(제3채무자)으로서는 임차인(채무자)에게 직접 보증금을 반환해서는 안 되고, 반드시 압류 · 가압류권자의 '동의'를 얻어 지급하거나, 채권 압류 · 가압류를 원인으로 '공탁'하여야 한다(세 준 집의 명도이행을 조건부로 공탁하여야 한다).

'당연 공제'라는 고유의 특성

앞서 '제6장 1. 보증금' 부분에서 '당연 공제'라는 보증금 고유의 법리적인 성격이 폭넓게 적용된다고 하였다. 이 같은 '당연 공제'의 특성은 보증금반환채권에 대해 압류 및 전부명령[88]이 내려진 경우에도 변함없이 적용된다. 이와 관련하여 대법원은 「임차보증금을 피전부채권으로 하여 전부명령이 있을 경우에도 제3채무자인 임대인은 임차인에게 대항할 수 있는 사유로서 전부채권자에게 대항할 수 있는 것이어서 건물임대차보증금의 반환채권에 대한 전부명령의 효력이 그 송달에 의하여 발생한다고 하여도 위 보증금반환채권은 임대인의 채권이 발생하는 것을 해제조건으로 하는 것이므로 임대인의 채권을 공제한 잔액에 관하여서만 전부명령이 유효하다」하고 판시하였다(대판 87다카1315). 곧 전부명령에 의한 채무변제의 효과발생시점은 전부명령이 제3채무자에게 송달된 때라고 하더라도(대판 97다56679), 건물임대차보증금 반환채권에 대한 전부명령의 효력은 그 송달 선후에 관계없이 실제 임차목적물 반환 시까지 생긴 연체차임 등

---

88) 전부轉付명령이란, 금전채권에 대한 집행에서 압류 다음의 이른바 환가換價(현금화)절차로써 압류된 금전채권(채무자의 제3채무자에 대한 채권)을 집행채권(채권자의 채무자에 대한 채권)의 지급에 갈음하여 압류채권자에게 이전移轉시키는 집행법원의 명령을 말한다(민사집행법 제229조 제1항, 제3항). 한편 환가절차에는 전부명령 외에 추심推尋명령도 있다. 이 경우 채권자는 제3채무자한테서 바로 피압류채권의 지급을 받을 수 있다(민사집행법 제229조 제1항, 제2항).

을 공제한 나머지에 관해서만 미친다는 것이다(대판 87다카1315).

위와 같은 '당연 공제'의 특성은 보증금반환채권에 대한 압류 및 추심명령의 경우에도 관철된다. 이와 관련하여 대법원은 「부동산 임대차에 있어서 수수된 보증금은 차임채무, 목적물의 멸실·훼손 등으로 인한 손해배상채무 등 임대차에 따른 임차인의 모든 채무를 담보하는 것으로서 그 피담보채무 상당액은 임대차관계의 종료 후 목적물이 반환될 때에 특별한 사정이 없는 한 별도의 의사표시 없이 보증금에서 당연히 공제되는 것이므로, 임대보증금이 수수된 임대차계약에서 차임채권에 관하여 압류 및 추심명령이 있었다 하더라도, 당해 임대차계약이 종료되어 목적물이 반환될 때에는 그 때까지 추심되지 아니한 채 잔존하는 차임채권 상당액도 임대보증금에서 당연히 공제된다」하고 판시하였다(대판 2004다56554 등).

3. 보증금 반환 ②

연이어 보증금 반환과 관련한 개별 쟁점을 살펴보자.

보증금 반환 '지체책임'의 요건

임대차 종료 시 발생하는 집주인의 보증금 반환채무는 임차인의 목적물 반환채무와 동시이행의 항변을 할 수 있는 한, 지체책임을 지지 아니한다. 상대방이 "채무내용에 좇은" 이행을 하면, 채권의 대립 상태는 소멸하고 동시이행 문제가 생길 여지가 없다. 또한 상대방이 채무내용에 좇은 (현실적인)이행의 제공[89]을 한 경우에는 동시이행의 항변권이 봉쇄된다. 이러한 경우에 이행기가 도과하면 상대방은 이행지체책임을 부담하게 된다.

이와 관련하여 대법원은 임차인이 임차목적물에서 퇴거하기는 하였으나 그 사실을 임대인에게 통지하지 아니한 사례에서, 「임차인의 임차목적물 명도의무와 임대인의 보증금 반환의무는 동시이행의 관계에 있다 하겠으므로, 임대인의 동시이행의 항변권을 소멸시키고 임대보증금 반환 지체책임을 인정하기 위해서는 임차인이 임대인에게 임차목적물의 명도의 이행제공을 하여야만 한다 할 것이고, 임차인이 임차목적물에서 퇴거하면서 그 사실을 임대인에게 알리지 아니한 경우에는 임차목적물의 명도의 이행제공이 있었다고 볼 수는 없다」 하고 판시한 바 있다(대판 2001다77697). 단순 퇴거退去만으로는 임

89) 앞서 '제5장 6. 임대차 종료 후 임차인이 계속 점유하는 경우 ②' 부분에서 소송실무상 '현실제공'의 이행 수준이 높고, 이러한 사실에 대한 증명도 쉽지 않다고 강조한 바 있다(민법 제460조).

차목적물 반환의무의 '이행제공'에 이른 것이 아니라고 본 것이다.

보증금반환채권의 '소멸시효'

임차인이 임대차 종료 후 집주인의 보증금 반환채무의 불이행을 이유로 하는 동시이행의 항변권을 근거로 임차목적물을 10년 이상 계속 점유하고 있는 경우, 임차인의 보증금반환채권에 대한 소멸시효가 진행하는지 문제된다(반면 집주인의 목적물반환채권은 소유권에 기한 물권적 청구권이므로, 소유권이 그러하듯 소멸시효에 걸리지 아니한다).

이에 관해 최근(2020. 7. 9.) 대법원은 「소멸시효 제도의 존재 이유와 취지, 임대차기간이 끝난 후 보증금반환채권에 관계되는 당사자 사이의 이익형량, 주택임대차보호법 제4조 제2항의 입법 취지[90] 등을 종합하면, 주택임대차법에 따른 임대차에서 그 기간이 끝난 후 임차

90) 대법원은 임대차기간이 끝난 경우에도 임차인이 보증금을 반환받을 때까지는 임대차관계가 존속되는 것으로 본다」고 정한 주택임대차보호법 제4조 제2항과 관련하여, 「이는 임대차기간이 끝난 후에도 임차인이 보증금을 반환받을 때까지는 임차인의 목적물에 대한 점유를 임대차기간이 끝나기 전과 마찬가지 정도로 강하게 보호함으로써 임차인의 보증금반환채권을 실질적으로 보장하기 위한 것이다. 따라서 임대차기간이 끝난 후 보증금을 반환받지 못한 임차인이 목적물을 점유하는 동안 위 규정에 따라 법정임대차관계가 유지되고 있는데도 임차인의 보증금반환채권은 그대로 시효가 진행하여 소멸할 수 있다고 한다면, 이는 위 규정의 입법 취지를 훼손하는 결과를 가져오게 되어 부당하다.」하고 판시하였다(대판 2016다244224, 244231).

인이 보증금을 반환받기 위해 목적물을 점유하고 있는 경우 보증금 반환채권에 대한 소멸시효는 진행하지 않는다고 보아야 한다」하고 판시하였다(대판 2016다244224, 244231).

차임채권의 '소멸시효'

앞서 '제3장 3. 임차인이 지는 의무 ②' 부분에서 차임채권은 '3년'의 소멸시효에 걸린다고 살펴보았다(민법 제163조 제1호). 이참에 사례 하나 살펴보자. 임대차가 3년 넘도록 장기간 존속하여, 임대차 존속 중에 차임채권의 소멸시효가 완성되었다고 하자. 이런 경우 집주인은 소멸시효가 완성된 차임채권을 자동채권으로 삼아 임대보증금 반환채무와 상계할 수 있을까? 결론부터 말하면, 대법원은 민법 제495조에 의한 상계는 안 되지만 민법 제495조의 유추적용에 의한 공제는 할 수 있다고 본다(법리 구성에서 차이가 있을 뿐, 상계든 공제든 그 결과는 같다). 이 쟁점에도 '당연 공제'라는 보증금 고유의 법적 특성이 강하게 적용되었다.

곧 「임대차보증금은 차임의 미지급, 목적물의 멸실이나 훼손 등 임대차 관계에서 발생할 수 있는 임차인의 모든 채무를 담보하는 것이므로, 차임의 지급이 연체되면 장차 임대차 관계가 종료되었을 때 임대차보증금으로 충당될 것으로 생각하는 것이 당사자의 일반적인 의사이다. 이는 차임채권의 변제기가 따로 정해져 있어 임대차 존속 중 소멸시효가 진행되고 있는데도 임대인이 임대차보증금에서 연체차임을 충당하여 공제하겠다는 의사표시를 하지 않고 있었던 경우에도 마찬가지이다. 더욱이 임대차보증금의 액수가 차임에 비해 상당히 큰 금액인 경우가 많은 우리 사회의 실정에 비추어 보면, 차임 지급채무가 상당기간 연체되고 있음에도, 임대인이 임대차계약을 해지하지 아니하고 임차인도 연체차임에 대한 담보가 충분하다는 것에 의지하여 임대차관계를 지속하는 경우에는, 임대인과 임차인 모두 차임채권이 소멸시효와 상관없이 임대차보증금에 의하여 담보되는 것으로 신뢰하고, 나아가 장차 임대차보증금에서 충당 공제되는 것을 용인하겠다는 묵시적 의사를 가지고 있는 것이 일반적이다. 한편 민법 제495조는 "소멸시효가 완성된 채권이 그 완성 전에 상계할 수 있었던 것이면 그 채권자는 상계할 수 있다."라고 규정하고 있다. 이는 당사자 쌍방의 채권이 상계적상에 있었던 경우에 당사자들은 채권·채무관계가 이미 정산되어 소멸하였다고 생각하는 것이 일반적이라는 점을 고려하여 당사자들의 신뢰를 보호하기 위한 것이다. 다만 이는 '자동채권의 소멸시효 완성 전에 양 채권이 상계적상에 이르렀을 것'을 요건으로 하는데, 임대인의 임대차보증금 반환채무는 임대차계약이 종료된 때에 비로소 이행기에 도달하므로, 임대차 존속 중 차임채권의 소멸시효가 완성된 경우에는 소멸시효 완성 전에 임대인이 임대차보증금 반환채무에 관한 기한의 이익을 실제로 포기하였다는 등의 특별한 사정이 없는 한 양 채권이 상계할 수 있는 상태에 있었다고 할 수 없다. 그러므로 그 이후에 임대인이 이미 소멸시효가 완성된 차임채권을 자동채권으로 삼아 임대차보증금 반환채무와 상계하는 것은 민법 제495조에 의하더라도 인정될 수 없지만, 임대차 존속 중 차임이 연체되고 있음에도 임대차보증금에서 연체차임을 충당하지 않고 있었던 임대인의 신뢰와 차임연체 상태에서 임대차관계를 지속해 온 임차인의 묵시적 의사를 감안하면 연체차임은 민법 제495조의 유추적용에 의하여 임대차보증금에서 공제할 수는 있다.」하고 판시하였다(대판 2016다211309).

4. 보증금 반환 ③

추가로 보증금 반환과 관련한 쟁점 두 가지를 살펴보자.

보증금반환채권에 대한 '질권'설정

부동산 거래실무에서 보증금반환채권에 대한 질권의 설정은 임차인이 시중 은행에서 대출을 받을 때에 그 대출계약과 별도로 그 대출실행의 조건으로 임차인과 은행 사이에서 이루어진다. 곧 임차인이 '질권설정자', 대출은행이 '질권자'로서 양 당사자는 별도의 '(근)질권설정계약'을 체결한다. 현재 은행은 '전세자금대출'을 일으킬 때에 보증[91]의 방식을 끼고 한다. 해당 보증사는 질권설정통지서 또는 질권설정승낙서 및 보증금반환확인서를 통해 집주인에게 질권 설정에 대한 승낙 및 보증금에 대한 우선변제 자격을 확보해 둔다. 전세자금대출을 받아야 하는 임차인은 임대차계약 체결 시 "집주인은 임차인이 전세자금대출을 받는 데 필요한 절차에 협조한다"는 특약을 두도록 하자.

법리적인 설명을 덧붙이면, 보증금반환채권은 장래 발생하는 지명채권으로 여기에 질권을 설정할 수 있다. 반면 임차권은 부동산의 사용・수익을 목적으로 하는 권리이므로 질권의 대상이 될 수 없다(민법 제345조 단서[92]). 보증금반환채권은 지명채권 양도방법에 의하여 채권자인 임차인이 채무자인 집주인에게 보증금반환채권에 질권이 설정된 것을 통지하거나, 집주인이 임차인과 질권자 사이의 보증금반환채권의 질권설정계약에 승낙하여야[93] 한다. 임대차계약서가 있는

---

91) 현재 주택금융공사, 주택도시보증공사(HUG), 서울보증보험이 전세자금대출의 보증을 취급하고 있다. 보증 시 주택금융공사는 임차인의 신용을 기반으로 하므로 집주인의 동의가 필요 없지만(물론 임대차계약 체결여부는 확인받는다), 주택도시보증공사와 서울보증보험은 보증금을 담보로 하므로 집주인의 동의가 필요하다. 이때 주택도시보증공사는 '채권양도'의 형태로, 서울보증보험은 '질권설정'의 형태로 대출을 실행하도록 한 후 비로소 보증서를 발급한다.

92) 민법 제345조(권리질권의 목적)
질권은 재산권을 그 목적으로 할 수 있다. 그러나 부동산의 사용, 수익을 목적으로 하는 권리는 그러하지 아니하다.

때에는 임대차계약서를 임차인한테서 받아 놓아야만 질권의 효력이 발생한다. 질권자는 질권 목적이 된 채권을 집주인에게 직접 청구할 수 있다(민법 제353조[94]). 이에 따라 가령 집주인이 임차인 수중의 돈 3억 원에 전세자금대출로 빌린 2억 원을 더한 5억 원을 보증금으로 받은 경우, 임대차 종료 시 집주인은 위 5억 원 중 질권이 설정되어 전세자금대출이 실행된 돈 2억 원은 반드시 은행에 갚고 나머지 3억 원만 임차인에게 갚아야 한다.

만약 임차인(질권설정자)이 대출은행(질권자)의 동의 없이 집주인(제3채무자)으로부터 보증금을 반환받은 경우 대출은행에 대한 관

---

93) 최근(2020. 7. 31.) 도입된 임차인의 '계약갱신청구권'과 관련, 종전 임대차계약상 보증금의 상당금액이 '전세자금대출'로 충당된 경우 임차인의 계약갱신요구에 따른 계약연장에 집주인의 질권설정계약에 대한 추가적인 승낙이 반드시 필요한 것인지 문제되고 있다. 만약 추가 승낙이 반드시 필요한데도 집주인이 이를 거절하는 경우라면, 계약갱신을 요구한 임차인은 자신의 보증금지급의무 불이행을 이유로 계약갱신을 관철시키기 어려운 상황이 생길 수 있겠다.

94) 민법 제353조(질권의 목적이 된 채권의 실행방법)
① 질권자는 질권의 목적이 된 채권을 직접 청구할 수 있다.
② 채권의 목적물이 금전인 때에는 질권자는 자기채권의 한도에서 직접 청구할 수 있다.
③ 전항의 채권의 변제기가 질권자의 채권의 변제기보다 먼저 도래한 때에는 질권자는 제3채무자에 대하여 그 변제금액의 공탁을 청구할 수 있다. 이 경우에 질권은 그 공탁금에 존재한다.
④ 채권의 목적물이 금전 이외의 물건인 때에는 질권자는 그 변제를 받은 물건에 대하여 질권을 행사할 수 있다.

계에서 '배임죄'가 성립할까? 대법원은 이를 부인한 바 있다. 곧 「타인에 대한 채무의 담보로 제3채무자에 대한 채권에 대하여 권리질권을 설정한 경우 질권설정자는 질권자의 동의 없이 질권의 목적된 권리를 소멸하게 하거나 질권자의 이익을 해하는 변경을 할 수 없다(민법 제352조). 또한 질권설정자가 제3채무자에게 질권설정의 사실을 통지하거나 제3채무자가 이를 승낙한 때에는 제3채무자가 질권자의 동의 없이 질권의 목적인 채무를 변제하더라도 이로써 질권자에게 대항할 수 없고, 질권자는 여전히 제3채무자에 대하여 직접 채무의 변제를 청구하거나 변제할 금액의 공탁을 청구할 수 있다(민법 제353조 제2항, 제3항). 그러므로 이러한 경우 질권설정자가 질권의 목적인 채권의 변제를 받았다고 하여 질권자에 대한 관계에서 타인의 사무를 처리하는 자로서 임무에 위배하는 행위를 하여 질권자에게 손해를 가하거나 손해 발생의 위험을 초래하였다고 할 수 없고, 배임죄가 성립하지도 않는다.」 하고 판시하였다(대판 2015도5665). 민사법리상 질권자에게 손해가 발생하지 않았고, 이 경우 임차인은 배임죄(형법 제355조 제2항[95])의 구성요건인 '타인의 사무를 처리하는 자'에 해당하지 않는다고 본 데 따른 결론이다.

---

95) 형법 제355조(횡령, 배임)

① 타인의 재물을 보관하는 자가 그 재물을 횡령하거나 그 반환을 거부한 때에는 5년 이하의 징역 또는 1천 500만 원 이하의 벌금에 처한다.

② 타인의 사무를 처리하는 자가 그 임무에 위배하는 행위로써 재산상의 이익을 취득하거나 제삼자로 하여금 이를 취득하게 하여 본인에게 손해를 가한 때에도 전항의 형과 같다.

보증금반환채권의 '유치권' 행사

임차인은 보증금반환채권을 변제받을 때까지 유치권을 행사할 수 있을까? 이에 대해 대법원은 보증금반환채권은 민법 제320조에 규정된 이른바 '임차목적물에 관하여 생긴 채권'이 아니므로, 보증금을 반환받지 못한 임차인의 그 목적물에 대한 유치권을 부인한다(대판 75다1305). 임차인 보호를 위해 주택임대차법에서 별도로 정한 '대항력' 제도를 감안해도 그렇다. 만약 보증금반환채권을 가진 임차인에게 그 점유만으로 제3자에게 그 권리를 행사할 수 있는 물권物權인 유치권이 인정된다면, 임차인에게 주택임대차법상 대항력을 부여하는 데 따른 실익이 크게 떨어질 테니 말이다.

5. 보증금반환 청구소송

임차인이 보증금을 반환받지 못하고 있는 경우 보증금반환채권으로 집주인 재산에 대해 직접 강제집행을 할 수 있으려면 그 집행권원을 확보하여야 한다. 이를 위해 보증금반환 청구소송이 필요하다. 이참에 '보증금반환 청구소송'에 관해서도 살펴보자.

보증금반환 청구소송

적극적 대항요건을 구비한 임차권에는 '경매신청권'은 없다. 임차권자가 보증금을 돌려받으려면, 법원에 보증금반환 청구의 소를 제기하여 승소 확정판결을 받아 강제경매를 신청할 수밖에 없다(반면 전세권자는 그런 번잡한 절차를 거칠 필요 없이 근저당권처럼 곧바로 전세권에 기하여 임의경매를 신청할 수 있다). 법원실무는 보증금반환 청구소송의 경우 그 소가訴價의 많고 적음을 묻지 않고 소액사건심판법의 일부 조문을 준용하여 가급적 재판의 신속을 도모하려 한다(주택임대차법 제13조[96]). 하지만 소액사건(소가 3,000만 원 이하)을 제외한 보증금반환 청구소송에서 1심 기준으로 적어도 6개월 이상의 기간이 소요되는 것이 소송현실이다.

보증금의 지급을 명하는 판결은 소송법적으로 보증금반환청구권 행사의 전제가 되는 연체차임 등 '피담보채무의 부존재'에 대하여 이른바 기판력旣判力이 작용하지 아니한다(민사소송법 제216조). 대법원도 「확정판결은 주문에 포함한 것에 한하여 기판력이 있는 것이므로,

---

96) 주택임대차법 제13조(「소액사건심판법」의 준용)
임차인이 임대인에 대하여 제기하는 보증금반환청구소송에 관하여는 「소액사건심판법」 제6조, 제7조, 제10조 및 제11조의2를 준용한다.

확정판결의 기판력은 소송물로 주장된 법률관계의 존부에 관한 판단의 결론 자체에만 미치고 그 전제가 되는 법률관계의 존부에까지 미치는 것은 아니라고 할 것인바, 임대차보증금은 임대차 종료 후에 임차인이 임차목적물을 임대인에게 반환할 때 연체차임 등 모든 피담보채무를 공제한 잔액이 있을 것을 조건으로 하여 그 잔액에 대하여서만 임차인의 반환청구권이 발생하고, 또 임대차보증금의 지급을 명하는 판결이 확정되면 변론종결 전의 사유를 들어 당사자 사이에 수수된 임대차보증금의 수액 자체를 다투는 것은 허용되지 아니한다 하더라도, 임대차보증금 반환청구권 행사의 전제가 되는 연체차임 등 피담보채무의 부존재에 대하여 기판력이 작용하는 것은 아니다」하고 판시하였다(대판 2000다61398).

이에 따라 임차인이 보증금지급을 명하는 판결로 강제경매를 신청하는 경우, 이때에도 집주인은 그 강제집행의 정지를 신청하고 '청구이의의 소'를 제기하여 연체된 차임 등의 공제를 주장할 수 있다(이를 통해 '당연 공제'라는 보증금 고유의 법적 특성이 뚜렷하게 관철된다).

보증금반환 승소판결의 집행 시

임차인은 보증금반환 승소판결이 확정된 경우에도 계속 거주하면서 곧 자신의 목적물반환의무를 이행하지 않더라도 얼마든지 임차주택의 강제경매를 신청할 수 있다(주택임대차법 제3조의2 제1항[97]).

임차인은 비록 건물만 임차한 것이라도 건물은 물론 해당 건물의 부지敷地까지도 인도하지 않은 채[98] 강제경매를 신청할 수 있다(대결 99마4499). 임차인은 자신에 대한 '배당표'가 확정될 때까지 낙찰자에 대하여 임차주택의 인도를 거절할 수 있는데, 나중에 배당법원에서 보증금을 수령하려면 임차주택을 낙찰자에게 인도해 주어야 한다(주택임대차법 제3조의2 제3항 ; 「임차인은 임차주택을 양수인에게 인

---

97) 주택임대차법 제3조의2(보증금의 회수)
① 임차인(제3조제2항 및 제3항의 법인을 포함한다. 이하 같다)이 임차주택에 대하여 보증금반환청구소송의 확정판결이나 그 밖에 이에 준하는 집행권원(집행권원)에 따라서 경매를 신청하는 경우에는 집행개시요건에 관한 「민사집행법」 제41조에도 불구하고 반대의무의 이행이나 이행의 제공을 집행개시의 요건으로 하지 아니한다.

민사집행법 제41조(집행개시의 요건)
① 반대의무의 이행과 동시에 집행할 수 있다는 것을 내용으로 하는 집행권원의 집행은 채권자가 반대의무의 이행 또는 이행의 제공을 하였다는 것을 증명하여야만 개시할 수 있다.
② 다른 의무의 집행이 불가능한 때에 그에 갈음하여 집행할 수 있다는 것을 내용으로 하는 집행권원의 집행은 채권자가 그 집행이 불가능하다는 것을 증명하여야만 개시할 수 있다.

98) 반면 '전세권'에 기한 임의경매를 신청하는 경우 별도의 법률규정이 없고, 전세권자(임대차상 '임차인')의 전세목적물인도의무 및 전세권설정등기말소의무와 전세권설정자(임대차상 '집주인')의 전세금반환의무는 서로 동시이행의 관계에 있다. 이에 따라 전세권자인 채권자가 전세목적물에 대한 경매를 청구하려면, 우선 전세권설정자에 대하여 전세목적물의 인도의무 및 전세권설정등기말소의무의 이행제공을 완료하여 전세권설정자를 이행지체에 빠뜨려야 한다(대결 77마90). 이를 통해 주택임대차법이 집행절차에서도 임차인의 주거를 보호하고 있음을 알 수 있다.

도하지 아니하면 제2항에 따른 보증금을 받을 수 없다」).

이와 관련하여 법원은 「임차인이 경매절차에서 보증금 상당의 배당금을 지급받을 수 있는 때, 즉 임차인에 대한 배당표가 확정될 때까지는 경락인에 대하여 임차주택의 명도를 거절할 수 있다 할 것이므로, 그 때까지 임차인의 임차주택에 관한 점유는 법률상 원인 없는 점유라고 할 수 없어, 그 점유로 인한 부당이득반환의무를 지지 않으나, 임차인에 대한 배당표가 확정됨으로써 임차인은 보증금반환채무의 이행의 제공을 받은 셈이 되어 배당표 확정 후의 점유는 경락인에 대하여 법률상 원인 없는 점유로 된다 할 것이므로, 그 점유 사용으로 인한 부당이득반환의무를 부담하게 된다」하고 판시한 바 있다(서울지판 98나18178).

6.

임차권등기명령

주택임대차법 제3조의3 제1항은 「임대차가 끝난 후 보증금이 반환되지 아니한 경우 임차인은 임차주택의 소재지를 관할하는 지방법원 · 지방법원지원 또는 시 · 군 법원에 임차권등기명령을 신청할 수 있다」고 하여, '임차권등기명령' 제도를 규정하고 있다.

임차권등기 일반

임대차 종료 후 보증금을 반환받지 못한 상태에서 피치 못할 사정으로 이사 나갈 때, 임차인은 기왕의 대항력이나 우선변제권을 유지[99]하기 위하여 임차권등기명령을 신청하여 임차권등기를 설정한다[100]. 사법보좌관이 법관의 감독을 받아 임차권등기명령에 필요한 법원사무를 행한다. 신속하고 간이하기 위하여 가압류절차를 준용[101]

99) 임차권등기명령에 따른 임차권등기가 된 주택에 새로 들어올 임차인은 주택임대차법상 법적 보호를 받지 못한다. 임차인은 임대차계약 체결 시 임차권등기를 말소할 것을 계약조건으로 삼아야 한다. 임차권등기를 보유한 종전 임차인만이 주택임대차법상 임차인으로 보호받기 때문에 그렇다. 기실 임차권등기는 집주인 입장에서 가장 피하고 싶은 상황으로 이로 인한 심적 압박도 크다.

100) 하지만 현실적으로 이 같은 임차권등기명령 제도를 십분 활용할 수 있는 임차인이 많을까? 필자는 그렇지 않다고 본다(특히 부양가족이 있는 경우 더욱 그렇다). '제4장 8. 집주인에게 회생 · 파산절차가 진행되는 경우' 부분에서도 언급한 바와 같이, 100% 현금으로 건네는 보증금은 임차인이 가용할 수 있는 현금성 자산의 최대치인 경우가 많기 때문이다. 보증금을 반환받지 아니하고도 종전 주택과 비슷한 수준을 유지하는 주택으로 이사 나갈 수 있으려면, 적어도 종전 보증금 액수만큼의 현금성 자산을 별도로 갖고 있어야 한다. 이 대목에서도 이른바 '제도와 현실 사이의 괴리'가 여실히 드러난다.

101) 다만 등기실무에서는 '임차권등기명령 절차에 관한 규칙' 제4조(임차

한다(주택임대차법 제3조의3 제3항). 임차인이 임차권등기를 하고 이사를 갈 경우, 새로 이사해 변경된 주소로 등기명의인의 (주소)표시변경등기를 해 둘 것을 권한다(그래야 해당 주택에 대한 경매가 개시될 때 이해관계인에 대한 통지를 변경된 주소지에서 받아보기 수월하다).

민법상 임차권등기는 집주인과 임차인이 공동으로 신청해야 하는 데 반해(민법 제621조[102]), 주택임대차법상 '임차권등기명령'에 기한 임차권등기는 임차인이 단독으로 신청할 수 있다. 민법의 특별법인 주택임대차법이 대항요건 구비 시 대항력이 발생하도록 하였고 여전히 '전세권등기'도 할 수 있기 때문에, 현재 '민법상 (공동신청에 따른)임차권등기'가 활용되는 경우는 거의 없다고 봐도 무방하다.

권등기명령의 효력발생시기 등 ; 「임차권등기명령은 판결에 의한 때에는 선고를 한 때에, 결정에 의한 때에는 상당한 방법으로 임대인에게 고지를 한 때에 그 효력이 발생한다」)에 따라 임차권등기명령의 결정문이 임대인에게 송달될 것을 요구하고 있어, 그 송달불능으로 인하여 '공시송달'의 방법을 강구하기까지 한 달 이상의 시간이 소요되고 있는 경우도 빈번하다. 임차인이 임차권등기명령을 신청한 경우라도 법원의 촉탁등기가 있기까지는 상당한 기일이 소요되므로, 임차인은 실제로 임차권등기가 되었음을 확인한 후 이사할 것을 권한다.

102) 민법 제621조(임대차의 등기)

① 부동산임차인은 당사자 간에 반대약정이 없으면 임대인에 대하여 그 임대차등기절차에 협력할 것을 청구할 수 있다.

② 부동산임대차를 등기한 때에는 그때부터 제3자에 대하여 효력이 생긴다.

임차권등기를 설정한 임차인이 '당연배당채권자'인지

임차권등기명령에 의하여 임차권등기를 설정한 임차인이 민사집행법 제148조 제4호에 정한 채권자에 준하여 별도의 배당요구를 하지 않아도 배당을 받을 수 있을까? 이에 관해 대법원은 「임차권등기명령에 의하여 임차권등기를 한 임차인은 우선변제권을 가지며, 위 임차권등기는 임차인으로 하여금 기왕의 대항력이나 우선변제권을 유지하도록 해 주는 담보적 기능을 주목적으로 하고 있으므로, 위 임차권등기가 첫 경매개시결정등기 전에 등기된 경우, 배당받을 채권자의 범위에 관하여 규정하고 있는 민사집행법 제148조 제4호의 "저당권·전세권, 그 밖의 우선변제청구권으로서 첫 경매개시결정 등기 전에 등기되었고 매각으로 소멸하는 것을 가진 채권자"에 준하여, 그 임차인은 별도로 배당요구를 하지 않아도 당연히 배당받을 채권자에 속하는 것으로 보아야 한다」고 판시하여, 위와 같은 임차인을 이른바 '당연배당채권자'로 보았다.

임차권등기가 보증금반환채권의 '소멸시효'를 중단시키는지

한편 임차권등기명령에 따른 임차권등기에 시효중단의 효력도 인정되는지에 관해, 대법원은 근래(2019. 5. 16.) 이 같은 효력은 부인된다고 하였다. 곧 「주택임대차보호법 제3조의3에서 정한 임차권등기명령에 따른 임차권등기는 특정 목적물에 대한 구체적 집행행위나 보전처분의 실행을 내용으로 하는 압류 또는 가압류, 가처분과 달리 어디까지나 주택임차인이 주택임대차보호법에 따른 대항력이나 우선변제권을 취득하거나 이미 취득한 대항력이나 우선변제권을 유지하도록 해 주는 담보적 기능을 주목적으로 한다. 비록 주택임대차보호법이 임차권등기명령의 신청에 대한 재판절차와 임차권등기명령의 집행 등에 관하여 민사집행법상 가압류에 관한 절차규정을 일부 준용하고 있지만, 이는 일방 당사자의 신청에 따라 법원이 심리・결정한 다음 등기를 촉탁하는 일련의 절차가 서로 비슷한 데서 비롯된 것일 뿐 이를 이유로 임차권등기명령에 따른 임차권등기가 본래의 담보적 기능을 넘어서 채무자의 일반재산에 대한 강제집행을 보전하기 위한 처분의 성질을 가진다고 볼 수는 없다. 그렇다면 임차권등기명령에 따른 임차권등기에는 민법 제168조 제2호에서 정하는 소멸시효 중단사유인 압류 또는 가압류, 가처분에 준하는 효력이 있다고 볼 수 없다.」하고 판시하였다(대판 2017다226629).

그렇다면 앞서 '제6장 3. 보증금 반환 ②' 부분에서 살펴본 바와 같이 임대차 종료 후 임차인이 보증금 반환을 위해 동시이행의 항변으로 목적물을 점유하고 있는 경우에는 보증금반환채권이 시효에 걸리지 않는 데(대판 2016다244224, 244231) 반해, 목적물의 점유에 대신하여 임차권등기명령에 따른 임차권등기를 설정한 경우에는 보증금반환채권이 시효에 걸리는 데 주의하자. 보증금반환채권의 시효중단 여부에서 '적극적 대항요건' 구비의 경우와 임차권등기명령에 따른 '임차권등기' 설정의 경우는 그 결론을 달리한다.

7. 계약갱신청구권 ①

자, 마지막으로 새 주택임대차법[103] 제6조의3에 도입된 '계약갱신청구권'에 관해 살펴보자. 이하에서는 국토교통부·법무부가 2020. 8. 배포한 「2020. 7. 31. 개정 주택임대차보호법 해설집」(줄여서 '해설집')과 2020. 9. 11.자 국토교통부의 「보도설명자료」(줄여서 '보도자료')의 내용도 감안하면서 예상 가능한 법리적인 쟁점 위주로 살펴보자.

임대차계약의 연장 방법

종전 임대차가 종료한 후에 그 계약을 연장하는 방법으로는 크

103) 새 주택임대차법은 임차인에게 '계약갱신청구권'을 부여하여 종전 2년에서 4년으로 연장하여 임대차기간을 보장하고(제6조의3), 이른바 '전월세상한제'를 연동시켜 계약갱신요구 시 보증금이나 차임을 5% 이상 증액하지 못하도록 제한하였다(제7조).

게, 임대인과 임차인이 새로 임대차계약을 체결하는 재계약의 방법[104]과, 종전 임대차계약을 갱신更新[105]하는 방법이 있다. 후자의 방법은 다시 「① 임대인과 임차인이 합의하여 갱신하기로 한 경우, ② 묵시적으로 갱신하는 경우(주택임대차법 제6조), ③ 새 주택임대차법이 신설한 계약갱신청구권을 임차인 일방이 행사[106]하는 경우(주택임대차법 제6조의3)」로 구분할 수 있다. 그럼 본격적으로 '계약갱신청구권'을 살펴보자.

계약갱신청구권의 법적 성격과 그 효과

---

104) 임차인이 계약갱신청구권을 행사하는 대신에 얼마든지 집주인과 합의하여 전월세상한제 적용도 받지 아니하기로, 곧 종전의 보증금·월세보다 5%를 초과하여 인상한 금액으로 새로운 임대차계약을 체결하는 것도 가능하다.

105) '갱신'이란, 계약이나 서류의 유효기간이 만료되었을 때 그 기간을 연장하는 것을 말한다(Daum 한국어사전).

106) 갱신요구에 따른 계약갱신의 효력 발생에는 상대방의 동의나 승낙을 요하지 아니한다. 이와 관련하여 내심 '임차인의 계약갱신청구권 행사에 따른 1회 계약갱신'만을 염두에 두고 있는 집주인으로서는 임차인의 갱신요구에 적극으로 동의하거나 승낙한 모양새를 취하여 '합의갱신'으로 평가받거나(계약을 갱신하면서 보증금이나 차임을 주택임대차법에서 정한 5%를 초과하여 인상한 경우 '합의갱신'으로 볼 여지가 커질 것이다), 임차인의 갱신요구가 없기에 본인도 가만히 있어 '묵시적 갱신'으로 평가받는 일이 없도록, 주의를 요한다. 합의갱신이나 묵시적 갱신으로 계약이 연장된 후에는 또 한 차례 계약갱신청구권 행사에 의한 계약 연장이 가능하니 말이다.

계약갱신청구권은 임차인의 갱신요구 의사표시만으로 '임대차계약의 갱신'이라는 법적 효과를 발생(형성)하게 하는 '(사법상)형성권'이다. 또한 '상대방 있는 단독행위'로써 그 의사표시로 인하여 권리에 직접적인 영향을 받는 상대방에게 도달[107]하는 때에 효력이 발생한다(대판 2011다23200[108]). 갱신요구 의사표시의 상대방은 '집주인'이다. 만약 임차인이 갱신을 요구하지 않은 상태에서 임차주택이 제3자 앞

---

107) 어느 정도에 이르러야 '도달'한 것으로 볼 수 있을지 문제된다. 상대방이 그 의사표시를 현실적으로 수령하였거나 그 내용을 알았을 것까지 요할까? 대법원은 '채권양도의 통지'에 관한 사례에서 「채권양도의 통지는 채무자에게 도달됨으로써 효력을 발생하는 것이고, 여기서 도달이라 함은 사회관념상 채무자가 통지의 내용을 알 수 있는 객관적 상태에 놓여졌다고 인정되는 상태를 지칭한다고 해석되므로, 채무자가 이를 현실적으로 수령하였다거나 그 통지의 내용을 알았을 것까지는 필요로 하지 않는다」하고 판시하였다(대판 97다31281). 요즘 의사소통 방법으로 많이들 이용하는 SNS(Social Network Service)나 문자메시지의 경우는 어떨까? 적어도 상대방이 확인하였다는 SNS나 문자메시지상의 표시가 있는 경우라야 도달된 것으로 볼 수 있을 것이다.

108) 대법원은 「취득시효이익의 포기와 같은 상대방 있는 단독행위는 그 의사표시로 인하여 권리에 직접적인 영향을 받는 상대방에게 도달하는 때에 효력이 발생한다. 취득시효 완성으로 인한 권리변동의 당사자는 시효취득자와 취득시효 완성 당시의 진정한 소유자이고, 실체관계와 부합하지 않는 원인무효인 등기의 등기부상 소유명의자는 권리변동의 당사자가 될 수 없으므로, 결국 시효이익의 포기는 달리 특별한 사정이 없는 한 시효취득자가 취득시효 완성 당시의 진정한 소유자에 대하여 하여야 그 효력이 발생하는 것이지 원인무효인 등기의 등기부상 소유명의자에게 그와 같은 의사를 표시하였다고 하여 그 효력이 발생하는 것은 아니다」하고 판시하였는바(대판 2011다23200), 이 같은 판례는 계약갱신청구권의 행사와 같은 상대방 있는 단독행위에도 고스란히 적용될 것이라 예상한다.

으로 매도되어 소유권이전등기까지 된 경우라면, 누가 상대방이 될까? 이때에는 임차주택의 '양수인'만이 갱신요구의 상대방이 된다. 임차인으로서는 갱신요구를 하기에 앞서 임차주택의 부동산등기부등본을 발급받아 소유권 변동이 있는지 반드시 확인할 것을 요한다.

나아가 주택임대차법 제6조의3 제1항 각호에서 정한 '갱신거절사유'가 없을 것을 요한다. 임차인이 집주인에게 갱신을 요구하여 그 의사표시가 도달할 때에 정당한 갱신거절사유가 없는 한(주택임대차법 제6조의3 제1항 각호), 이미 다음 번 임대차계약이 동일한 계약조건으로 갱신되는 법적 효과를 낳는다. 집주인에게 정당한 '갱신거절사유'가 있는지에 관한 판단은 언제를 기준으로 할까? 위와 같은 형성권의 법리에 비추어 계약갱신의 법적 효과가 발생하는 '임차인의 갱신요구의 의사표시가 집주인에게 도달한 때'를 기준으로 삼아야 할 것이다. 이에 반하여 갱신거절사유의 존재는 집주인이 갱신거절의 통보를 한 때를 기준으로 판단하여야 한다는 견해도 있을 법하다. 전자의 견해가 임차인 보호에 충실함은 물론이다.

이와 관련하여 새 주택임대차법에는 집주인이 갱신요구의 의사표시를 받은 날로부터 언제까지 갱신거절의 의사표시를 하도록 제한하는 규정이 없다. 이에 집주인은 임대차 만료 2개월 전까지 갱신을 거절해도 무방할 것이다. 계약이 갱신되는지에 관해 조속하게 확정짓기 위해 집주인의 갱신거절 의사표시를 임차인의 갱신요구 의사표시를 받은 날로부터 2주일 내지 한 달 내로 제한하자는 입법론은 경청할 만하다.

갱신거절사유

주택임대차법 제6조의3 제1항 각호의 '갱신거절사유'는 크게 「① 임차인에게 '귀책사유'가 있는 경우(1호 차임연체, 2호 부정 임차, 4호 무단 전대, 5호 주택의 고의·중과실 파손) ② '합의 보상'이 이루어진 경우(3호), ③ '객관적 사정'으로 임대차를 계속하기 어려운 경우(6호 주택의 멸실, 7호 철거 또는 재건축, ④ 집주인[109](그의 직계존·비속 포함)이 임차주택에 실제 거주하려는 경우(8호)」의 네 유형으로 나눌 수 있다. 주택임대차법 제6조의3 제1항 9호에서는 「그 밖에 임차인이 임차인으로서의 의무를 현저히 위반하거나 임대차를 계속하기 어려운 중대한 사유가 있는 경우」하고, 포괄적인 계약갱신 거절사유도 두었다.

금번 새 주택임대차법이 여타 사유(과거의·객관적 사실)와는

109) 법 문언에 비추어 집주인의 '배우자'는 실거주의 주체에 포함되지 않는다. 실거주의 주체를 확대하기 위하여 부부가 공유하는 주택 등에서는 향후 임대인 측에서 자발적으로 '공동임대'의 형태로 임대차계약을 체결하는 경향이 생길지도 모르겠다. 가령 부부 중 남편만 임대차계약을 체결하면 본가 부모님만 실거주 주체로 모실 수 있지만, 부부가 공동임대인으로 임대차계약을 체결하면 본가와 처가 부모님 모두를 실거주 주체로 모실 수 있으니 말이다.

이질적인 사유(장래의 · 주관적 계획)로써 집주인의 '실거주' 목적을 갱신거절사유로 삼은 것은, 필자가 보기에 임차인의 주거권 보장에 대응하여 집주인의 소유권 보호를 위하여 강력한 균형추를 마련한 것이라고 본다(독일, 프랑스 등의 외국 입법례에서도 임대인 본인이나 가족이 거주하려는 경우 갱신거절의 정당한 사유로 인정되고 있다). 보기에 따라 '실거주' 목적의 거절사유로 인하여 임차인의 계약갱신청구권이 형해화形骸化될 수 있는 점을 감안할 때, 집주인의 '실거주'는 임차인의 갱신요구의 의사표시가 집주인에게 도달한 때를 기준으로, 또한 그 객관적인 자료를 통해, 엄격하게 증명될 것을 요한다고 봄이 타당하다.

계약갱신청구권 행사의 철회

한편 계약갱신청구권은 형성권 일반이 그렇듯, 그 '행사'의 의사표시는 그에 따른 효력이 발생한 이후(곧 '행사' 또는 '불행사'의 의사표시가 집주인에게 도달하여 권리변동이 생긴 이후) 임차인이 이를 임의로 철회撤回할 수 없는 것이 원칙이다. 계약갱신청구권의 '불행사'의 의사표시는 법리적으로 '계약갱신청구권의 포기'에 해당하고, 이 또한 임차인이 임의로 철회할 수 없음이 원칙이다. 기실 이하에서 살펴볼 법리적 쟁점은 계약갱신청구권의 '법적 성격'(상대방 있는 단독행위로써의 형성권)과 앞서 살펴본 주택임대차법상 '대항력'의 행사가 교직交織하면서 생기는 문제이다.

8.

계약갱신청구권 ②

이 책 큰 목차와 같이 임대차계약이 진행되는 시간 순으로 '계약갱신청구권'을 둘러싼 쟁점들을 살펴보자.

계약 체결 시부터 기간 만료 전 6개월까지

임대차계약 체결 시부터 임대차기간 만료 전 6개월까지는 아직 계약갱신청구권이 발생하지 아니한다. 이 기간에 집주인이 "임차인은 계약갱신청구권을 행사하지 않는다"하고 특약을 두자고 하면, 이 같은 약정은 유효할까? 계약갱신청구권은 임대차기간이 끝나기 6개월 전부터 2개월 전까지[110]의 기간에 임차인이 적극적으로 계약갱신을 요구하는 방식으로 행사한다. 그러니 계약 체결 시부터 만료 전 6개월까지는 시기적으로 계약갱신청구권이 생기지도 아니한 때이다. 그렇다면 원칙적으로 위 특약은 장래 발생하는 임차인의 권리를 사전에 배제시키는 것이라 임차인 일방에게 불리하여 효력이 없다고 볼 것이다(주택임대차법 제10조[111]).

---

110) 2020. 12. 10. 이후 최초로 체결되거나 갱신된 임대차에 적용되고, 2020. 12. 9.까지의 종전 임대차에는 '1개월' 전까지의 기간이 적용된다.

111) 주택임대차법 제10조(강행규정)

다만 예외적으로 「주택임대차법 제10조(강행규정)의 취지가 임차인 보호를 위한 규정에 위반되는 당사자의 약정을 모두 무효라고 할 것은 아니고 위 규정에 위반하는 약정이라도 임차인에게 불리하지 아니한 것은 유효하다」고 풀이함이 상당한 경우도 있을 수 있겠다(대판 95다13258). 앞서 '제5장 3. 원상회복의무 ③' 부분에서 언급한 대법원판례(대판 81다1001) 곧 「건물임차인인 피고들이 증·개축한 시설물과 부대시설을 포기하고 임대차 종료시의 현상대로 임대인의 소유에 귀속하기로 하는 대가로 임대차계약의 보증금 및 월차임을 파격적으로 저렴하게 하고, 그 임대기간도 장기간으로 약정하고, 임대인은 임대차계약의 종료 즉시 임대건물을 철거하고 그 부지에 건물을 신축하려고 하고 있으며 임대차계약 당시부터 임차인도 그와 같은 사정을 알고 있었다면 임대차계약 시 임차인의 부속시설의 소유권이 임대인에게 귀속하기로 한 특약은 단지 부속물매수청구권을 배제하기로 하거나 또는 부속물을 대가없이 임대인의 소유에 속하게 하는 약정들과는 달라서 임차인에게 불리한 약정이라고 할 수 없다」고 한 판시는, 향후 새 주택임대차법 제6조의3에 도입된 '계약갱신청구권'을 임대차계약 시 포기하기로 한 특약이 유효한지에 관한 판단에 가늠자가 될 수 있겠다. 단지 집주인 일방에게 유리하게 계약갱신청구권을 배제하기로 한 특약은 강행규정에 위반하여 무효이나, 예외적으로 임대차계약 시 집주인이 임차인이 향후 보유할 계약갱신청구권의 포기가 필요한 사정을 고지하고 그 포기의 대가로 보증금·월

이 법에 위반된 약정으로서 임차인에게 불리한 것은 그 효력이 없다.

세를 대폭 감액한 사정 등이 있는 경우의 계약갱신청구권의 포기 약정은 임차인에게 불리하지 아니하여 유효로 볼 수 있다.

기간 만료 6개월 전부터 2개월 전까지

바로 이 기간이 임차인에게 계약갱신청구권이 발생하고 이를 행사할 수 있는 때이다. 계약갱신청구권은 '상대방 있는 단독행위'이므로 그 행사의 상대방이 누구일 것인지가 중요하다. 갱신요구의 의사표시가 상대방에 도달到達[112)] 할 당시 그 상대방이 임차주택의 소유자(부동산등기부등본상 소유자)일 것을 요한다. 주택임대차법상 대항력 행사와 관련하여 「임차주택의 양수인(그 밖에 임대할 권리를 승계한 자를 포함한다)은 임대인의 지위를 승계한 것으로 본다」고 규정한 주택임대차법 제3조 제4항을 감안하면, 소유권 변동에 따라 임대인 지위가 승계되기에 그러하다(이하의 논의는 임차인이 '적극적 대항요건'을 구비하여 매매 등으로 집주인 변동이 있는 때에 대항력을 행사

---

112) 그 의사표시를 발신發信한 때가 아님에 유의하자. 민법 제111조(의사표시의 효력발생시기) 제1항은 「상대방이 있는 의사표시는 상대방에게 도달한 때에 그 효력이 생긴다」하고 '도달주의'를 원칙으로 한다. 임차인이 계약갱신의 의사표시를 발신한 때에는 종전 임대인이 임차주택의 소유자였는데 그 의사표시의 발신과 도달 사이에(가령 갱신요구를 담은 내용증명서를 발송할 때와 도착할 때 사이에) 매매 등을 원인으로 임차주택의 소유권이 새 집주인에게 이전되었다(소유권이전등기가 된 경우를 말한다)고 하자. 이런 경우 종전 집주인을 상대로 한 계약갱신청구권의 행사는 그 효력이 없다. 계약갱신을 원하는 임차인은 새 집주인(양수인)을 상대로 다시 갱신을 요구해야 한다.

할 수 있는 경우를 전제로 한다).

(1) 임차인의 갱신요구 의사표시가 종전 임대인에게 도달한 이후 임차주택을 매수한 양수인이 있다고 하자. 이 경우 위 양수인은 주택임대차법 제6조의3 제1항 8호의 사유 곧 「임대인이 목적 주택에 실제 거주하려는 경우」를 들어 임대차 갱신을 거절할 수 있을까? 거절할 수 없다. 이런 경우 임차인의 갱신요구에 따라 이미 임대차가 갱신되었으므로, 나중에 임차주택의 소유권을 이전받은 양수인으로서는 종전 집주인의 임대인 지위를 승계하고 이에 따라 이미 갱신된 임대차관계도 고스란히 이어받아야 하기 때문이다(주택임대차법 제3조 제4항).

기실 이 같은 결론은 새 주택임대차법의 시행으로 인해 불거진 문제가 아니다. 이전부터 있어왔던 주택임대차법상 대항력 행사의 법리적인 효과에 따른 것[113]이니 말이다. 결국 계약갱신청구권의 행사는 앞서 살펴본 대항력 행사의 시적 범위를 2년 더 연장하는 실질을 갖는다(새 주택임대차법 시행 이전의 대항력 행사의 문제는 종전 임대차기간에 한정된 것이었다). 계약갱신청구권과 대항력 문제는 이와

113) 이에 관해 국토교통부는 2020. 9. 11.자 보도자료를 통해 「임차인이 갱신거절사유가 없는 기존 임대인에게 계약갱신요구권을 행사한 후 소유권을 이전받은 매수인은 본인의 실거주를 이유로 갱신거절을 할 수 없습니다. 이는 계약갱신청구권 제도 도입의 취지가 임차인이 거주할 수 있는 기간을 안정적으로 연장하여 임차권의 주거권을 강화하기 위한 것이라는 점에 기반한 것입니다.」하고, 같은 취지로 밝힌 바 있다.

같이 교직한다.

(2) 만약 집주인이 실거주를 원하는 제3자에게 임차주택을 매도하는 매매계약을 체결하고 실제 그 매수인이 임차주택의 소유권이전등기까지 마친 후에 임차인이 갱신요구를 한 경우라면 어떨까? 이 경우에는 종전 집주인의 임대인 지위를 승계한 양수인(새 집주인)이 실거주를 사유로 갱신을 거절할 수 있다. 그런데 새 집주인이 종전 임차인이 계약이 갱신되었다면 누릴 수 있었던 임대차기간 동안에 자신이 실거주하지 아니하고 다른 임차인을 들이면 어찌될까? 이런 경우 종전 임차인은 새 집주인을 상대로 소정의 손해배상을 청구할 수 있다(주택임대차법 제6조의3 제5항).

(3) 한편 이 기간 동안에 집주인이 먼저 갱신을 거절하는 의사표시를 하면 어찌될까? 임차인은 집주인의 갱신거절의 통보에 아랑곳하지 않고 얼마든지 갱신을 요구할 수 있다(앞서 갱신요구에 집주인의 동의나 승낙은 필요 없다고 하였다). 그렇다면 이제 집주인의 갱신거절은 '묵시적 갱신'이 되는 것을 차단하는 정도의 의미밖에 없다(반면 새 주택임대차법 시행 이전에는 집주인 일방의 갱신거절 통보만으로 곧장 '계약종료효과'가 생겼다).

기간 만료 2개월 미만부터 만료 시까지

기간 만료 2개월 전까지 집주인의 갱신거절 통보와 임차인의 갱신요구 통보가 모두 없었다면, 주택임대차법 제6조에 따라 종전 임대차는 묵시적으로 갱신된다. 묵시적 갱신의 경우 임차인은 갱신된 임대차기간 2년을 주장하거나 임의로 계약해지를 통지할 수 있고, 이 임의해지는 집주인이 그 통지를 받은 날부터 3개월이 지나면 그 효력을 발생한다(주택임대차법 제6조, 제6조의2). 반면 집주인에게는 위와 같은 '임의해지권'이 없다.

한편 대법원은 「임차인이 주택임대차보호법 제4조 제1항의 적용을 배제하고 2년 미만으로 정한 임대차기간의 만료를 주장할 수 있는 것은 임차인 스스로 그 약정 임대차기간이 만료되어 임대차가 종료되었음을 이유로 그 종료에 터잡은 임차보증금 반환채권 등의 권리를 행사하는 경우에 한정되고, 임차인이 2년 미만의 약정 임대차기간이 만료되고 다시 임대차가 묵시적으로 갱신되었다는 이유로 같은 법 제6조 제1항, 제4조 제1항에 따른 새로운 2년간의 임대차의 존속을 주장하는 경우까지 같은 법이 보장하고 있는 기간보다 짧은 약정 임대차기간을 주장할 수는 없다」하고 판시하였다(대판 96다5551, 5568). 2년 미만으로 짧게 약정한 임대차기간은 묵시적 갱신의 경우에 적용되지 아니한다는 취지다.

9.

계약갱신청구권 ③

임대차기간 만료 6개월 전부터 2개월 전까지의 기간에 집주인이 '실거주'를 목적으로 하는 제3자에게 매도하는 과정에서 임차인이 임차주택을 비워주기로 했던 말을 바꾸고 갱신을 요구했다고 하자. 이런 경우 실거주 목적의 임차주택 양수인과 변심變心했다고 평가받는 임차인 사이에서 누가 보호받아야 타당할까? 이 문제가 바로 새 주택임대차법상 '계약갱신청구권' 행사의 문제와 기존부터 있어온 주택임대차법상 '대항력' 행사의 문제가 맞물리는 쟁점이다. 이 쟁점에서 실거주 목적의 임대인 측(집주인, 양수인) '소유권 보호'와 계약갱신을 요구하는 임차인의 '주거권 보장'이라는 양자의 법익이 가장 첨예하게 대립[114]한다.

---

114) 한편 최근(2020. 9. 18.) 국회에서 모 국회의원이 실거주 목적으로 집을 구입할 때 새 주택임대차법 제6조의3에 신설된 임차인의 '계약갱신청구권'을 거절할 수 있도록 개정안을 발의하였다. 이 같은 발의는 1981. 3. 5. 제정되어 40년 가까이 시행 중인 주택임대차법상 임차인 보호의 근간인 '대항력' 제도를 흔드는 것이라, 필자로서는 현재(2020. 10. 10.) 매우 우려스럽게 그 법안 통과를 지켜보고 있다. 차제에 필자가 위 법안에 반대하는 근거로 세 가지만 들고자 한다. 곧 「① 첫 번째로 앞서 '제4장 8. 집주인에게 회생·파산절차가 진행되는 경우' 부분에서 정리한 바와 같이 법제도적으로 이미 물권화物權化된 채권인 '임차권'이 임대차계약의 당사자가 아닌 제3자(전세 낀 집의 매수인)

당초 국토교통부·법무부는 2020. 8. '해설집'을 통해 「Q9. 임차인이 계약만료기간에 맞추어 나가기로 하였으나, 이를 번복하고 계약갱신요구권을 행사할 수 있는지? A9. 행사할 수 있습니다. 임차인이 계약만료기간에 맞추어 나가기로 사전에 합의하였더라도, 6개월 전부터 1개월 전까지 간에 임대인에게 계약갱신을 요구(5% 범위 이내 증액)할 수 있습니다」하고 밝혔다.

그런데 위와 같은 내용대로라면 집주인이 실거주 목적의 매수인에게 임차주택을 팔기조차 어렵다고 집주인 측이 제기하는 비판의 십자포화十字砲火를 받자, 국토교통부는 2020. 9. 11.자 보도자료를 통해[115] 「임차인이 계약갱신요구권을 취득하여 행사할 수 있음에도 계

의 일반적인 채권(매수인의 매도인에 대한 소유권이전등기청구권)에 일순간 열위劣位에 있게 된다는 점, ② 두 번째로 역시 앞서 '제1장 1. 주택임대차의 뜻' 부분의 '각주 2)'에서 살펴본 바와 같이 투기성 짙은 '갭투자(투기)'의 횡행橫行을 막기는 커녕 도리어 그 마지막 단계에서 법제도적으로 이익실현을 보장해주는 결과를 초래할 수 있다는 점(최초 투자·투기 단계에서는 별도의 공적인 규제 없이 사금융으로 타인자본을 융통함), ③ 세 번째로 대한민국헌법 제23조 제1항(모든 국민의 재산권은 보장된다. 그 내용과 한계는 법률로 정한다.)에 따라 부동산의 소유권(재산권)도 주택임대차법(법률)에 의해 제한받을 수 있다는 점」이 그것이다. 금번 '계약갱신청구권'의 법제도적 도입은 그 운용 여하에 따라 작금의 심각한 병폐病弊인 부동산 문제에서 그 저변底邊에 놓인 '부동산不動産의 동산화動産化' 경향을 막는 데에 장기적으로 기여하리라 본다.

115) 국토교통부는 같은 자료에서 「정부는 집주인이 자신의 주택을 매도하

약만료일에 퇴거하기로 합의함에 따라 임대인이 제3자와 실거주를 위한 새로운 계약 관계를 맺은 경우 등, 임대차 종료와 관련한 당사자 간 논의 경과 및 제3자와의 새로운 계약체결 여부 등 제반사정을 고려해 볼 때, 계약갱신이 부당하다고 볼 수 있는 특별한 사정이 인정될 수 있는 경우에는 임대인에게 정당한 갱신거절사유가 있는 것으로 판단될 수 있을 것입니다」 하고 밝혔다.

'제9호' 갱신거절사유

그런데 임차인이 계약갱신청구권을 취득하였는데도 계약 만료 시 퇴거하기로 집주인과 합의하였기에 집주인이 이를 믿고 실거주를 목적으로 하는 제3자와 매매계약을 체결한 경우가 있다고 하자. 과연 이런 경우가 주택임대차법 제6조의3 제1항 '제9호'에서 정한 임차인의 갱신요구를 거절할 사유에 해당할까? 바로 답하기 전에 '제9호'의 문구부터 살펴보자. 크게 "임차인이 임차인으로서의 의무를 현저히 위반한 경우"와 "임대차를 계속하기 어려운 중대한 사유가 있는 경우"로 나눌 수 있다.

거나 (양수인이)실거주 목적의 주택을 매입하는 경우 발생할 수 있는 거래상의 문제를 최소화할 수 있도록 노력하고 있습니다. 특히, 법 제6조의3 제1항은 제1호부터 제8호까지 각각의 갱신거절사유를 정하고 있는 외에 개별 사안의 구체적 사정을 고려할 수 있도록, 제9호에 "그 밖에 임차인이 임차인으로서의 의무를 현저히 위반하거나 임대차를 계속하기 어려운 중대한 사유가 있는 경우"를 갱신거절사유로 정하고 있습니다.」 하고 밝혔다.

(1) 먼저 임차인이 퇴거하기로 했는데도 갱신을 요구한 것이 '전자'의 경우에 해당한다고 보기는 어렵겠다. 임차인이 약속한 퇴거의 이행이 임대차계약상 임차인의 의무, 적어도 임차인의 '주된 의무'로 보기는 어렵기 때문이다. 금번 계약갱신청구권의 신설은 종전 2년에서 4년으로 임차기간을 연장하여 보장하자는 취지이므로, 기실 갱신 요구를 거절할 수 있다는 것은 응당 갱신될 수 있는 계약을 해지하는 것이나 진배없다. 이와 관련하여 '주된 채무'와 '부수적 채무'를 구별[116]하여 계약 해지 가부可否를 다룬 종래의 법리는 시사示唆하는 바가 있다.

대법원도 「채무불이행을 이유로 계약을 해지하려면, 당해 채무가 계약의 목적 달성에 있어 필요불가결하고 이를 이행하지 아니하면 계약의 목적이 달성되지 아니하여 채권자가 그 계약을 체결하지 아니하였을 것이라고 여겨질 정도의 주된 채무이어야 하고, 그렇지 아니한 부수적 채무를 불이행한 데에 지나지 아니한 경우에는 계약을 해지할 수 없다」하고 판시하였다(대판 2011다22948).

116) 그 구별에 관해 대법원은 「계약상의 의무 가운데 주된 채무와 부수적 채무를 구별함에 있어서는 급부의 독립된 가치와는 관계없이 계약을 체결할 때 표명되었거나 그 당시 상황으로 보아 분명하게 객관적으로 나타난 당사자의 합리적 의사에 의하여 결정하되, 계약의 내용·목적·불이행의 결과 등의 여러 사정을 고려하여야 한다」고 판시한 바 있다(대판 2011다22948).

(2) 다음으로 임차인이 퇴거하기로 했는데도 갱신을 요구한 것이 '후자'의 경우에는 해당할까? 실제 사례마다 결과가 다를 것이다(이른바 'case by case'). 위 2020. 9. 11.자 보도자료는 계약갱신이 부당하다고 볼 수 있는 특별한 사정이 인정될 수 있는 경우에는 정당한 갱신거절사유가 있는 것으로 판단될 수 있다고 하였다. 향후 후자의 경우에 해당하여 갱신거절사유로 판단 받는 '특별한 사정'에 관한 판례가 축적될 것이라 예상한다.

위 보도자료에는 '특별한 사정'과 관련한 법리가 무엇인지 뚜렷하게 밝히지 않았지만, 이른바 금반언禁反言의 원칙[117] 또는 신의칙信義則의 법리를 염두한 것으로 보인다. 이 법리에 관해 대법원은 「신의성실의 원칙에 위배된다는 이유로 그 권리의 행사를 부정하기 위해서는 상대방에게 신의를 공여하였다거나 객관적으로 보아 상대방이 신의를 가짐이 정당한 상태에 있어야 하며, 이러한 상대방의 신의에 반하여 권리를 행사하는 것이 정의관념에 비추어 용인될 수 없는 정도의 상태에 이르러야 한다」 하고 판시한다(대판 2005다64552).

117) 앞서 '제4장 7. 임차인의 선행행위와 모순된 거동' 부분에서 금반언의 원칙 일반에 대해 살펴본 바 있다.

10.

계약갱신청구권 ④

향후 임대인 측과 임차인이 첨예하게 대립할 것이라 예상하는 핵심쟁점에 관한 논의를 마지막으로 이어보자.

계약갱신청구권의 포기

소송실무에서 '신의칙 위반'의 주장은 그야말로 변론의 최후 수단으로 통용된다. '신의칙 위반'은 가히 '법적 안정성'을 양보할 만한, 그래서 '구체적 타당성'을 도외시할 수 없는 사례에서 예외적으로 인정받는 법리이다. 그러니 주택임대차법상 임차인 보호의 골격을 이루는 대항력의 문제('법적 안정성')와 대립각을 첨예하게 세울 수밖에 없는 주장이다. 그렇다면 '신의칙 위반'이라는 주장 말고, 좀 더 간명하고 대항력과의 충돌 문제도 피해갈 수 있는 법리가 없을까?

계약갱신청구권의 '법적 성격'으로 돌아가 보자. 앞서 살펴봤듯 상대방 있는 단독행위인 계약갱신청구권 '불행사'의 의사표시는 법리적으로 '계약갱신청구권의 포기'에 해당하고 이를 임차인이 임의로 철회할 수 없다. 임차인이 하는 '갱신요구'의 의사표시든 '갱신불요구'의 의사표시든, 임차인은 형성권의 법리에 비추어 계약갱신청구권을 한 번밖에 행사하지 못한다고 봄이 타당하다. 단발성單發性 권리행사만 인정된다는 뜻이다.

이 법리는 적어도 임대차기간 만료 6개월 전부터 2개월 전까지에 이미 발생한 계약갱신청구권을 임차인이 명시적·묵시적으로 포기한 경우, 주택임대차법 제6조의3 제1항 각호에서 정한 갱신거절사유와는 별도로, 그리하여 주위적主位的·우선적으로 주장[118]할 수 있을 것이다. 물론 임차인이 한 계약갱신청구권의 포기에 대한 입증책임은 임대인 측이 부담한다.

'계약갱신청구권 포기'의 의사표시가 있었는지는 어떻게 판단할 수 있을까? 향후 이 판단은 표시된 행위나 의사표시의 내용과 동기 및 경위, 당사자가 의사표시 등에 의하여 달성하려고 하는 목적과 진정한 의도 등을 종합적으로 고찰하여 사회정의와 형평의 이념에 맞

118) 이 밖에도 집주인(매도인)과 양수인(매수인) 사이 매매계약 체결과정에서 계약갱신청구권을 취득한 임차인이 이들과 사이에서 '퇴거 약정'을 하였다면, 임대인 측은 해당 약정에 기하여 그 이행을 구하는 주장도 할 수 있을 것이다. 양수인(새 집주인)이 임차인을 상대로 건물명도를 구한다고 하자. 먼저 임차인이 '종전 집주인'과 사이에서만 '퇴거 약정'을 하였다면, 이 경우 양수인이 공시자료(전입신고)에 터잡아 제3자(새 집주인)에게 효력을 미치는 임차인의 '대항력 행사'를 물리칠 수 있을지 자못 궁금하다(바로 이 지점에서 '금반언', '신의칙'이라는 법리적 잣대가 고려될 것이다). 다음으로 임차인이 '양수인'과도 '퇴거 약정'을 하였다면, 양수인은 자신과 임차인 사이의 별도의 약정을 직접적인 근거로 삼아 그 이행을 구할 수 있을 것이다.

도록 논리와 경험의 법칙, 그리고 사회일반의 상식에 따라 객관적이고 합리적으로 이루어져야 할 것이다(대판 2013다43666, 43673[119] 참조).

'임의해지권' 행사

계약갱신청구권이 생기는 임대차기간 만료 6개월 전 시점이 다가오는데, 임차인이 그 전부터 집주인한테서 "이 집은 팔려고 내놓았으니 부동산에서 오면 집을 좀 보여주시라"는 부탁을 받았다고 하자. 이런 경우 종전 집주인에 의한 실거주 목적 갱신거절의 가능성은 없지만 임대차기간 만료 6개월 전에 소유권을 확보[120]한 새 집주인에 의한 실거주 목적 갱신거절의 가능성에 불안해할 수 있다. 아직 임대차기간이 6개월 이상 남은 때라 계약을 갱신할지 말지도 결정하지 못했다고 하자.

이런 경우 임차인 입장에서 주거 안정을 극대화할 수 있는 방법을 모색할라치면, 임대차기간 만료 6개월 전 무렵에 우선적으로 계약

---

119) 대법원은 취득시효 완성에 따른 '시효이익 포기'의 의사표시가 문제된 사례에서, 그 존재 여부의 판단과 관련하여 같은 취지로 판시하였다(대판 2013다43666, 43673).

120) 다만 종래의 부동산 거래현실을 감안할 때, 매도인(집주인) 입장에서 매매대금을 완납 받지 않은 채 소유권을 이전해 주기는 어렵고, 매수인(양수인) 입장에서 실제 입주 시점을 6개월 이상 남겨놓고 그 입주 여부가 불투명한 상태에서 매매대금을 완납하기도 쉽지 않을 것이다.

갱신청구권을 행사할 것을 권한다. 계약갱신청구권이 발생하자마자 이를 행사하여 계약갱신의 의사표시가 집주인에게 도달시키면, 실거주 목적으로 그 이후에 소유권을 확보한 양수인의 갱신거절을 사전에 무력화無力化시킬 가능성이 커지니 말이다.

이렇게 이른 시기에 갱신요구를 하여 계약이 갱신되었는데 막상 기간 만료 무렵 2년 더 살 필요가 없게 된 임차인이라도, 크게 걱정할 필요가 없다. 주택임대차법 제6조의3 제4항이 제6조의2(묵시적 갱신의 경우 계약의 해지)을 준용함에 따라, 임차인은 갱신된 기간 2년 도중에 얼마든지 계약을 해지할 수 있다. 임차인이 이른바 '임의해지권'을 행사하여 그 계약해지의 통지가 집주인에게 도달한 날부터 3개월이 지나면 계약은 자동으로 해지된다. 기실 계약갱신청구권에 덧붙여진 임의해지권이야말로, 현재 논외論外의 쟁점이지만 임차인 보호를 위해 새 주택임대차법이 가외加外[121]로 부여한 강력한 수단이다.

---

121) 임차인이 향후 '2년'이라는 특정의 기간을 연장하여 살겠다고 적극적으로 갱신요구의 의사를 표시했다는 점에서 '계약갱신청구권 행사'에 따른 계약갱신이 인정되는 경우는, 임대차계약의 당사자 쌍방이 아무런 의사를 표시하지 아니하여 '묵시적 갱신'이 인정되는 경우와 그 사실관계가 명확히 다르다고 볼 것이다. 대법원도 상가임대차 사례에서 계약갱신요구권의 행사로 인한 계약갱신과 법정갱신(묵시적 갱신)은 서로 다르다고 하였다. 곧 「구 상가건물 임대차보호법(2009. 1. 30. 법률 제9361호로 개정되기 전의 것) 제10조 제1항에서 정하는 임차인의 계약갱신요구권은 임차인이 임대차기간이 만료되기 6개월 전부터 1개월 전까지 사이에 계약의 갱신을 요구하면 그 단서에서 정하는 사유가 없는 한 임대인이 그 갱신을 거절할 수 없는 것을 내용으로 하여

이로써 임차인에게는 '계약연장'의 주도권 외에 연장된 계약의 '중도 파기권'도 주어진 셈이다.

서 임차인의 주도로 임대차계약의 갱신을 달성하려는 것이다. 이에 비하여 같은 조 제4항은 임대인이 위와 같은 기간 내에 갱신거절의 통지 또는 조건변경의 통지를 하지 아니하면 임대차기간이 만료된 때에 임대차의 갱신을 의제하는 것으로서, 기간의 만료로 인한 임대차관계의 종료에 임대인의 적극적인 조치를 요구한다. 이와 같이 이들 두 법조항상의 각 임대차갱신제도는 그 취지와 내용을 서로 달리하는 것이므로, 임차인의 갱신요구권에 관하여 전체 임대차기간을 5년으로 제한하는 같은 조 제2항의 규정은 같은 조 제4항에서 정하는 법정갱신에 대하여는 적용되지 아니한다.」하고 판시하였다(대판 2009다64307).

부 록

1. 민법 「임대차」 편
2. 주택임대차보호법 및 그 시행령
3. 법무부 주택임대차 표준계약서

주택임대차분쟁에 적용되는 법조문 정리

1. 민법

제7절 임대차

제618조(임대차의 의의)

임대차는 당사자일방이 상대방에게 목적물을 사용, 수익하게 할 것을 약정하고 상대방이 이에 대하여 차임을 지급할 것을 약정함으로써 그 효력이 생긴다.

제619조(처분능력, 권한 없는 자의 할 수 있는 단기임대차)

처분의 능력 또는 권한 없는 자가 임대차를 하는 경우에는 그 임대차는 다음 각 호의 기간을 넘지 못한다.

1. 식목, 채염 또는 석조, 석회조, 연와조 및 이와 유사한 건축을 목적으로 한 토지의 임대차는 10년
2. 기타 토지의 임대차는 5년
3. 건물 기타 공작물의 임대차는 3년
4. 동산의 임대차는 6월

제620조(단기임대차의 갱신)

전조의 기간은 갱신할 수 있다. 그러나 그 기간만료 전 토지에 대하여는 1년, 건물 기타 공작물에 대하여는 3월, 동산에 대하여는 1월내에 갱신하여야 한다.

제621조(임대차의 등기)

① 부동산임차인은 당사자간에 반대 약정이 없으면 임대인에 대하여 그 임대차등기절차에 협력할 것을 청구할 수 있다.

② 부동산임대차를 등기한 때에는 그때부터 제삼자에 대하여 효력이 생긴다.

제622조(건물등기 있는 차지권의 대항력)

① 건물의 소유를 목적으로 한 토지임대차는 이를 등기하지 아니한 경우에도 임차인이 그 지상건물을 등기한 때에는 제삼자에 대하여 임대차의 효력이 생긴다.

② 건물이 임대차기간 만료 전에 멸실 또는 후폐한 때에는 전항의 효력을 잃는다.

제623조(임대인의 의무)

임대인은 목적물을 임차인에게 인도하고 계약존속 중 그 사용, 수익에 필요한 상태를 유지하게 할 의무를 부담한다.

제624조(임대인의 보존행위, 인용의무)

임대인이 임대물의 보존에 필요한 행위를 하는 때에는 임차인은 이를 거절하지 못한다.

제625조(임차인의 의사에 반하는 보존행위와 해지권)

임대인이 임차인의 의사에 반하여 보존행위를 하는 경우에 임차인이 이로 인하여 임차의 목적을 달성할 수 없는 때에는 계약을 해지할 수 있다.

제626조(임차인의 상환청구권)

① 임차인이 임차물의 보존에 관한 필요비를 지출한 때에는 임대인에 대하여 그 상환을 청구할 수 있다.

② 임차인이 유익비를 지출한 경우에는 임대인은 임대차 종료시에 그 가액의 증가가 현존한때에 한하여 임차인의 지출한 금액이나 그 증가액을 상환하여야 한다. 이 경우에 법원은 임대인의 청구에 의하여 상당한 상환기간을 허여할 수 있다.

제627조(일부멸실 등과 감액청구, 해지권)

① 임차물의 일부가 임차인의 과실 없이 멸실 기타 사유로 인하여

사용, 수익할 수 없는 때에는 임차인은 그 부분의 비율에 의한 차임의 감액을 청구할 수 있다.

② 전항의 경우에 그 잔존부분으로 임차의 목적을 달성할 수 없는 때에는 임차인은 계약을 해지할 수 있다.

제628조(차임증감청구권)

임대물에 대한 공과부담의 증감 기타 경제사정의 변동으로 인하여 약정한 차임이 상당하지 아니하게 된 때에는 당사자는 장래에 대한 차임의 증감을 청구할 수 있다.

제629조(임차권의 양도, 전대의 제한)

① 임차인은 임대인의 동의 없이 그 권리를 양도하거나 임차물을 전대하지 못한다.

② 임차인이 전항의 규정에 위반한 때에는 임대인은 계약을 해지할 수 있다.

제630조(전대의 효과)

① 임차인이 임대인의 동의를 얻어 임차물을 전대한 때에는 전차인은 직접 임대인에 대하여 의무를 부담한다. 이 경우에 전차인은 전대인에 대한 차임의 지급으로써 임대인에게 대항하지 못한다.

② 전항의 규정은 임대인의 임차인에 대한 권리행사에 영향을 미치지 아니한다.

제631조(전차인의 권리의 확정)

임차인이 임대인의 동의를 얻어 임차물을 전대한 경우에는 임대인과 임차인의 합의로 계약을 종료한 때에도 전차인의 권리는 소멸하지 아니한다.

제632조(임차건물의 소부분을 타인에게 사용케 하는 경우)

전3조의 규정은 건물의 임차인이 그 건물의 소부분을 타인에게 사용하게 하는 경우에 적용하지 아니한다.

제633조(차임지급의 시기)

차임은 동산, 건물이나 대지에 대하여는 매월 말에, 기타 토지에 대하여는 매년 말에 지급하여야 한다. 그러나 수확기 있는 것에 대하여는 그 수확 후 지체없이 지급하여야 한다.

제634조(임차인의 통지의무)

임차물의 수리를 요하거나 임차물에 대하여 권리를 주장하는 자가 있는 때에는 임차인은 지체없이 임대인에게 이를 통지하여야 한다. 그러나 임대인이 이미 이를 안 때에는 그러하지 아니하다.

제635조(기간의 약정 없는 임대차의 해지통고)

① 임대차기간의 약정이 없는 때에는 당사자는 언제든지 계약해지의 통고를 할 수 있다.

② 상대방이 전항의 통고를 받은 날로부터 다음 각 호의 기간이 경과하면 해지의 효력이 생긴다.

1. 토지, 건물 기타 공작물에 대하여는 임대인이 해지를 통고한 경우에는 6월, 임차인이 해지를 통고한 경우에는 1월
2. 동산에 대하여는 5일

제636조(기간의 약정 있는 임대차의 해지통고)

임대차기간의 약정이 있는 경우에도 당사자일방 또는 쌍방이 그 기간 내에 해지할 권리를 보류한 때에는 전조의 규정을 준용한다.

제637조(임차인의 파산과 해지통고)

① 임차인이 파산선고를 받은 경우에는 임대차기간의 약정이 있는 때에도 임대인 또는 파산관재인은 제635조의 규정에 의하여 계약해지의 통고를 할 수 있다.

② 전항의 경우에 각 당사자는 상대방에 대하여 계약해지로 인하여 생긴 손해의 배상을 청구하지 못한다.

제638조(해지통고의 전차인에 대한 통지)

① 임대차계약이 해지의 통고로 인하여 종료된 경우에 그 임대물이 적법하게 전대되었을 때에는 임대인은 전차인에 대하여 그 사유를 통지하지 아니하면 해지로써 전차인에게 대항하지 못한다.

② 전차인이 전항의 통지를 받은 때에는 제635조 제2항의 규정을 준용한다.

제639조(묵시의 갱신)

① 임대차기간이 만료한 후 임차인이 임차물의 사용, 수익을 계속하는 경우에 임대인이 상당한 기간 내에 이의를 하지 아니한 때에는 전 임대차와 동일한 조건으로 다시 임대차한 것으로 본다. 그러나 당사자는 제635조의 규정에 의하여 해지의 통고를 할 수 있다.

② 전항의 경우에 전임대차에 대하여 제삼자가 제공한 담보는 기간의 만료로 인하여 소멸한다.

제640조(차임연체와 해지)

건물 기타 공작물의 임대차에는 임차인의 차임연체액이 2기의 차임액에 달하는 때에는 임대인은 계약을 해지할 수 있다.

제641조(동전)

건물 기타 공작물의 소유 또는 식목, 채염, 목축을 목적으로 한 토지임대차의 경우에도 전조의 규정을 준용한다.

제642조(토지임대차의 해지와 지상건물 등에 대한 담보물권자에의 통지)

전조의 경우에 그 지상에 있는 건물 기타 공작물이 담보물권의 목적이 된 때에는 제288조의 규정을 준용한다.

제643조(임차인의 갱신청구권, 매수청구권)

건물 기타 공작물의 소유 또는 식목, 채염, 목축을 목적으로 한 토지임대차의 기간이 만료한 경우에 건물, 수목 기타 지상시설이 현존한 때에는 제283조의 규정을 준용한다.

〔참 조〕

제283조(지상권자의 갱신청구권, 매수청구권)

① 지상권이 소멸한 경우에 건물 기타 공작물이나 수목이 현존한 때에는 지상권자는 계약의 갱신을 청구할 수 있다.

② 지상권설정자가 계약의 갱신을 원하지 아니하는 때에는 지상권자는 상당한 가액으로 전항의 공작물이나 수목의 매수를 청구할 수 있다.

제644조(전차인의 임대청구권, 매수청구권)

① 건물 기타 공작물의 소유 또는 식목, 채염, 목축을 목적으로 한 토지임차인이 적법하게 그 토지를 전대한 경우에 임대차 및 전대차의 기간이 동시에 만료되고 건물, 수목 기타 지상시설이 현존한 때에는 전

차인은 임대인에 대하여 전전대차와 동일한 조건으로 임대할 것을 청구할 수 있다.

② 전항의 경우에 임대인이 임대할 것을 원하지 아니하는 때에는 제283조 제2항의 규정을 준용한다.

제645조(지상권목적토지의 임차인의 임대청구권, 매수청구권)

전조의 규정은 지상권자가 그 토지를 임대한 경우에 준용한다.

제646조(임차인의 부속물매수청구권)

① 건물 기타 공작물의 임차인이 그 사용의 편익을 위하여 임대인의 동의를 얻어 이에 부속한 물건이 있는 때에는 임대차의 종료시에 임대인에 대하여 그 부속물의 매수를 청구할 수 있다.

② 임대인으로부터 매수한 부속물에 대하여도 전항과 같다.

제647조(전차인의 부속물매수청구권)

① 건물 기타 공작물의 임차인이 적법하게 전대한 경우에 전차인이 그 사용의 편익을 위하여 임대인의 동의를 얻어 이에 부속한 물건이 있는 때에는 전대차의 종료시에 임대인에 대하여 그 부속물의 매수를 청구할 수 있다.

② 임대인으로부터 매수하였거나 그 동의를 얻어 임차인으로부터 매수한 부속물에 대하여도 전항과 같다.

제648조(임차지의 부속물, 과실 등에 대한 법정질권)

토지임대인이 임대차에 관한 채권에 의하여 임차지에 부속 또는 그 사용의 편익에 공용한 임차인의 소유동산 및 그 토지의 과실을 압류한 때에는 질권과 동일한 효력이 있다.

제649조(임차지상의 건물에 대한 법정저당권)

토지임대인이 변제기를 경과한 최후 2년의 차임채권에 의하여 그 지상에 있는 임차인소유의 건물을 압류한 때에는 저당권과 동일한 효력이 있다.

제650조(임차건물 등의 부속물에 대한 법정질권)

건물 기타 공작물의 임대인이 임대차에 관한 채권에 의하여 그 건물 기타 공작물에 부속한 임차인소유의 동산을 압류한 때에는 질권과 동일한 효력이 있다.

제651조 삭제

제652조(강행규정)

제627조, 제628조, 제631조, 제635조, 제638조, 제640조, 제641조, 제643조 내지 제647조의 규정에 위반하는 약정으로 임차인이나 전차인에게 불리한 것은 그 효력이 없다.

제653조(일시사용을 위한 임대차의 특례)

제628조, 제638조, 제640조, 제646조 내지 제648조, 제650조 및 전조의 규정은 일시사용하기 위한 임대차 또는 전대차인 것이 명백한 경우에는 적용하지 아니한다.

제654조(준용규정)

제610조 제1항, 제615조 내지 제617조의 규정은 임대차에 이를 준용한다.

〔참 조〕

제615조(차주의 원상회복의무와 철거권)

차주가 차용물을 반환하는 때에는 이를 원상에 회복하여야 한다. 이에 부속시킨 물건은 철거할 수 있다.

제616조(공동차주의 연대의무)

수인이 공동하여 물건을 차용한 때에는 연대하여 그 의무를 부담한다.

제617조(손해배상, 비용상환청구의 기간)

계약 또는 목적물의 성질에 위반한 사용, 수익으로 인하여 생긴 손해배상의 청구와 차주가 지출한 비용의 상환청구는 대주가 물건의 반환을 받은 날로부터 6월내에 하여야 한다.

2. 주택임대차보호법 및 그 시행령

1. 주택임대차보호법(약칭 '주택임대차법')

[시행 2020. 7. 31.(일부 2020. 11. 1. 및 2020. 12. 10.)]

[법률 제17470호, 2020. 7. 31. 일부개정]

제1조(목적)

이 법은 주거용 건물의 임대차에 관하여 「민법」에 대한 특례를 규정함으로써 국민 주거생활의 안정을 보장함을 목적으로 한다.

제2조(적용 범위)

이 법은 주거용 건물(이하 "주택"이라 한다)의 전부 또는 일부의 임대차에 관하여 적용한다. 그 임차주택의 일부가 주거 외의 목적으로 사용되는 경우에도 또한 같다.

제3조(대항력 등)

① 임대차는 그 등기가 없는 경우에도 임차인이 주택의 인도와 주민등록을 마친 때에는 그 다음 날부터 제삼자에 대하여 효력이 생긴다. 이 경우 전입신고를 한 때에 주민등록이 된 것으로 본다.

② 주택도시기금을 재원으로 하여 저소득층 무주택자에게 주거생활 안정을 목적으로 전세임대주택을 지원하는 법인이 주택을 임차한 후 지방자치단체의 장 또는 그 법인이 선정한 입주자가 그 주택을 인도받고 주민등록을 마쳤을 때에는 제1항을 준용한다. 이 경우 대항력이 인정되는 법인은 대통령령으로 정한다.

③ 「중소기업기본법」 제2조에 따른 중소기업에 해당하는 법인이 소속 직원의 주거용으로 주택을 임차한 후 그 법인이 선정한 직원이 해당 주택을 인도받고 주민등록을 마쳤을 때에는 제1항을 준용한다. 임대차가 끝나기 전에 그 직원이 변경된 경우에는 그 법인이 선정한 새

로운 직원이 주택을 인도받고 주민등록을 마친 다음 날부터 제삼자에 대하여 효력이 생긴다.

④ 임차주택의 양수인(그 밖에 임대할 권리를 승계한 자를 포함한다)은 임대인의 지위를 승계한 것으로 본다.

⑤ 이 법에 따라 임대차의 목적이 된 주택이 매매나 경매의 목적물이 된 경우에는 「민법」 제575조 제1항ㆍ제3항 및 같은 법 제578조를 준용한다.

⑥ 제5항의 경우에는 동시이행의 항변권에 관한 「민법」 제536조를 준용한다.

제3조의2(보증금의 회수)

① 임차인(제3조 제2항 및 제3항의 법인을 포함한다. 이하 같다)이 임차주택에 대하여 보증금반환청구소송의 확정판결이나 그 밖에 이에 준하는 집행권원에 따라서 경매를 신청하는 경우에는 집행개시요건에 관한 「민사집행법」 제41조에도 불구하고 반대의무의 이행이나 이행의 제공을 집행개시의 요건으로 하지 아니한다.

② 제3조 제1항ㆍ제2항 또는 제3항의 대항요건과 임대차계약증서(제3조 제2항 및 제3항의 경우에는 법인과 임대인 사이의 임대차계약증서를 말한다) 상의 확정일자를 갖춘 임차인은 「민사집행법」에 따른 경매 또는 「국세징수법」에 따른 공매를 할 때에 임차주택(대지를 포함한다)의 환가대금에서 후순위권리자나 그 밖의 채권자보다 우선하여 보증금을 변제받을 권리가 있다.

③ 임차인은 임차주택을 양수인에게 인도하지 아니하면 제2항에 따른 보증금을 받을 수 없다.

④ 제2항 또는 제7항에 따른 우선변제의 순위와 보증금에 대하여 이의가 있는 이해관계인은 경매법원이나 체납처분청에 이의를 신청할 수 있다.

⑤ 제4항에 따라 경매법원에 이의를 신청하는 경우에는 「민사집행법」 제152조부터 제161조까지의 규정을 준용한다.

⑥ 제4항에 따라 이의신청을 받은 체납처분청은 이해관계인이 이의

신청일부터 7일 이내에 임차인 또는 제7항에 따라 우선변제권을 승계한 금융기관 등을 상대로 소를 제기한 것을 증명하면 해당 소송이 끝날 때까지 이의가 신청된 범위에서 임차인 또는 제7항에 따라 우선변제권을 승계한 금융기관 등에 대한 보증금의 변제를 유보하고 남은 금액을 배분하여야 한다. 이 경우 유보된 보증금은 소송의 결과에 따라 배분한다.

⑦ 다음 각 호의 금융기관 등이 제2항, 제3조의3 제5항, 제3조의4제1항에 따른 우선변제권을 취득한 임차인의 보증금반환채권을 계약으로 양수한 경우에는 양수한 금액의 범위에서 우선변제권을 승계한다.

1. 「은행법」에 따른 은행
2. 「중소기업은행법」에 따른 중소기업은행
3. 「한국산업은행법」에 따른 한국산업은행
4. 「농업협동조합법」에 따른 농협은행
5. 「수산업협동조합법」에 따른 수협은행
6. 「우체국예금 · 보험에 관한 법률」에 따른 체신관서
7. 「한국주택금융공사법」에 따른 한국주택금융공사
8. 「보험업법」 제4조 제1항 제2호 라목의 보증보험을 보험종목으로 허가받은 보험회사
9. 「주택도시기금법」에 따른 주택도시보증공사
10. 그 밖에 제1호부터 제9호까지에 준하는 것으로서 대통령령으로 정하는 기관

⑧ 제7항에 따라 우선변제권을 승계한 금융기관 등(이하 "금융기관등"이라 한다)은 다음 각 호의 어느 하나에 해당하는 경우에는 우선변제권을 행사할 수 없다.

1. 임차인이 제3조 제1항 · 제2항 또는 제3항의 대항요건을 상실한 경우
2. 제3조의3 제5항에 따른 임차권등기가 말소된 경우
3. 「민법」 제621조에 따른 임대차등기가 말소된 경우

⑨ 금융기관등은 우선변제권을 행사하기 위하여 임차인을 대리하거

나 대위하여 임대차를 해지할 수 없다.

제3조의3(임차권등기명령)

① 임대차가 끝난 후 보증금이 반환되지 아니한 경우 임차인은 임차주택의 소재지를 관할하는 지방법원 · 지방법원지원 또는 시 · 군 법원에 임차권등기명령을 신청할 수 있다.

② 임차권등기명령의 신청서에는 다음 각 호의 사항을 적어야 하며, 신청의 이유와 임차권등기의 원인이 된 사실을 소명하여야 한다.

1. 신청의 취지 및 이유
2. 임대차의 목적인 주택(임대차의 목적이 주택의 일부분인 경우에는 해당 부분의 도면을 첨부한다)
3. 임차권등기의 원인이 된 사실(임차인이 제3조 제1항 · 제2항 또는 제3항에 따른 대항력을 취득하였거나 제3조의2 제2항에 따른 우선변제권을 취득한 경우에는 그 사실)
4. 그 밖에 대법원규칙으로 정하는 사항

③ 다음 각 호의 사항 등에 관하여는 「민사집행법」 제280조 제1항, 제281조, 제283조, 제285조, 제286조, 제288조 제1항 · 제2항 본문, 제289조, 제290조 제2항 중 제288조 제1항에 대한 부분, 제291조 및 제293조를 준용한다. 이 경우 "가압류"는 "임차권등기"로, "채권자"는 "임차인"으로, "채무자"는 "임대인"으로 본다.

1. 임차권등기명령의 신청에 대한 재판
2. 임차권등기명령의 결정에 대한 임대인의 이의신청 및 그에 대한 재판
3. 임차권등기명령의 취소신청 및 그에 대한 재판
4. 임차권등기명령의 집행

④ 임차권등기명령의 신청을 기각하는 결정에 대하여 임차인은 항고할 수 있다.

⑤ 임차인은 임차권등기명령의 집행에 따른 임차권등기를 마치면 제3조 제1항 · 제2항 또는 제3항에 따른 대항력과 제3조의2 제2항에 따른 우선변제권을 취득한다. 다만, 임차인이 임차권등기 이전에 이미

대항력이나 우선변제권을 취득한 경우에는 그 대항력이나 우선변제권은 그대로 유지되며, 임차권등기 이후에는 제3조 제1항·제2항 또는 제3항의 대항요건을 상실하더라도 이미 취득한 대항력이나 우선변제권을 상실하지 아니한다.

⑥ 임차권등기명령의 집행에 따른 임차권등기가 끝난 주택(임대차의 목적이 주택의 일부분인 경우에는 해당 부분으로 한정한다)을 그 이후에 임차한 임차인은 제8조에 따른 우선변제를 받을 권리가 없다.

⑦ 임차권등기의 촉탁, 등기관의 임차권등기 기입 등 임차권등기명령을 시행하는 데에 필요한 사항은 대법원규칙으로 정한다.

⑧ 임차인은 제1항에 따른 임차권등기명령의 신청과 그에 따른 임차권등기와 관련하여 든 비용을 임대인에게 청구할 수 있다.

⑨ 금융기관등은 임차인을 대위하여 제1항의 임차권등기명령을 신청할 수 있다. 이 경우 제3항·제4항 및 제8항의 "임차인"은 "금융기관등"으로 본다.

제3조의4(「민법」에 따른 주택임대차등기의 효력 등)

① 「민법」 제621조에 따른 주택임대차등기의 효력에 관하여는 제3조의3 제5항 및 제6항을 준용한다.

② 임차인이 대항력이나 우선변제권을 갖추고 「민법」 제621조 제1항에 따라 임대인의 협력을 얻어 임대차등기를 신청하는 경우에는 신청서에 「부동산등기법」 제74조 제1호부터 제5호까지의 사항 외에 다음 각 호의 사항을 적어야 하며, 이를 증명할 수 있는 서면(임대차의 목적이 주택의 일부분인 경우에는 해당 부분의 도면을 포함한다)을 첨부하여야 한다.

1. 주민등록을 마친 날
2. 임차주택을 점유한 날
3. 임대차계약증서상의 확정일자를 받은 날

제3조의5(경매에 의한 임차권의 소멸)

임차권은 임차주택에 대하여 「민사집행법」에 따른 경매가 행하여진 경우에는 그 임차주택의 경락에 따라 소멸한다. 다만, 보증금이 모두 변제되지 아니한, 대항력이 있는 임차권은 그러하지 아니하다.

제3조의6(확정일자 부여 및 임대차 정보제공 등)

① 제3조의2 제2항의 확정일자는 주택 소재지의 읍·면사무소, 동 주민센터 또는 시(특별시·광역시·특별자치시는 제외하고, 특별자치도는 포함한다)·군·구(자치구를 말한다)의 출장소, 지방법원 및 그 지원과 등기소 또는 「공증인법」에 따른 공증인(이하 이 조에서 "확정일자부여기관"이라 한다)이 부여한다.

② 확정일자부여기관은 해당 주택의 소재지, 확정일자 부여일, 차임 및 보증금 등을 기재한 확정일자부를 작성하여야 한다. 이 경우 전산처리정보조직을 이용할 수 있다.

③ 주택의 임대차에 이해관계가 있는 자는 확정일자부여기관에 해당 주택의 확정일자 부여일, 차임 및 보증금 등 정보의 제공을 요청할 수 있다. 이 경우 요청을 받은 확정일자부여기관은 정당한 사유 없이 이를 거부할 수 없다.

④ 임대차계약을 체결하려는 자는 임대인의 동의를 받아 확정일자부여기관에 제3항에 따른 정보제공을 요청할 수 있다.

⑤ 제1항·제3항 또는 제4항에 따라 확정일자를 부여받거나 정보를 제공받으려는 자는 수수료를 내야 한다.

⑥ 확정일자부에 기재하여야 할 사항, 주택의 임대차에 이해관계가 있는 자의 범위, 확정일자부여기관에 요청할 수 있는 정보의 범위 및 수수료, 그 밖에 확정일자부여사무와 정보제공 등에 필요한 사항은 대통령령 또는 대법원규칙으로 정한다.

제4조(임대차기간 등)

① 기간을 정하지 아니하거나 2년 미만으로 정한 임대차는 그 기간을 2년으로 본다. 다만, 임차인은 2년 미만으로 정한 기간이 유효함을 주장할 수 있다.

② 임대차기간이 끝난 경우에도 임차인이 보증금을 반환받을 때까지는 임대차관계가 존속되는 것으로 본다.

제5조 삭제

제6조(계약의 갱신)

① 임대인이 임대차기간이 끝나기 6개월 전부터 2개월 전까지의 기간에 임차인에게 갱신거절의 통지를 하지 아니하거나 계약조건을 변경하지 아니하면 갱신하지 아니한다는 뜻의 통지를 하지 아니한 경우에는 그 기간이 끝난 때에 전 임대차와 동일한 조건으로 다시 임대차한 것으로 본다. 임차인이 임대차기간이 끝나기 2개월 전까지 통지하지 아니한 경우에도 또한 같다. <개정 2020. 6. 9.>

② 제1항의 경우 임대차의 존속기간은 2년으로 본다.

③ 2기의 차임액에 달하도록 연체하거나 그 밖에 임차인으로서의 의무를 현저히 위반한 임차인에 대하여는 제1항을 적용하지 아니한다.

제6조의2(묵시적 갱신의 경우 계약의 해지)

① 제6조 제1항에 따라 계약이 갱신된 경우 같은 조 제2항에도 불구하고 임차인은 언제든지 임대인에게 계약해지를 통지할 수 있다.

② 제1항에 따른 해지는 임대인이 그 통지를 받은 날부터 3개월이 지나면 그 효력이 발생한다.

제6조의3(계약갱신요구 등)

① 제6조에도 불구하고 임대인은 임차인이 제6조 제1항 전단의 기간 이내에 계약갱신을 요구할 경우 정당한 사유 없이 거절하지 못한다. 다만, 다음 각 호의 어느 하나에 해당하는 경우에는 그러하지 아니하다.

1. 임차인이 2기의 차임액에 해당하는 금액에 이르도록 차임을 연체한 사실이 있는 경우
2. 임차인이 거짓이나 그 밖의 부정한 방법으로 임차한 경우
3. 서로 합의하여 임대인이 임차인에게 상당한 보상을 제공한 경우
4. 임차인이 임대인의 동의 없이 목적 주택의 전부 또는 일부를 전대한 경우
5. 임차인이 임차한 주택의 전부 또는 일부를 고의나 중대한 과실로 파손한 경우
6. 임차한 주택의 전부 또는 일부가 멸실되어 임대차의 목적을 달성하지 못할 경우

7. 임대인이 다음 각 목의 어느 하나에 해당하는 사유로 목적 주택의 전부 또는 대부분을 철거하거나 재건축하기 위하여 목적 주택의 점유를 회복할 필요가 있는 경우
   가. 임대차계약 체결 당시 공사시기 및 소요기간 등을 포함한 철거 또는 재건축 계획을 임차인에게 구체적으로 고지하고 그 계획에 따르는 경우
   나. 건물이 노후·훼손 또는 일부 멸실되는 등 안전사고의 우려가 있는 경우
   다. 다른 법령에 따라 철거 또는 재건축이 이루어지는 경우
8. 임대인(임대인의 직계존속·직계비속을 포함한다)이 목적 주택에 실제 거주하려는 경우
9. 그 밖에 임차인이 임차인으로서의 의무를 현저히 위반하거나 임대차를 계속하기 어려운 중대한 사유가 있는 경우

② 임차인은 제1항에 따른 계약갱신요구권을 1회에 한하여 행사할 수 있다. 이 경우 갱신되는 임대차의 존속기간은 2년으로 본다.

③ 갱신되는 임대차는 전 임대차와 동일한 조건으로 다시 계약된 것으로 본다. 다만, 차임과 보증금은 제7조의 범위에서 증감할 수 있다.

④ 제1항에 따라 갱신되는 임대차의 해지에 관하여는 제6조의2를 준용한다.

⑤ 임대인이 제1항 제8호의 사유로 갱신을 거절하였음에도 불구하고 갱신요구가 거절되지 아니하였더라면 갱신되었을 기간이 만료되기 전에 정당한 사유 없이 제3자에게 목적 주택을 임대한 경우 임대인은 갱신거절로 인하여 임차인이 입은 손해를 배상하여야 한다.

⑥ 제5항에 따른 손해배상액은 거절 당시 당사자 간에 손해배상액의 예정에 관한 합의가 이루어지지 않는 한 다음 각 호의 금액 중 큰 금액으로 한다.

1. 갱신거절 당시 월차임(차임 외에 보증금이 있는 경우에는 그 보증금을 제7조의2 각 호 중 낮은 비율에 따라 월 단위의 차임으로 전환한 금액을 포함한다. 이하 "환산월차임"이라 한다)

의 3개월분에 해당하는 금액

2. 임대인이 제3자에게 임대하여 얻은 환산월차임과 갱신거절 당시 환산월차임 간 차액의 2년분에 해당하는 금액

3. 제1항 제8호의 사유로 인한 갱신거절로 인하여 임차인이 입은 손해액

[본조신설 2020. 7. 31.]

제7조(차임 등의 증감청구권)

① 당사자는 약정한 차임이나 보증금이 임차주택에 관한 조세, 공과금, 그 밖의 부담의 증감이나 경제사정의 변동으로 인하여 적절하지 아니하게 된 때에는 장래에 대하여 그 증감을 청구할 수 있다. 이 경우 증액청구는 임대차계약 또는 약정한 차임이나 보증금의 증액이 있은 후 1년 이내에는 하지 못한다. <개정 2020. 7. 31.>

② 제1항에 따른 증액청구는 약정한 차임이나 보증금의 20분의 1의 금액을 초과하지 못한다. 다만, 특별시 · 광역시 · 특별자치시 · 도 및 특별자치도는 관할 구역 내의 지역별 임대차 시장 여건 등을 고려하여 본문의 범위에서 증액청구의 상한을 조례로 달리 정할 수 있다. <신설 2020. 7. 31.>

제7조의2(월차임 전환 시 산정률의 제한)

보증금의 전부 또는 일부를 월 단위의 차임으로 전환하는 경우에는 그 전환되는 금액에 다음 각 호 중 낮은 비율을 곱한 월차임의 범위를 초과할 수 없다.

1. 「은행법」에 따른 은행에서 적용하는 대출금리와 해당 지역의 경제 여건 등을 고려하여 대통령령으로 정하는 비율

2. 한국은행에서 공시한 기준금리에 대통령령으로 정하는 이율을 더한 비율

제8조(보증금 중 일정액의 보호)

① 임차인은 보증금 중 일정액을 다른 담보물권자보다 우선하여 변제받을 권리가 있다. 이 경우 임차인은 주택에 대한 경매신청의 등기 전에 제3조 제1항의 요건을 갖추어야 한다.

② 제1항의 경우에는 제3조의2 제4항부터 제6항까지의 규정을 준용한다.

③ 제1항에 따라 우선변제를 받을 임차인 및 보증금 중 일정액의 범위와 기준은 제8조의2에 따른 주택임대차위원회의 심의를 거쳐 대통령령으로 정한다. 다만, 보증금 중 일정액의 범위와 기준은 주택가액(대지의 가액을 포함한다)의 2분의 1을 넘지 못한다.

제8조의2(주택임대차위원회)

① 제8조에 따라 우선변제를 받을 임차인 및 보증금 중 일정액의 범위와 기준을 심의하기 위하여 법무부에 주택임대차위원회(이하 "위원회"라 한다)를 둔다.

② 위원회는 위원장 1명을 포함한 9명 이상 15명 이하의 위원으로 구성한다.

③ 위원회의 위원장은 법무부차관이 된다.

④ 위원회의 위원은 다음 각 호의 어느 하나에 해당하는 사람 중에서 위원장이 위촉하되, 다음 제1호부터 제5호까지에 해당하는 위원을 각각 1명 이상 위촉하여야 하고, 위원 중 2분의 1 이상은 제1호·제2호 또는 제6호에 해당하는 사람을 위촉하여야 한다.

1. 법학·경제학 또는 부동산학 등을 전공하고 주택임대차 관련 전문지식을 갖춘 사람으로서 공인된 연구기관에서 조교수 이상 또는 이에 상당하는 직에 5년 이상 재직한 사람
2. 변호사·감정평가사·공인회계사·세무사 또는 공인중개사로서 5년 이상 해당 분야에서 종사하고 주택임대차 관련 업무경험이 풍부한 사람
3. 기획재정부에서 물가 관련 업무를 담당하는 고위공무원단에 속하는 공무원
4. 법무부에서 주택임대차 관련 업무를 담당하는 고위공무원단에 속하는 공무원(이에 상당하는 특정직 공무원을 포함한다)
5. 국토교통부에서 주택사업 또는 주거복지 관련 업무를 담당하는 고위공무원단에 속하는 공무원
6. 그 밖에 주택임대차 관련 학식과 경험이 풍부한 사람으로서 대통령령으로 정하는 사람

⑤ 그 밖에 위원회의 구성 및 운영 등에 필요한 사항은 대통령령으로 정한다.

제9조(주택 임차권의 승계)

① 임차인이 상속인 없이 사망한 경우에는 그 주택에서 가정공동생활을 하던 사실상의 혼인 관계에 있는 자가 임차인의 권리와 의무를 승계한다.

② 임차인이 사망한 때에 사망 당시 상속인이 그 주택에서 가정공동생활을 하고 있지 아니한 경우에는 그 주택에서 가정공동생활을 하던 사실상의 혼인 관계에 있는 자와 2촌 이내의 친족이 공동으로 임차인의 권리와 의무를 승계한다.

③ 제1항과 제2항의 경우에 임차인이 사망한 후 1개월 이내에 임대인에게 제1항과 제2항에 따른 승계 대상자가 반대의사를 표시한 경우에는 그러하지 아니하다.

④ 제1항과 제2항의 경우에 임대차관계에서 생긴 채권·채무는 임차인의 권리의무를 승계한 자에게 귀속된다.

제10조(강행규정)

이 법에 위반된 약정으로서 임차인에게 불리한 것은 그 효력이 없다.

제10조의2(초과 차임 등의 반환청구)

임차인이 제7조에 따른 증액비율을 초과하여 차임 또는 보증금을 지급하거나 제7조의2에 따른 월차임 산정률을 초과하여 차임을 지급한 경우에는 초과 지급된 차임 또는 보증금 상당금액의 반환을 청구할 수 있다.

제11조(일시사용을 위한 임대차)

이 법은 일시사용하기 위한 임대차임이 명백한 경우에는 적용하지 아니한다.

제12조(미등기 전세에의 준용)

주택의 등기를 하지 아니한 전세계약에 관하여는 이 법을 준용한다. 이 경우 "전세금"은 "임대차의 보증금"으로 본다.

제13조(「소액사건심판법」의 준용)

임차인이 임대인에 대하여 제기하는 보증금반환청구소송에 관하여는 「소액사건심판법」 제6조, 제7조, 제10조 및 제11조의2를 준용한다.

제14조(주택임대차분쟁조정위원회)

① 이 법의 적용을 받는 주택임대차와 관련된 분쟁을 심의·조정하기 위하여 대통령령으로 정하는 바에 따라 「법률구조법」 제8조에 따른 대한법률구조공단(이하 "공단"이라 한다)의 지부, 「한국토지주택공사법」에 따른 한국토지주택공사(이하 "공사"라 한다)의 지사 또는 사무소 및 「한국감정원법」에 따른 한국감정원(이하 "감정원"이라 한다)의 지사 또는 사무소에 주택임대차분쟁조정위원회(이하 "조정위원회"라 한다)를 둔다. 특별시·광역시·특별자치시·도 및 특별자치도(이하 "시·도"라 한다)는 그 지방자치단체의 실정을 고려하여 조정위원회를 둘 수 있다. <개정 2020. 7. 31.>

② 조정위원회는 다음 각 호의 사항을 심의·조정한다.

1. 차임 또는 보증금의 증감에 관한 분쟁
2. 임대차기간에 관한 분쟁
3. 보증금 또는 임차주택의 반환에 관한 분쟁
4. 임차주택의 유지·수선 의무에 관한 분쟁
5. 그 밖에 대통령령으로 정하는 주택임대차에 관한 분쟁

③ 조정위원회의 사무를 처리하기 위하여 조정위원회에 사무국을 두고, 사무국의 조직 및 인력 등에 필요한 사항은 대통령령으로 정한다.

④ 사무국의 조정위원회 업무담당자는 「상가건물 임대차보호법」 제20조에 따른 상가건물임대차분쟁조정위원회 사무국의 업무를 제외하고 다른 직위의 업무를 겸직하여서는 아니 된다.

제15조(예산의 지원)

국가는 조정위원회의 설치·운영에 필요한 예산을 지원할 수 있다.

제16조(조정위원회의 구성 및 운영)

① 조정위원회는 위원장 1명을 포함하여 5명 이상 30명 이하의 위원으로 구성한다.

② 공단 조정위원회 위원은 공단 이사장이 임명 또는 위촉하고, 시·

도 조정위원회 위원은 해당 지방자치단체의 장이 임명하거나 위촉한다.

③ 조정위원회의 위원은 주택임대차에 관한 학식과 경험이 풍부한 사람으로서 다음 각 호의 어느 하나에 해당하는 사람으로 한다. 이 경우 제1호부터 제4호까지에 해당하는 위원을 각 1명 이상 위촉하여야 하고, 위원 중 5분의 2 이상은 제2호에 해당하는 사람이어야 한다.

1. 법학·경제학 또는 부동산학 등을 전공하고 대학이나 공인된 연구기관에서 부교수 이상 또는 이에 상당하는 직에 재직한 사람
2. 판사·검사 또는 변호사로 6년 이상 재직한 사람
3. 감정평가사·공인회계사·법무사 또는 공인중개사로서 주택임대차관계 업무에 6년 이상 종사한 사람
4. 「사회복지사업법」에 따른 사회복지법인과 그 밖의 비영리법인에서 주택임대차분쟁에 관한 상담에 6년 이상 종사한 경력이 있는 사람
5. 해당 지방자치단체에서 주택임대차 관련 업무를 담당하는 4급 이상의 공무원
6. 그 밖에 주택임대차 관련 학식과 경험이 풍부한 사람으로서 대통령령으로 정하는 사람

④ 조정위원회의 위원장은 제3항 제2호에 해당하는 위원 중에서 위원들이 호선한다.

⑤ 조정위원회위원장은 조정위원회를 대표하여 그 직무를 총괄한다.

⑥ 조정위원회위원장이 부득이한 사유로 직무를 수행할 수 없는 경우에는 조정위원회위원장이 미리 지명한 조정위원이 그 직무를 대행한다.

⑦ 조정위원의 임기는 3년으로 하되 연임할 수 있으며, 보궐위원의 임기는 전임자의 남은 임기로 한다.

⑧ 조정위원회는 조정위원회위원장 또는 제3항 제2호에 해당하는 조정위원 1명 이상을 포함한 재적위원 과반수의 출석과 출석위원 과반수의 찬성으로 의결한다.

⑨ 그 밖에 조정위원회의 설치, 구성 및 운영 등에 필요한 사항은 대통령령으로 정한다.

제17조(조정부의 구성 및 운영)

① 조정위원회는 분쟁의 효율적 해결을 위하여 3명의 조정위원으로 구성된 조정부를 둘 수 있다.

② 조정부에는 제16조 제3항 제2호에 해당하는 사람이 1명 이상 포함되어야 하며, 그 중에서 조정위원회위원장이 조정부의 장을 지명한다.

③ 조정부는 다음 각 호의 사항을 심의·조정한다.

1. 제14조 제2항에 따른 주택임대차분쟁 중 대통령령으로 정하는 금액 이하의 분쟁
2. 조정위원회가 사건을 특정하여 조정부에 심의·조정을 위임한 분쟁

④ 조정부는 조정부의 장을 포함한 재적위원 과반수의 출석과 출석위원 과반수의 찬성으로 의결한다.

⑤ 제4항에 따라 조정부가 내린 결정은 조정위원회가 결정한 것으로 본다.

⑥ 그 밖에 조정부의 설치, 구성 및 운영 등에 필요한 사항은 대통령령으로 정한다.

제18조(조정위원의 결격사유)

「국가공무원법」 제33조 각 호의 어느 하나에 해당하는 사람은 조정위원이 될 수 없다.

제19조(조정위원의 신분보장)

① 조정위원은 자신의 직무를 독립적으로 수행하고 주택임대차분쟁의 심리 및 판단에 관하여 어떠한 지시에도 구속되지 아니한다.

② 조정위원은 다음 각 호의 어느 하나에 해당하는 경우를 제외하고는 그 의사에 반하여 해임 또는 해촉되지 아니한다.

1. 제18조에 해당하는 경우
2. 신체상 또는 정신상의 장애로 직무를 수행할 수 없게 된 경우

제20조(조정위원의 제척 등)

① 조정위원이 다음 각 호의 어느 하나에 해당하는 경우 그 직무의 집행에서 제척된다.

1. 조정위원 또는 그 배우자나 배우자이었던 사람이 해당 분쟁사건의 당사자가 되는 경우
2. 조정위원이 해당 분쟁사건의 당사자와 친족관계에 있거나 있었던 경우
3. 조정위원이 해당 분쟁사건에 관하여 진술, 감정 또는 법률자문을 한 경우
4. 조정위원이 해당 분쟁사건에 관하여 당사자의 대리인으로서 관여하거나 관여하였던 경우

② 사건을 담당한 조정위원에게 제척의 원인이 있는 경우에는 조정위원회는 직권 또는 당사자의 신청에 따라 제척의 결정을 한다.

③ 당사자는 사건을 담당한 조정위원에게 공정한 직무집행을 기대하기 어려운 사정이 있는 경우 조정위원회에 기피신청을 할 수 있다.

④ 기피신청에 관한 결정은 조정위원회가 하고, 해당 조정위원 및 당사자 쌍방은 그 결정에 불복하지 못한다.

⑤ 제3항에 따른 기피신청이 있는 때에는 조정위원회는 그 신청에 대한 결정이 있을 때까지 조정절차를 정지하여야 한다.

⑥ 조정위원은 제1항 또는 제3항에 해당하는 경우 조정위원회의 허가를 받지 아니하고 해당 분쟁사건의 직무집행에서 회피할 수 있다.

제21조(조정의 신청 등)

① 제14조 제2항 각 호의 어느 하나에 해당하는 주택임대차분쟁의 당사자는 해당 주택이 소재하는 공단 또는 시·도 조정위원회에 분쟁의 조정을 신청할 수 있다.

② 조정위원회는 신청인이 조정을 신청할 때 조정 절차 및 조정의 효력 등 분쟁조정에 관하여 대통령령으로 정하는 사항을 안내하여야 한다.

③ 조정위원회의 위원장은 다음 각 호의 어느 하나에 해당하는 경우 신청을 각하한다. 이 경우 그 사유를 신청인에게 통지하여야 한다.

1. 이미 해당 분쟁조정사항에 대하여 법원에 소가 제기되거나 조정 신청이 있은 후 소가 제기된 경우

2. 이미 해당 분쟁조정사항에 대하여 「민사조정법」에 따른 조정이 신청된 경우나 조정신청이 있은 후 같은 법에 따른 조정이 신청된 경우
3. 이미 해당 분쟁조정사항에 대하여 이 법에 따른 조정위원회에 조정이 신청된 경우나 조정신청이 있은 후 조정이 성립된 경우
4. 조정신청 자체로 주택임대차에 관한 분쟁이 아님이 명백한 경우
5. 피신청인이 조정절차에 응하지 아니한다는 의사를 통지한 경우
6. 신청인이 정당한 사유 없이 조사에 응하지 아니하거나 2회 이상 출석요구에 응하지 아니한 경우

제22조(조정절차)

① 조정위원회의 위원장은 신청인으로부터 조정신청을 접수한 때에는 지체 없이 조정절차를 개시하여야 한다.

② 조정위원회의 위원장은 제1항에 따라 조정신청을 접수하면 피신청인에게 조정신청서를 송달하여야 한다. 이 경우 제21조 제2항을 준용한다.

③ 조정서류의 송달 등 조정절차에 관하여 필요한 사항은 대통령령으로 정한다.

제23조(처리기간)

① 조정위원회는 분쟁의 조정신청을 받은 날부터 60일 이내에 그 분쟁조정을 마쳐야 한다. 다만, 부득이한 사정이 있는 경우에는 조정위원회의 의결을 거쳐 30일의 범위에서 그 기간을 연장할 수 있다.

② 조정위원회는 제1항 단서에 따라 기간을 연장한 경우에는 기간 연장의 사유와 그 밖에 기간 연장에 관한 사항을 당사자에게 통보하여야 한다.

제24조(조사 등)

① 조정위원회는 조정을 위하여 필요하다고 인정하는 경우 신청인, 피신청인, 분쟁 관련 이해관계인 또는 참고인에게 출석하여 진술하게 하거나 조정에 필요한 자료나 물건 등을 제출하도록 요구할 수 있다.

② 조정위원회는 조정을 위하여 필요하다고 인정하는 경우 조정위

원 또는 사무국의 직원으로 하여금 조정 대상물 및 관련 자료에 대하여 조사하게 하거나 자료를 수집하게 할 수 있다. 이 경우 조정위원이나 사무국의 직원은 그 권한을 표시하는 증표를 지니고 이를 관계인에게 내보여야 한다.

③ 조정위원회위원장은 특별시장, 광역시장, 특별자치시장, 도지사 및 특별자치도지사(이하 "시·도지사"라 한다)에게 해당 조정업무에 참고하기 위하여 인근지역의 확정일자 자료, 보증금의 월차임 전환율 등 적정 수준의 임대료 산정을 위한 자료를 요청할 수 있다. 이 경우 시·도지사는 정당한 사유가 없으면 조정위원회위원장의 요청에 따라야 한다.

제25조(조정을 하지 아니하는 결정)

① 조정위원회는 해당 분쟁이 그 성질상 조정을 하기에 적당하지 아니하다고 인정하거나 당사자가 부당한 목적으로 조정을 신청한 것으로 인정할 때에는 조정을 하지 아니할 수 있다.

② 조정위원회는 제1항에 따라 조정을 하지 아니하기로 결정하였을 때에는 그 사실을 당사자에게 통지하여야 한다.

제26조(조정의 성립)

① 조정위원회가 조정안을 작성한 경우에는 그 조정안을 지체 없이 각 당사자에게 통지하여야 한다.

② 제1항에 따라 조정안을 통지받은 당사자가 통지받은 날부터 14일 이내에 수락의 의사를 서면으로 표시하지 아니한 경우에는 조정을 거부한 것으로 본다.

③ 제2항에 따라 각 당사자가 조정안을 수락한 경우에는 조정안과 동일한 내용의 합의가 성립된 것으로 본다.

④ 제3항에 따른 합의가 성립한 경우 조정위원회위원장은 조정안의 내용을 조정서로 작성한다. 조정위원회위원장은 각 당사자 간에 금전, 그 밖의 대체물의 지급 또는 부동산의 인도에 관하여 강제집행을 승낙하는 취지의 합의가 있는 경우에는 그 내용을 조정서에 기재하여야 한다.

제27조(집행력의 부여)

제26조 제4항 후단에 따라 강제집행을 승낙하는 취지의 내용이 기재된 조정서의 정본은 「민사집행법」 제56조에도 불구하고 집행력 있는 집행권원과 같은 효력을 가진다. 다만, 청구에 관한 이의의 주장에 대하여는 같은 법 제44조 제2항을 적용하지 아니한다.

제28조(비밀유지의무)

조정위원, 사무국의 직원 또는 그 직에 있었던 자는 다른 법률에 특별한 규정이 있는 경우를 제외하고는 직무상 알게 된 정보를 타인에게 누설하거나 직무상 목적 외에 사용하여서는 아니 된다.

제29조(다른 법률의 준용)

조정위원회의 운영 및 조정절차에 관하여 이 법에서 규정하지 아니한 사항에 대하여는 「민사조정법」을 준용한다.

제30조(주택임대차표준계약서 사용)

주택임대차계약을 서면으로 체결할 때에는 법무부장관이 국토교통부장관과 협의하여 정하는 주택임대차표준계약서를 우선적으로 사용한다. 다만, 당사자가 다른 서식을 사용하기로 합의한 경우에는 그러하지 아니하다.

<개정 2020. 7. 31.>

제31조(벌칙 적용에서 공무원 의제)

공무원이 아닌 주택임대차위원회의 위원 및 주택임대차분쟁조정위원회의 위원은 「형법」 제127조, 제129조부터 제132조까지의 규정을 적용할 때에는 공무원으로 본다.

부칙 <제17363호, 2020. 6. 9.>

제1조(시행일) 이 법은 공포 후 6개월이 경과한 날부터 시행한다.

제2조(계약 갱신에 관한 적용례) 제6조 제1항의 개정규정은 이 법 시행 후 최초로 체결되거나 갱신된 임대차부터 적용한다.

제3조(조정절차 등에 관한 적용례) 제21조 제3항 제5호, 제22조 제1항ㆍ제2항 및 제26조 제2항의 개정규정은 이 법 시행 후 최초로 주택임대차분쟁조정위원회에 접수되는 조정신청부터 적용한다.

부칙 <제17470호, 2020. 7. 31.>

제1조(시행일) 이 법은 공포한 날부터 시행한다. 다만, 제8조의2 제2항・제4항, 제14조 제1항, 제16조 제1항・제2항, 제21조 제1항 및 제30조의 개정규정은 공포 후 3개월이 경과한 날부터 시행한다.

제2조(계약갱신요구 등에 관한 적용례) ① 제6조의3 및 제7조의 개정규정은 이 법 시행 당시 존속 중인 임대차에 대하여도 적용한다.

② 제1항에도 불구하고 이 법 시행 전에 임대인이 갱신을 거절하고 제3자와 임대차계약을 체결한 경우에는 이를 적용하지 아니한다.

2. 주택임대차보호법 시행령

[시행 2020. 9. 29.]

[대통령령 제31080호, 2020. 9. 29. 일부개정]

제1조(목적) 이 영은 「주택임대차보호법」에서 위임된 사항과 그 시행에 관하여 필요한 사항을 정함을 목적으로 한다.

제2조(대항력이 인정되는 법인) 「주택임대차보호법」(이하 "법"이라 한다) 제3조 제2항 후단에서 "대항력이 인정되는 법인"이란 다음 각 호의 법인을 말한다. <개정 2009. 9. 21., 2020. 9. 29.>

1. 「한국토지주택공사법」에 따른 한국토지주택공사(이하 "공사"라 한다)
2. 「지방공기업법」 제49조에 따라 주택사업을 목적으로 설립된 지방공사

제3조(고유식별정보의 처리) 다음 각 호의 어느 하나에 해당하는 자는 법 제3조의6에 따른 확정일자 부여 및 임대차 정보제공 등에 관한 사무를 수행하기 위하여 불가피한 경우 「개인정보 보호법 시행령」 제19조 제1호 및 제4호에 따른 주민등록번호 및 외국인등록번호를 처리할 수 있다.

1. 시장(「제주특별자치도 설치 및 국제자유도시 조성을 위한 특별

법」 제11조에 따른 행정시장을 포함하며, 특별시장 · 광역시장 · 특별자치시장은 제외한다), 군수 또는 구청장(자치구의 구청장을 말한다)

2. 읍 · 면 · 동의 장

3. 「공증인법」에 따른 공증인

제4조(확정일자부 기재사항 등)

① 법 제3조의6 제1항에 따른 확정일자부여기관(지방법원 및 그 지원과 등기소는 제외하며, 이하 "확정일자부여기관"이라 한다)이 같은 조 제2항에 따라 작성하는 확정일자부에 기재하여야 할 사항은 다음 각 호와 같다.

1. 확정일자번호
2. 확정일자 부여일
3. 임대인 · 임차인의 인적사항
   가. 자연인인 경우
      성명, 주소, 주민등록번호(외국인은 외국인등록번호)
   나. 법인이거나 법인 아닌 단체인 경우
      법인명 · 단체명, 법인등록번호 · 부동산등기용등록번호, 본점 · 주사무소 소재지
4. 주택 소재지
5. 임대차목적물
6. 임대차기간
7. 차임 · 보증금
8. 신청인의 성명과 주민등록번호 앞 6자리(외국인은 외국인등록번호 앞 6자리)

② 확정일자는 확정일자번호, 확정일자 부여일 및 확정일자부여기관을 주택임대차계약증서에 표시하는 방법으로 부여한다.

③ 제1항 및 제2항에서 규정한 사항 외에 확정일자부 작성방법 및 확정일자 부여 시 확인사항 등 확정일자 부여 사무에 관하여 필요한 사항은 법무부령으로 정한다.

제5조(주택의 임대차에 이해관계가 있는 자의 범위)

법 제3조의6제3항에 따라 정보제공을 요청할 수 있는 주택의 임대차에 이해관계가 있는 자(이하 "이해관계인"이라 한다)는 다음 각 호의 어느 하나에 해당하는 자로 한다. <개정 2020. 9. 29.>

1. 해당 주택의 임대인·임차인
2. 해당 주택의 소유자
3. 해당 주택 또는 그 대지의 등기기록에 기록된 권리자 중 법무부령으로 정하는 자
4. 법 제3조의2 제7항에 따라 우선변제권을 승계한 금융기관
5. 법 제6조의3 제1항 제8호의 사유로 계약의 갱신이 거절된 임대차계약의 임차인이었던 자
6. 제1호부터 제5호까지의 규정에 준하는 지위 또는 권리를 가지는 자로서 법무부령으로 정하는 자

제6조(요청할 수 있는 정보의 범위 및 제공방법)

① 제5조 제1호 또는 제5호에 해당하는 자는 법 제3조의6 제3항에 따라 확정일자부여기관에 해당 임대차계약(제5조 제5호에 해당하는 자의 경우에는 갱신요구가 거절되지 않았더라면 갱신되었을 기간 중에 존속하는 임대차계약을 말한다)에 관한 다음 각 호의 사항의 열람 또는 그 내용을 기록한 서면의 교부를 요청할 수 있다. <개정 2020. 9. 29.>

1. 임대차목적물
2. 임대인·임차인의 인적사항(제5조 제5호에 해당하는 자는 임대인·임차인의 성명, 법인명 또는 단체명으로 한정한다)
3. 확정일자 부여일
4. 차임·보증금
5. 임대차기간

② 제5조 제2호부터 제4호까지 또는 제6호의 어느 하나에 해당하는 자이거나 임대차계약을 체결하려는 자는 법 제3조의6 제3항 또는 제4항에 따라 확정일자부여기관에 다음 각 호의 사항의 열람 또는 그 내

용을 기록한 서면의 교부를 요청할 수 있다. <개정 2020. 9. 29.>

1. 임대차목적물
2. 확정일자 부여일
3. 차임 · 보증금
4. 임대차기간

③ 제1항 및 제2항에서 규정한 사항 외에 정보제공 요청에 필요한 사항은 법무부령으로 정한다.

제7조(수수료)

① 법 제3조의 6제5항에 따라 확정일자부여기관에 내야 하는 수수료는 확정일자 부여에 관한 수수료와 정보제공에 관한 수수료로 구분하며, 그 구체적인 금액은 법무부령으로 정한다.

② 「국민기초생활 보장법」에 따른 수급자 등 법무부령으로 정하는 사람에 대해서는 제1항에 따른 수수료를 면제할 수 있다.

제8조(차임 등 증액청구의 기준 등)

① 법 제7조에 따른 차임이나 보증금(이하 "차임 등"이라 한다)의 증액청구는 약정한 차임 등의 20분의 1의 금액을 초과하지 못한다.

② 제1항에 따른 증액청구는 임대차계약 또는 약정한 차임등의 증액이 있은 후 1년 이내에는 하지 못한다.

제9조(월차임 전환 시 산정률)

① 법 제7조의2 제1호에서 "대통령령으로 정하는 비율"이란 연 1할을 말한다.

② 법 제7조의2 제2호에서 "대통령령으로 정하는 이율"이란 연 2퍼센트를 말한다. <개정 2016. 11. 29., 2020. 9. 29.>

제10조(보증금 중 일정액의 범위 등)

① 법 제8조에 따라 우선변제를 받을 보증금 중 일정액의 범위는 다음 각 호의 구분에 의한 금액 이하로 한다.

1. 서울특별시 : 3천 700만원
2. 「수도권정비계획법」에 따른 과밀억제권역(서울특별시는 제외한다), 세종특별자치시, 용인시 및 화성시 : 3천 400만원

3. 광역시(「수도권정비계획법」에 따른 과밀억제권역에 포함된 지역과 군지역은 제외한다), 안산시, 김포시, 광주시 및 파주시 : 2천만 원

4. 그 밖의 지역 : 1천 700만원

② 임차인의 보증금 중 일정액이 주택가액의 2분의 1을 초과하는 경우에는 주택가액의 2분의 1에 해당하는 금액까지만 우선변제권이 있다.

③ 하나의 주택에 임차인이 2명 이상이고, 그 각 보증금 중 일정액을 모두 합한 금액이 주택가액의 2분의 1을 초과하는 경우에는 그 각 보증금 중 일정액을 모두 합한 금액에 대한 각 임차인의 보증금 중 일정액의 비율로 그 주택가액의 2분의 1에 해당하는 금액을 분할한 금액을 각 임차인의 보증금 중 일정액으로 본다.

④ 하나의 주택에 임차인이 2명 이상이고 이들이 그 주택에서 가정공동생활을 하는 경우에는 이들을 1명의 임차인으로 보아 이들의 각 보증금을 합산한다.

제11조(우선변제를 받을 임차인의 범위) 법 제8조에 따라 우선변제를 받을 임차인은 보증금이 다음 각 호의 구분에 의한 금액 이하인 임차인으로 한다.

1. 서울특별시 : 1억 1천만 원
2. 「수도권정비계획법」에 따른 과밀억제권역(서울특별시는 제외한다), 세종특별자치시, 용인시 및 화성시 : 1억 원
3. 광역시(「수도권정비계획법」에 따른 과밀억제권역에 포함된 지역과 군지역은 제외한다), 안산시, 김포시, 광주시 및 파주시 : 6천만 원
4. 그 밖의 지역 : 5천만 원

제12조(주택임대차위원회의 구성) 법 제8조의2 제4항 제6호에서 "대통령령으로 정하는 사람"이란 다음 각 호의 어느 하나에 해당하는 사람을 말한다.

1. 특별시 · 광역시 · 특별자치시 · 도 및 특별자치도(이하 "시 · 도"라 한다)에서 주택정책 또는 부동산 관련 업무를 담당하는 주무부서의 실 · 국장
2. 법무사로서 5년 이상 해당 분야에서 종사하고 주택임대차 관련

업무 경험이 풍부한 사람

제13조(위원의 임기 등)

① 법 제8조의2에 따른 주택임대차위원회(이하 "위원회"라 한다)의 위원의 임기는 2년으로 하되, 한 차례만 연임할 수 있다. 다만, 공무원인 위원의 임기는 그 직위에 재직하는 기간으로 한다.

② 위원장은 위촉된 위원이 다음 각 호의 어느 하나에 해당하는 경우에는 해당 위원을 해촉할 수 있다.

1. 심신장애로 인하여 직무를 수행할 수 없게 된 경우
2. 직무와 관련한 형사사건으로 기소된 경우
3. 직무태만, 품위손상, 그 밖의 사유로 인하여 위원으로 적합하지 아니하다고 인정되는 경우
4. 위원 스스로 직무를 수행하는 것이 곤란하다고 의사를 밝히는 경우

제14조(위원장의 직무)

① 위원장은 위원회를 대표하고, 위원회의 업무를 총괄한다.

② 위원장이 부득이한 사유로 인하여 직무를 수행할 수 없을 때에는 위원장이 미리 지명한 위원이 그 직무를 대행한다.

제15조(간사)

① 위원회에 간사 1명을 두되, 간사는 주택임대차 관련 업무에 종사하는 법무부 소속의 고위공무원단에 속하는 일반직 공무원(이에 상당하는 특정직·별정직 공무원을 포함한다) 중에서 위원회의 위원장이 지명한다.

② 간사는 위원회의 운영을 지원하고, 위원회의 회의에 관한 기록과 그 밖에 서류의 작성과 보관에 관한 사무를 처리한다.

③ 간사는 위원회에 참석하여 심의사항을 설명하거나 그 밖에 필요한 발언을 할 수 있다.

제16조(위원회의 회의)

① 위원회의 회의는 매년 1회 개최되는 정기회의와 위원장이 필요하다고 인정하거나 위원 3분의 1 이상이 요구할 경우에 개최되는 임시회의로 구분하여 운영한다.

② 위원장은 위원회의 회의를 소집하고, 그 의장이 된다.

③ 위원회의 회의는 재적위원 과반수의 출석으로 개의하고, 출석위원 과반수의 찬성으로 의결한다.

④ 위원회의 회의는 비공개로 한다.

⑤ 위원장은 위원이 아닌 자를 회의에 참석하게 하여 의견을 듣거나 관계 기관·단체 등에게 필요한 자료, 의견 제출 등 협조를 요청할 수 있다.

第17조(실무위원회)

① 위원회에서 심의할 안건의 협의를 효율적으로 지원하기 위하여 위원회에 실무위원회를 둔다.

② 실무위원회는 다음 각 호의 사항을 협의·조정한다.

1. 심의안건 및 이와 관련하여 위원회가 위임한 사항
2. 그 밖에 위원장 및 위원이 실무협의를 요구하는 사항

③ 실무위원회의 위원장은 위원회의 간사가 되고, 실무위원회의 위원은 다음 각 호의 사람 중에서 그 소속기관의 장이 지명하는 사람으로 한다. <개정 2013. 3. 23.>

1. 기획재정부에서 물가 관련 업무를 담당하는 5급 이상의 국가공무원
2. 법무부에서 주택임대차 관련 업무를 담당하는 5급 이상의 국가공무원
3. 국토교통부에서 주택사업 또는 주거복지 관련 업무를 담당하는 5급 이상의 국가공무원
4. 시·도에서 주택정책 또는 부동산 관련 업무를 담당하는 5급 이상의 지방공무원

第18조(전문위원)

① 위원회의 심의사항에 관한 전문적인 조사·연구업무를 수행하기 위하여 5명 이내의 전문위원을 둘 수 있다.

② 전문위원은 법학, 경제학 또는 부동산학 등에 학식과 경험을 갖춘 사람 중에서 법무부장관이 위촉하고, 임기는 2년으로 한다.

제19조(수당)

위원회 또는 실무위원회 위원에 대해서는 예산의 범위에서 수당을 지급할 수 있다. 다만, 공무원인 위원이 그 소관 업무와 직접적으로 관련되어 위원회에 출석하는 경우에는 그러하지 아니하다.

제20조(운영세칙)

이 영에서 규정한 사항 외에 위원회의 운영에 필요한 사항은 법무부장관이 정한다.

제21조(주택임대차분쟁조정위원회의 설치)

① 「법률구조법」 제8조에 따른 대한법률구조공단(이하 "공단"이라 한다)의 다음 각 호의 지부에 법 제14조 제1항에 따른 주택임대차분쟁조정위원회(이하 "조정위원회"라 한다)를 둔다.

1. 서울중앙지부
2. 수원지부
3. 대전지부
4. 대구지부
5. 부산지부
6. 광주지부

② 제1항에 따라 공단의 지부에 두는 조정위원회의 관할구역은 별표 1과 같다.

제21조(주택임대차분쟁조정위원회의 설치)

법 제14조 제1항에 따른 주택임대차분쟁조정위원회(이하 "조정위원회"라 한다)를 두는 「법률구조법」 제8조에 따른 대한법률구조공단(이하 "공단"이라 한다), 공사 및 「한국감정원법」에 따른 한국감정원(이하 "감정원"이라 한다)의 지부, 지사 또는 사무소와 그 관할구역은 별표 1과 같다.

[전문개정 2020. 9. 29.]

[시행일 : 2020. 11. 1.]

제22조(조정위원회의 심의·조정 사항)

법 제14조 제2항 제5호에서 "대통령령으로 정하는 주택임대차에 관한 분쟁"이란 다음 각 호의 분쟁을 말한다.

1. 임대차계약의 이행 및 임대차계약 내용의 해석에 관한 분쟁
2. 임대차계약 갱신 및 종료에 관한 분쟁
3. 임대차계약의 불이행 등에 따른 손해배상청구에 관한 분쟁
4. 공인중개사 보수 등 비용부담에 관한 분쟁
5. 주택임대차표준계약서 사용에 관한 분쟁
6. 그 밖에 제1호부터 제5호까지의 규정에 준하는 분쟁으로서 조정위원회의 위원장(이하 "위원장"이라 한다)이 조정이 필요하다고 인정하는 분쟁

제23조(공단의 지부 등에 두는 조정위원회 사무국)

① 법 제14조 제3항에 따라 공단의 지부에 두는 조정위원회 사무국(이하 "사무국"이라 한다)에는 사무국장 1명을 두며, 사무국장 밑에 심사관 및 조사관을 둔다.

② 사무국장은 공단의 이사장이 임명하며, 조정위원회의 위원(이하 "조정위원"이라 한다)을 겸직할 수 있다.

③ 심사관 및 조사관은 공단의 이사장이 임명한다.

④ 사무국장은 사무국의 업무를 총괄하고, 소속 직원을 지휘·감독한다.

⑤ 심사관은 다음 각 호의 업무를 담당한다.

1. 분쟁조정신청 사건에 대한 쟁점정리 및 법률적 검토
2. 조사관이 담당하는 업무에 대한 지휘·감독
3. 그 밖에 위원장이 조정위원회의 사무 처리를 위하여 필요하다고 인정하는 업무

⑥ 조사관은 다음 각 호의 업무를 담당한다.

1. 조정신청의 접수
2. 분쟁조정 신청에 관한 민원의 안내
3. 조정당사자에 대한 송달 및 통지
4. 분쟁의 조정에 필요한 사실조사
5. 그 밖에 위원장이 조정위원회의 사무 처리를 위하여 필요하다

고 인정하는 업무

⑦ 사무국장 및 심사관은 변호사의 자격이 있는 사람으로 한다.

[제목개정 2020. 9. 29.]

제23조(공단의 지부 등에 두는 조정위원회 사무국)

① 법 제14조 제3항에 따라 공단, 공사 및 감정원의 지부, 지사 또는 사무소에 두는 조정위원회 사무국(이하 "사무국"이라 한다)에는 사무국장 1명을 두며, 사무국장 밑에 심사관 및 조사관을 둔다. <개정 2020. 9. 29.>

② 사무국장은 공단 이사장, 공사 사장 및 감정원 원장이 각각 임명하며, 조정위원회의 위원(이하 "조정위원"이라 한다)을 겸직할 수 있다. <개정 2020. 9. 29.>

③ 심사관 및 조사관은 공단 이사장, 공사 사장 및 감정원 원장이 각각 임명한다. <개정 2020. 9. 29.>

④ 사무국장은 사무국의 업무를 총괄하고, 소속 직원을 지휘·감독한다.

⑤ 심사관은 다음 각 호의 업무를 담당한다.

1. 분쟁조정신청 사건에 대한 쟁점정리 및 법률적 검토
2. 조사관이 담당하는 업무에 대한 지휘·감독
3. 그 밖에 위원장이 조정위원회의 사무 처리를 위하여 필요하다고 인정하는 업무

⑥ 조사관은 다음 각 호의 업무를 담당한다.

1. 조정신청의 접수
2. 분쟁조정 신청에 관한 민원의 안내
3. 조정당사자에 대한 송달 및 통지
4. 분쟁의 조정에 필요한 사실조사
5. 그 밖에 위원장이 조정위원회의 사무 처리를 위하여 필요하다고 인정하는 업무

⑦ 사무국장 및 심사관은 변호사의 자격이 있는 사람으로 한다.

[제목개정 2020. 9. 29.]

[시행일 : 2020. 11. 1.] 제23조 제1항, 제23조 제2항, 제23조 제3항

제24조(시·도의 조정위원회 사무국) 시·도가 법 제14조 제1항 후단에 따라 조정위원회를 두는 경우 사무국의 조직 및 운영 등에 관한 사항은 그 지방자치단체의 실정을 고려하여 해당 시·도 조례로 정한다. <개정 2020. 9. 29.>

제25조(조정위원회 구성) 법 제16조 제3항 제6호에서 "대통령령으로 정하는 사람"이란 세무사·주택관리사·건축사로서 주택임대차관계 업무에 6년 이상 종사한 사람을 말한다.

제26조(조정위원회 운영)

① 조정위원회는 효율적인 운영을 위하여 필요한 경우에는 분쟁조정사건을 분리하거나 병합하여 심의·조정할 수 있다. 이 경우 당사자에게 지체 없이 그 사실을 통보하여야 한다.

② 조정위원회 회의는 공개하지 아니한다. 다만, 필요하다고 인정되는 경우에는 조정위원회의 의결로 당사자 또는 이해관계인에게 방청을 허가할 수 있다.

③ 조정위원회에 간사를 두며, 사무국의 직원 중에서 위원장이 지명한다.

④ 조정위원회는 회의록을 작성하고, 참여한 조정위원으로 하여금 서명 또는 기명날인하게 하여야 한다.

제27조(조정위원에 대한 수당 등) 조정위원회 또는 조정부에 출석한 조정위원에 대해서는 예산의 범위에서 수당, 여비 및 그 밖에 필요한 경비를 지급할 수 있다.

제28조(조정부에서 심의·조정할 사항) 법 제17조 제3항 제1호에서 "대통령령으로 정하는 금액 이하의 분쟁"이란 다음 각 호의 어느 하나에 해당하는 분쟁을 말한다.

1. 임대차계약의 보증금이 다음 각 목에서 정하는 금액 이하의 분쟁
   가. 「수도권정비계획법」 제2조 제1호에 따른 수도권 지역 : 5억 원
   나. 가목에 따른 지역 외의 지역 : 3억 원
2. 조정으로 주장하는 이익의 값(이하 "조정목적의 값"이라 한다)

이 2억 원 이하인 분쟁. 이 경우 조정목적의 값 산정은 「민사소송 등 인지법」에 따른 소송목적의 값에 관한 산정 방식을 준용한다.

제29조(조정부의 구성 및 운영)

① 조정부의 위원은 조정위원 중에서 위원장이 지명한다.

② 둘 이상의 조정부를 두는 경우에는 위원장이 분쟁조정 신청사건을 담당할 조정부를 지정할 수 있다.

③ 조정부의 운영에 관하여는 제26조를 준용한다. 이 경우 "조정위원회"는 "조정부"로, "위원장"은 "조정부의 장"으로 본다.

제30조(조정의 신청)

① 조정의 신청은 서면(「전자문서 및 전자거래 기본법」 제2조 제1호에 따른 전자문서를 포함한다. 이하 같다) 또는 구두로 할 수 있다.

② 구두로 조정을 신청하는 경우 조정신청인은 심사관 또는 조사관에게 진술하여야 한다. 이 경우 조정신청을 받은 심사관 또는 조사관은 조정신청조서를 작성하고 신청인으로 하여금 서명 또는 기명날인하도록 하여야 한다.

③ 조정신청서 또는 조정신청조서에는 당사자, 대리인, 신청의 취지와 분쟁의 내용 등을 기재하여야 한다. 이 경우 증거서류 또는 증거물이 있는 경우에는 이를 첨부하거나 제출하여야 한다.

제31조(조정신청인에게 안내하여야 할 사항)

① 법 제21조 제2항에서 "대통령령으로 정하는 사항"이란 다음 각 호의 사항을 말한다.

1. 법 제21조 제3항 각 호에 따른 조정 신청의 각하 사유
2. 법 제22조 제2항에 따른 조정절차의 개시 요건
3. 법 제23조의 처리기간
4. 법 제24조에 따라 필요한 경우 신청인, 피신청인, 분쟁 관련 이해관계인 또는 참고인에게 출석하여 진술하게 하거나 필요한 자료나 물건 등의 제출을 요구할 수 있다는 사실
5. 조정성립의 요건 및 효력

6. 당사자가 부담하는 비용

② 제1항에 따른 안내는 안내할 사항이 기재된 서면을 교부 또는 송달하는 방법으로 할 수 있다.

제32조(조정서류의 송달 등)

① 위원장은 조정신청을 접수하면 지체 없이 조정신청서 또는 조정신청조서 부본(이하 이 조에서 "조정신청서 등"이라 한다)을 피신청인에게 송달하여야 한다.

② 피신청인은 조정에 응할 의사가 있는 경우에는 조정신청서 등을 송달받은 날부터 7일 이내에 그 의사를 조정위원회에 통지하여야 한다.

③ 위원장은 제2항에 따른 통지를 받은 경우 피신청인에게 기간을 정하여 신청내용에 대한 답변서를 제출할 것을 요구할 수 있다.

제33조(수수료)

① 법 제21조 제1항에 따라 조정을 신청하는 자는 별표 2에서 정하는 수수료를 내야 한다.

② 신청인이 다음 각 호의 어느 하나에 해당하는 경우에는 제1항에 따른 수수료를 면제할 수 있다.

1. 법 제8조에 따라 우선변제를 받을 수 있는 임차인
2. 「국민기초생활 보장법」 제2조 제2호에 따른 수급자
3. 「독립유공자예우에 관한 법률」 제6조에 따라 등록된 독립유공자 또는 그 유족(선순위자 1명만 해당된다. 이하 이 조에서 같다)
4. 「국가유공자 등 예우 및 지원에 관한 법률」 제6조에 따라 등록된 국가유공자 또는 그 유족
5. 「고엽제후유의증 등 환자지원 및 단체설립에 관한 법률」 제4조에 따라 등록된 고엽제후유증환자, 고엽제후유의증환자 또는 고엽제후유증 2세환자
6. 「참전유공자 예우 및 단체설립에 관한 법률」 제5조에 따라 등록된 참전유공자
7. 「5·18민주유공자예우에 관한 법률」 제7조에 따라 등록 결정된 5·18민주유공자 또는 그 유족

8. 「특수임무유공자 예우 및 단체설립에 관한 법률」 제6조에 따라 등록된 특수임무유공자 또는 그 유족
9. 「의사상자 등 예우 및 지원에 관한 법률」 제5조에 따라 인정된 의상자 또는 의사자유족
10. 「한부모가족지원법」 제5조에 따른 지원대상자
11. 그 밖에 제1호부터 제10호까지의 규정에 준하는 사람으로서 공단 규칙 또는 시 · 도 조례로 정하는 사람

③ 신청인은 다음 각 호의 어느 하나에 해당하는 경우에는 수수료의 환급을 청구할 수 있다.

1. 법 제21조 제3항 제1호 및 제2호에 따라 조정신청이 각하된 경우. 다만, 조정신청 있은 후 신청인이 법원에 소를 제기하거나 「민사조정법」에 따른 조정을 신청한 경우는 제외한다.
2. 법 제21조 제3항 제3호 및 제5호에 따라 조정신청이 각하된 경우
3. 신청인이 조정위원회 또는 조정부의 회의가 소집되기 전에 조정신청을 취하한 경우. 이 경우 환급 금액은 납부한 수수료의 2분의 1에 해당하는 금액으로 한다.

④ 제1항에 따른 수수료의 납부방법 및 제3항에 따른 수수료의 환급절차 등에 관하여 필요한 사항은 공단 규칙 또는 시 · 도의 조례로 정한다.

제33조(수수료)

① 법 제21조 제1항에 따라 조정을 신청하는 자는 별표 2에서 정하는 수수료를 내야 한다.

② 신청인이 다음 각 호의 어느 하나에 해당하는 경우에는 제1항에 따른 수수료를 면제할 수 있다. <개정 2020. 9. 29.>

1. 법 제8조에 따라 우선변제를 받을 수 있는 임차인
2. 「국민기초생활 보장법」 제2조 제2호에 따른 수급자
3. 「독립유공자예우에 관한 법률」 제6조에 따라 등록된 독립유공자 또는 그 유족(선순위자 1명만 해당된다. 이하 이 조에서 같다)
4. 「국가유공자 등 예우 및 지원에 관한 법률」 제6조에 따라 등

록된 국가유공자 또는 그 유족

5. 「고엽제후유의증 등 환자지원 및 단체설립에 관한 법률」 제4조에 따라 등록된 고엽제후유증환자, 고엽제후유의증환자 또는 고엽제후유증 2세환자

6. 「참전유공자 예우 및 단체설립에 관한 법률」 제5조에 따라 등록된 참전유공자

7. 「5 · 18민주유공자예우에 관한 법률」 제7조에 따라 등록 결정된 5 · 18민주유공자 또는 그 유족

8. 「특수임무유공자 예우 및 단체설립에 관한 법률」 제6조에 따라 등록된 특수임무유공자 또는 그 유족

9. 「의사상자 등 예우 및 지원에 관한 법률」 제5조에 따라 인정된 의상자 또는 의사자유족

10. 「한부모가족지원법」 제5조에 따른 지원대상자

11. 그 밖에 제1호부터 제10호까지의 규정에 준하는 사람으로서 법무부장관과 국토교통부장관이 공동으로 정하여 고시하는 사람 또는 시 · 도 조례로 정하는 사람

③ 신청인은 다음 각 호의 어느 하나에 해당하는 경우에는 수수료의 환급을 청구할 수 있다.

1. 법 제21조 제3항 제1호 및 제2호에 따라 조정신청이 각하된 경우. 다만, 조정신청 있은 후 신청인이 법원에 소를 제기하거나 「민사조정법」에 따른 조정을 신청한 경우는 제외한다.

2. 법 제21조 제3항 제3호 및 제5호에 따라 조정신청이 각하된 경우

3. 신청인이 조정위원회 또는 조정부의 회의가 소집되기 전에 조정신청을 취하한 경우. 이 경우 환급 금액은 납부한 수수료의 2분의 1에 해당하는 금액으로 한다.

④ 제1항에 따른 수수료의 납부방법 및 제3항에 따른 수수료의 환급절차 등에 관하여 필요한 사항은 법무부장관과 국토교통부장관이 공동으로 정하여 고시하거나 시 · 도의 조례로 정한다.

<개정 2020. 9. 29.>

[시행일 : 2020. 11. 1.] 제33조 제2항 제11호, 제33조 제4항

제34조(조정서의 작성) 법 제26조 제4항에 따른 조정서에는 다음 각 호의 사항을 기재하고, 위원장 및 조정에 참여한 조정위원이 서명 또는 기명날인하여야 한다.

1. 사건번호 및 사건명
2. 당사자의 성명, 생년월일 및 주소(법인의 경우 명칭, 법인등록번호 및 본점의 소재지를 말한다)
3. 임차주택 소재지
4. 신청의 취지 및 이유
5. 조정내용(법 제26조 제4항에 따라 강제집행을 승낙하는 취지의 합의를 포함한다)
6. 작성일

제35조(조정결과의 통지)

① 조정위원회는 조정절차가 종료되면 그 결과를 당사자에게 통지하여야 한다.

② 조정위원회는 법 제26조 제4항에 따른 조정서가 작성된 경우 조정서 정본을 지체 없이 당사자에게 교부 또는 송달하여야 한다.

부칙 <대통령령 제31080호, 2020. 9. 29.>

제1조(시행일) 이 영은 공포한 날부터 시행한다. 다만, 제21조, 제23조 제1항부터 제3항까지, 제33조 제2항 제11호, 같은 조 제4항 및 별표 1의 개정규정은 2020년 11월 1일부터 시행한다.

제2조(월차임 전환 시 산정률의 제한에 관한 적용례) 제9조 제2항의 개정규정은 이 영 시행 당시 존속 중인 임대차계약에 대해서도 적용하되, 이 영 시행 이후 보증금의 전부 또는 일부를 월 단위 차임으로 전환하는 경우부터 적용한다.

3.

법무부 주택임대차 표준계약서 2018. 7. 25.자

이 계약서는 법무부에서 국토교통부·서울시 및 학계 전문가와 함께 민법, 주택임대차보호법, 공인중개사법 등 관계법령에 근거하여 만들었습니다. **법의 보호를 받기 위해 【중요확인사항】(별지)을 꼭 확인하시기 바랍니다.**

주택임대차계약서

☐보증금 있는 월세
☐전세 ☐월세

임대인(   )과 임차인(   )은 아래와 같이 임대차 계약을 체결한다

[임차주택의 표시]

소 재 지				
토 지	지목		면적	㎡
건 물	구조·용도		면적	㎡
임차할부분			면적	㎡

미납 국세	선순위 확정일자 현황	확정일자 부여란
☐ **없음** (임대인 서명 또는 날인 ________________㊞) ☐ **있음**(중개대상물 확인·설명서 제2쪽 II. 개업공인중개사 세부 확인사항 '⑨ 실제 권리관계 또는 공시되지 않은 물건의 권리사항'에 기재)	☐ **해당 없음** (임대인 서명 또는 날인 ________________㊞) ☐ **해당 있음**(중개대상물 확인·설명서 제2쪽 II. 개업공인중개사 세부 확인사항 '⑨ 실제 권리관계 또는 공시되지 않은 물건의 권리사항'에 기재)	

유의사항: 미납국세 및 선순위 확정일자 현황과 관련하여 개업공인중개사는 임대인에게 자료제출을 요구할 수 있으나, 세무서와 확정일자부여기관에 이를 직접 확인할 법적권한은 없습니다. ※ **미납국세·선순위확정일자 현황 확인방법은 "별지"참조**

[계약내용]

제1조(보증금과 차임) 위 부동산의 임대차에 관하여 임대인과 임차인은 합의에 의하여 보증금 및 차임을 아래와 같이 지불하기로 한다.

보 증 금	금 원정(₩)
계 약 금	금 원정(₩)은 계약시에 지불하고 영수함. 영수자 (인)
중 도 금	금 원정(₩)은 ______년 ______월 ______일에 지불하며
잔 금	금 원정(₩)은 ______년 ______월 ______일에 지불한다
차임(월세)	금 원정은 매월 일에 지불한다(입금계좌:)

제2조(임대차기간) 임대인은 임차주택을 임대차 목적대로 사용·수익할 수 있는 상태로 ______년 ____월 ____일까지 임차인에게 인도하고, 임대차기간은 인도일로부터 ______년 ______월 ______일까지로 한다.

제3조(입주 전 수리) 임대인과 임차인은 임차주택의 수리가 필요한 시설물 및 비용부담에 관하여 다음과 같이 합의한다.

수리 필요 시설	☐ 없음 ☐ 있음(수리할 내용:)
수리 완료 시기	☐ 잔금지급 기일인 ______년 ____월 ____일까지 ☐ 기타 ( )
약정한 수리 완료 시기까지 미 수리한 경우	☐ 수리비를 임차인이 임대인에게 지급하여야 할 보증금 또는 차임에서 공제 ☐ 기타( )

제4조(임차주택의 사용·관리·수선) ① 임차인은 임대인의 동의 없이 임차주택의 구조변경 및 전대나 임차권 양도를 할 수 없으며, 임대차 목적인 주거 이외의 용도로 사용할 수 없다.

② 임대인은 계약 존속 중 임차주택을 사용·수익에 필요한 상태로 유지하여야 하고, 임차인은 임대인이 임차주택의 보존에 필요한 행위를 하는 때 이를 거절하지 못한다.

③ 임대인과 임차인은 계약 존속 중에 발생하는 임차주택의 수리 및 비용부담에 관하여 다음과 같이 합의한다. 다만, 합의되지 아니한 기타 수선비용에 관한 부담은 민법, 판례 기타 관습에 따른다.

임대인부담	( )
임차인부담	( )

④ 임차인이 임대인의 부담에 속하는 수선비용을 지출한 때에는 임대인에게 그 상환을 청구할 수 있다.

- 1 / 3 -

제5조(계약의 해제) 임차인이 임대인에게 중도금(중도금이 없을 때는 잔금)을 지급하기 전까지, 임대인은 계약금의 배액을 상환하고, 임차인은 계약금을 포기하고 이 계약을 해제할 수 있다.

제6조(채무불이행과 손해배상) 당사자 일방이 채무를 이행하지 아니하는 때에는 상대방은 상당한 기간을 정하여 그 이행을 최고하고 계약을 해제할 수 있으며, 그로 인한 손해배상을 청구할 수 있다. 다만, 채무자가 미리 이행하지 아니할 의사를 표시한 경우의 계약해제는 최고를 요하지 아니한다.

제7조(계약의 해지) ① 임차인은 본인의 과실 없이 임차주택의 일부가 멸실 기타 사유로 인하여 임대차의 목적대로 사용할 수 없는 경우에는 계약을 해지할 수 있다.

② 임대인은 임차인이 2기의 차임액에 달하도록 연체하거나, 제4조 제1항을 위반한 경우 계약을 해지할 수 있다.

제8조(계약의 종료) 임대차계약이 종료된 경우에 임차인은 임차주택을 원래의 상태로 복구하여 임대인에게 반환하고, 이와 동시에 임대인은 보증금을 임차인에게 반환하여야 한다. 다만, 시설물의 노후화나 통상 생길 수 있는 파손 등은 임차인의 원상복구의무에 포함되지 아니한다.

제9조(비용의 정산) ① 임차인은 계약종료 시 공과금과 관리비를 정산하여야 한다.

② 임차인은 이미 납부한 관리비 중 장기수선충당금을 소유자에게 반환 청구할 수 있다. 다만, 관리사무소 등 관리주체가 장기수선충당금을 정산하는 경우에는 그 관리주체에게 청구할 수 있다.

제10조(중개보수 등) 중개보수는 거래 가액의 ____________% 인 ________________원(□ 부가가치세 포함 □ 불포함)으로 임대인과 임차인이 각각 부담한다. 다만, 개업공인중개사의 고의 또는 과실로 인하여 중개의뢰인간의 거래행위가 무효·취소 또는 해제된 경우에는 그러하지 아니하다.

제11조(중개대상물확인·설명서 교부) 개업공인중개사는 중개대상물 확인·설명서를 작성하고 업무보증관계증서(공제증서등) 사본을 첨부하여 __________년_________월_________일 임대인과 임차인에게 각각 교부한다.

[특약사항]

상세주소가 없는 경우 임차인의 상세주소부여 신청에 대한 소유자 동의여부(□ 동의 □ 미동의)

....

....

....

....

....

본 계약을 증명하기 위하여 계약 당사자가 이의 없음을 확인하고 각각 서명날인 후 임대인, 임차인, 개업공인중개사는 매 장마다 간인하여, 각각 1통씩 보관한다. 년 월 일

<table>
<tr><td rowspan="3">임대인</td><td>주 소</td><td colspan="6"></td><td rowspan="3">서명 또는 날인㊞</td></tr>
<tr><td>주민등록번호</td><td colspan="2"></td><td>전 화</td><td></td><td>성 명</td><td></td></tr>
<tr><td>대 리 인</td><td>주 소</td><td></td><td>주민등록번호</td><td></td><td>성 명</td><td></td></tr>
<tr><td rowspan="3">임차인</td><td>주 소</td><td colspan="6"></td><td rowspan="3">서명 또는 날인㊞</td></tr>
<tr><td>주민등록번호</td><td colspan="2"></td><td>전 화</td><td></td><td>성 명</td><td></td></tr>
<tr><td>대 리 인</td><td>주 소</td><td></td><td>주민등록번호</td><td></td><td>성 명</td><td></td></tr>
<tr><td rowspan="5">중개업자</td><td>사무소소재지</td><td colspan="2"></td><td>사무소소재지</td><td colspan="4"></td></tr>
<tr><td>사 무 소 명 칭</td><td colspan="2"></td><td>사 무 소 명 칭</td><td colspan="4"></td></tr>
<tr><td>대 표</td><td>서명 및 날인</td><td>㊞</td><td>대 표</td><td>서명 및 날인</td><td colspan="3">㊞</td></tr>
<tr><td>등 록 번 호</td><td></td><td>전화</td><td>등 록 번 호</td><td colspan="2"></td><td>전화</td><td></td></tr>
<tr><td>소속공인중개사</td><td>서명 및 날인</td><td>㊞</td><td>소속공인중개사</td><td>서명 및 날인</td><td colspan="3">㊞</td></tr>
</table>

법무부 국토교통부 서울특별시 대한법률구조공단

주택임대차 관련 분쟁은 전문가로 구성된 대한법률구조공단 분쟁조정위원회에서 신속하고 효율적으로 해결할 수 있습니다.(국번없이 132)

- 2 / 3 -

별지)

법의 보호를 받기 위한 중요사항! 반드시 확인하세요

< 계약 체결 시 꼭 확인하세요 >

【당사자 확인 / 권리순위관계 확인 / 중개대상물 확인·설명서 확인】

① 신분증·등기사항증명서 등을 통해 당사자 본인이 맞는지, 적법한 임대·임차권한이 있는지 확인합니다.

② 대리인과 계약 체결 시 위임장·대리인 신분증을 확인하고, 임대인(또는 임차인)과 직접 통화하여 확인하여야 하며, 보증금은 가급적 임대인 명의 계좌로 직접 송금합니다.

③ **중개대상물 확인·설명서**에 누락된 것은 없는지, 그 내용은 어떤지 꼼꼼히 확인하고 서명하여야 합니다.

【대항력 및 우선변제권 확보】

① 임차인이 **주택의 인도와 주민등록**을 마친 때에는 그 다음날부터 제3자에게 임차권을 주장할 수 있고, 계약서에 **확정일자**까지 받으면, 후순위권리자나 그 밖의 채권자에 우선하여 변제받을 수 있습니다.

- 임차인은 최대한 신속히 ① 주민등록과 ② 확정일자를 받아야 하고, 주택의 점유와 주민등록은 임대차 기간 중 계속 유지하고 있어야 합니다.

② **등기사항증명서, 미납국세, 다가구주택 확정일자 현황** 등 반드시 확인하여 선순위 담보권자가 있는지, 있다면 금액이 얼마인지를 확인하고 계약 체결여부를 결정하여야 보증금을 지킬 수 있습니다.

※ 미납국세와 확정일자 현황은 임대인의 동의를 받아 임차인이 관할 세무서 또는 관할 주민센터·등기소에서 확인하거나, 임대인이 직접 납세증명원이나 확정일자 현황을 발급받아 확인시켜 줄 수 있습니다.

< 계약기간 중 꼭 확인하세요 >

【차임증액청구】

계약기간 중이나 묵시적 갱신 시 차임·보증금을 증액하는 경우에는 5%를 초과하지 못하고, 계약체결 또는 약정한 차임 등의 증액이 있은 후 1년 이내에는 하지 못합니다.

【월세 소득공제 안내】

근로소득이 있는 거주자 또는「조세특례제한법」제122조의3 제1항에 따른 성실사업자는「소득세법」및「조세특례제한법」에 따라 월세에 대한 소득공제를 받을 수 있습니다. 근로소득세 연말정산 또는 종합소득세 신고 시 **주민등록표등본, 임대차계약증서 사본 및 임대인에게 월세액을 지급하였음을 증명할 수 있는 서류**를 제출하면 됩니다. 기타 자세한 사항은 국세청 콜센터(국번 없이 126)로 문의하시기 바랍니다.

【묵시적 갱신 등】

① 임대인은 임대차기간이 끝나기 6개월부터 1개월 전까지, 임차인은 1개월 전까지 각 상대방에게 기간을 종료하겠다거나 조건을 변경하여 재계약을 하겠다는 취지의 통지를 하지 않으면 종전 임대차와 동일한 조건으로 자동 갱신됩니다.

② 제1항에 따라 갱신된 임대차의 존속기간은 2년입니다. 이 경우, 임차인은 언제든지 계약을 해지할 수 있지만 임대인은 계약서 제7조의 사유 또는 임차인과의 합의가 있어야 계약을 해지할 수 있습니다.

< 계약종료 시 꼭 확인하세요 >

【보증금액 변경시 확정일자 날인】

계약기간 중 보증금을 증액하거나, 재계약을 하면서 보증금을 증액한 경우에는 증액된 보증금액에 대한 우선변제권을 확보하기 위하여 반드시 **다시 확정일자**를 받아야 합니다.

【임차권등기명령 신청】

임대차가 종료된 후에도 보증금이 반환되지 아니한 경우 임차인은 임대인의 동의 없이 임차주택 소재지 관할 법원에서 임차권등기명령을 받아, **등기부에 등재된 것을 확인하고 이사해야** 우선변제 순위를 유지할 수 있습니다. 이때, 임차인은 임차권등기명령 관련 비용을 임대인에게 청구할 수 있습니다.

법무부 MINISTRY OF JUSTICE 국토교통부 서울특별시 대한법률구조공단 KOREA LEGAL AID CORPORATION

- 3 / 3 -

사항 찾아보기

[가]

[바]

[사]

[아]

[차]

갈무리

이제 홀가분하다. 5년 만에 모니터 옆구리에 붙여둔 목차 메모지를 떼 냈다. 책 읽기에 나름의 운명이 있는 것처럼 책 쓰기에도 시절 인연이 있나보다. 횡행 중인 '코로나19'가 책 쓰기의 견인차가 되었다. 초고를 재판일정도 연기된 수도권 2.5단계 기간(2020. 8. 30.~ 9. 13.)에 집중하여 썼다. 평소 오전시간은 단골카페에서 책 읽기와 서면 구상으로 보내왔기에, 카페 이용이 어려운 '2.5단계' 시행 첫날 아침, 어디로 가야할지 몰랐다. 이내 즐겨 찾는 청계산으로 발걸음을 옮겼다. 불현듯 오래 묵혀둔 쥐락펴락 2편을 펴내자고 마음먹었다. 아이러니하게도 이 책은 코로나 시대가 낳은 결과물이다.

항간은 떠들썩하다. 새 주택임대차법 때문에 부동산 시세(매매가, 전세, 월세)가 급등했고 전세도 월세로 급변할 거라 한다. 하지만 필자가 가장 우려하는 바는 이른바 '역전세(깡통전세)' 위기이다. 고스란히 돌려받아야 할 임차보증금을 떼이게 되는 상황 말이다. 부동산이 동산처럼 거래되는 현실, 부동산이 금융과 제도적으로 연동되어 있는 현실, 부동산 특히 아파트의 건설 · 분양 · 양도 따위의 문제가 정치쟁점화된 현실에서, 우리 사회는 주택임대차법 제1조가 정한 "국민 주거생활의 안정 보장"을 이룰 수 있을까?

자못 궁금하다. 이 책 말미 '계약갱신청구권'에 관한 법리적 의견이 나중에 나올 판례와 어떤 점에서 맞고 틀릴지 말이다. 당면한 입법의 미비는 판례를 통해 보완되겠지만, 대법원판례가 자리 잡기까지 주거 불안정 문제는 지속될 것이다. 아무쪼록 이 책이 '주택임대차분쟁'을 해결하는 데 '징검돌'이 되길 빈다.

저자 소개

윤 홍 배(尹泓焙)

서울 성보고등학교(8회)와 고려대학교 법학과(92학번)를 졸업하였다. 1999년 사법시험(41회)에 합격하여 2003년 사법연수원(31기)을 수료하였고, 2006년 공익법무관으로 제대하였다. 2010년 대한변호사협회의 '건설 · 부동산' 전문분야 변호사로 등록하였고, 2011년 공인중개사시험(22회)에 합격하였다. 법무법인 지평 소속변호사, 법무법인 민 구성원변호사를 거쳐 2014년부터 법률사무소 큰숲 대표변호사로 일하고 있다. 2012년부터 SKT, KT, KT에스테이트, LG유플러스, 현대자동차, 대신증권 등에서 '임대차소송의 주요쟁점'을 주제로 강의해왔다. 2021년 1월 현재 금융감독원 제재면책심의위원회위원, 서울특별시 공익변호사, 서울지방변호사회 조정위원, 한국소비자원 소송지원변호인으로 활동 중이다. 저서로 '쥐락펴락 아파트소송'(2012년 육법사)이 있다.

저자와의
협의에 따라
검인생략함

쥐락펴락
주택임대차분쟁

저 자 윤홍배
펴낸이 백 욱
펴낸곳 **육법사**
04369 서울특별시 마포구 홍익로5길 65
TEL (02) 332－1830 · 1831 FAX (02) 332－1836
등록연월일 1966. 8. 19. 1－300호

2021. 1. 15. 제1관 1쇄 발행 **ISBN 978-89-7214-211-9 93360** 정가 18,000원